# Théâtre québécois I

Jean-Cléo Godin
Laurent Mailhot

# Théâtre québécois I

### Introduction à
### dix dramaturges contemporains

*Nouvelle édition*

*Présentation d'Alonzo LeBlanc*

**BQ**

# BIBLIOTHÈQUE QUÉBÉCOISE

Bibliothèque québécoise inc. est une société d'édition administrée conjointement par la Corporation des éditions Fides, les Éditions Hurtubise HMH ltée et Leméac éditeur.

*Éditeur délégué*

Jean Yves Colette

*Direction littéraire*

Aurélien Boivin

DÉPÔT LÉGAL : QUATRIÈME TRIMESTRE 1988
BIBLIOTHÈQUE NATIONALE DU QUÉBEC

© Hurtubise HMH, 1988

ISBN : 2-89406-009-2

# Le théâtre québécois contemporain ou comment devenir classique en une génération

La petite fille fait des grimaces à son père. Encore assise dans sa chaise haute, au bout de la table, elle donne une représentation familiale. Sans le savoir, elle pratique la mimésis: elle a vu faire sa grande sœur, elle sait que l'effet sera atteint. Un effet déjà polyvalent et polymorphe: le père garde un visage froid, se sachant désormais objet de risée; la fille aînée de bon cœur, déjà complice de sa petite sœur; la mère, prise entre ces deux appartenances, aura le goût de sourire ou de réprimander, selon qu'elle sera complice de ses filles ou de son époux. Ce jeu de mimésis, vieux comme le monde, se renouvelle de génération en génération.

Le théâtre québécois a mis beaucoup de temps à prendre naissance, à trouver sa forme et son épanouissement. Le premier chapitre du *Théâtre québécois I*, «350 ou 25 ans de théâtre?», évoque en dix pages les principales œuvres théâtrales québécoises produites de 1606 à 1838. La mimésis ou représentation des petites filles et des petits garçons n'osait pas franchir le seuil familial et monter sur les tréteaux: toutes les planches propres au spectacle étaient mobilisées pour les sanctuaires des curés et les *hustings* des politiciens! Hegel fournirait ici une autre explication à ce retard: «Le drame est le produit d'une vie nationale déjà très développée». Opérant une synthèse entre deux formes de conscience poétique, le théâtre suppose une «prise de conscience complète des buts, des complications, des destinées de l'homme», et cet éveil, selon ce philosophe, ne peut se produire qu'aux «phases moyennes et avancées de la vie nationale». (Hegel, *la Poésie*, Paris, éditions Aubier-Montaigne, 1965, tome II, p. 322-323).

C'est en 1948, avec la création de *Tit-Coq* de Gratien Gélinas, que les auteurs Godin et Mailhot situent la naissance au Québec d'un théâtre authentiquement national. (Cette même année, le Québec se dota d'un drapeau, le fleurdelysé: coïncidence?) Le premier volume du *Théâtre québécois*, publié en 1970, donne forme à une série de cours universitaires radiodiffusés en 1969-1970. En onze chapitres qu'ils signent alternativement, ils étudient les œuvres de dix auteurs considérés comme les plus marquants du théâtre québécois des années 1940-1970: Gratien Gélinas, Éloi de Grandmont, Yves Thériault, Marcel Dubé, Françoise Loranger, Anne Hébert, Jacques Ferron, Jacques Languirand, Michel Tremblay et Réjean Ducharme. Le deuxième volume, publié en 1980, reprend substantiellement la même formule des onze chapitres alternatifs, consacrée cette fois à une quinzaine de dramaturges québécois des années 1970-1980, où aux noms de Loranger et de Tremblay, qui y reviennent à juste titre, s'ajoutent ceux de Jean Morin, Roger Dumas, Jacques Duchesne, Yvan Boucher, Roland Lepage, Jean-Robert Rémillard, Yves Hébert dit Sauvageau, Claude Levac, Jean Barbeau, Robert Gurik, Jean-Claude Germain, Antonine Maillet et Michel Garneau. Le chapitre cinq est consacré au phénomène exceptionnel du Grand Cirque Ordinaire dont la production s'étend de 1969 à 1976.

Les auteurs reconnaissent que leur travail ne rend pas compte de tout le répertoire théâtral québécois: «Nous n'avons pas voulu établir un catalogue ou un palmarès, mais dessiner un parcours, repérer des sites, suggérer des stations et des actions», précisent-ils dans l'introduction de leur deuxième série d'études. Ils ont dû négliger, entre autres, des dramaturges tels que Claude Gauvreau, Roch Carrier,

André Ricard et d'autres absents notables, individuels ou collectifs.

Les représentations passent, les textes demeurent. Jean-Cléo Godin et Laurent Mailhot, même s'ils doivent se livrer avant tout à des analyses thématiques, à partir des textes des pièces, ont le double mérite d'avoir observé le théâtre québécois en représentation et en partition. En face des praticiens qui ont fait ce théâtre, ils ont été des récepteurs privilégiés, le plus souvent spectateurs avant d'être lecteurs, descripteurs et «décrypteurs» universitaires. Leur démarche n'est pas celle de critiques «littéraires» au sens restreint du terme, observant des œuvres dans un monde clos et séparé de leur lieu de production, mais celle d'amateurs de théâtre eux-mêmes «accrochés» ou entraînés par le mouvement théâtral québécois contemporain. Leurs études ne seraient pas ce qu'elles sont, extrêmement vivantes, exactes et nuancées, si elles n'avaient pas couronné de longues soirées de présence personnelle aux spectacles produits pendant ces quelque vingt-cinq ou trente années de vie théâtrale montréalaise et québécoise. En somme, une identification constante à la vie théâtrale précède ici l'identification des diverses formes ou œuvres théâtrales analysées.

Le principe de l'alternance des auteurs qui signent, tour à tour, un ou plusieurs chapitres consécutifs, donne à ces pages une forme limitée de variété qui rendrait difficile, sans leurs signatures respectives, la reconnaissance du style de chacun. Disons (sans insister davantage!) que Mailhot apparaît plus incisif et plus expéditif, et que Godin est plus analytique et plus attiré par la psychologie des personnages. Si voisins soient-ils, ils ont une pénétration du regard qui leur est propre et qui leur permet d'échapper à la manie du *surf* intellectuel qui se tient toujours sur la crête de la dernière vague. C'est pourquoi leurs analyses des pièces conservent toutes leur valeur: ils ont su déjà décanter l'essentiel de l'éphémère.

Ils avouent eux-mêmes au début du deuxième volume que leur méthode se trouve «dans un aller-retour constant, sinon explicite, du pôle société (ou situation historique) au pôle texte (ou signification littérale, littéraire, scénique)», aller-retour qui irait de l'axe Duvignaud à l'axe Ubersfeld. De cette façon, ils contribuent non pas à figer par des évaluations qualitatives les limites ou les mérites respectifs des diverses pièces qu'ils étudient, mais à rendre compte du mouvement théâtral lui-même, de ses «stations», de son évolution, de ses caractéristiques fondamentales.

La plus immédiatement perceptible de ces caractéristiques, c'est l'inspiration populaire qui sous-tend toute cette production théâtrale québécoise des trente dernières années. Si nous pouvions représenter en un même tableau, qui serait suite chronologique et mise en scène continues, les principaux moments de cette évolution, nous serions en présence d'une véritable fresque sonore, visuelle, verbale et scénique, fresque théâtrale gigantesque où Fridolin, en tête de ligne, ouvrirait la marche à des héros aussi représentatifs que Tit-Coq et Bousille de Gratien Gélinas, le simple soldat de Marcel Dubé, la Gertrude d'*Encore cinq minutes* de Françoise Loranger, la Marie-Lou de Michel Tremblay, la Solange de Jean Barbeau, la Sagouine d'Antonine Maillet et ainsi de suite. Ces pièces, parmi d'autres, sont devenues nos «classiques», c'est-à-dire des ouvrages qu'on étudie dans les classes et dont la prétention n'est pas de faire ombrage aux géants «universels» du théâtre, mais de s'inscrire à leur place comme des interrogations adressées à la société québécoise elle-même. Dans plusieurs cas, ces interrogations tragiques de l'existence chez des personnages québécois ont atteint une audience universelle.

Le *Théâtre québécois I* reflète étroitement l'évolution de la société, comme en témoigne la «contemporanéité» de la plupart des pièces, qui se réfèrent à des situations familiales connues, à des événements précis, historiques ou politiques, à un héritage culturel ou religieux bien identifié. Aussi le fait d'assumer ces pièces permet au lecteur de revivre l'incroyable chemin parcouru par le Québec depuis les années 1950 et 1960.

Les pages les plus révélatrices de ce livre sont, d'une part, la mise en lumière du contenu objectif ou du sens le plus obvie des œuvres étudiées et, d'autre part, ces paragraphes de synthèse, en particulier à la fin de chaque chapitre, où les auteurs font des rapprochements entre des œuvres en apparence fort différentes, mais appartenant à un même courant culturel. Ainsi sont considérées en synchornie des pièces à contenu politique explicite chez Ferron, Lepage, Gurik, Loranger et Levac. Ou encore des pièces ou des groupes tels que le Grand Cirque Ordinaire, qui font éclater les règles de la dramaturgie traditionnelle. Des courants esthétiques contemporains traversent nombre de pièces qui innovent sur le plan de la théâtralité, le plus souvent influencées par Brecht ou par Grotowski, où l'illusion théâtrale est bientôt niée ou dénoncée comme illusoire, où l'on remet en cause le rapport entre la scène et la salle, entre les comédiens et les spectateurs.

La recherche d'un lieu politique propre et «national» coïncide ici avec des recherches esthétiques parfois audacieuses: comme si l'appartenance et l'identité même des êtres représentés étaient un rêve vécu dans un *no man's land*. L'une des constantes du théâtre québécois contemporain est la dualité (et souvent la pluralité) des espaces représentés, à laquelle correspond l'ambiguïté des personnages principaux. Ceux-ci sont plus souvent des anti-héros que des héros puissants et parfaitement démoniaques. Comme si l'inachèvement d'une collectivité tourmentée et l'incertitude de son destin collectif se réflétaient dans la conception même des personnages et dans leur projection sur scène.

Aussi plusieurs pièces se caractérisent par l'anarchie quasi totale de leur inspiration et de leur construction. Dans le rejet des valeurs de la société traditionnelle, la parodie occupe une place de choix: inversion, subversion ou transposition burlesque des formes culturelles reçues, cléricales, médiatiques, politiques, sportives et autres (*v.g.* chez Ducharme, Sauvageau, Germain, Garneau). Certaines productions où l'on a tenté de faire fi du spectateur se sont avérées des échecs, parce qu'on oubliait la nécessaire connivence entre la scène et la salle. Alors que plusieurs pionniers du théâtre québécois contemporain (Yves Thériault, Jacques Ferron, Anne Hébert) furent des artistes de l'écriture, qui trouvèrent leur principale voie dans le roman, les dramaturges plus récents apparaissent comme de véritables «écrivains scéniques», hommes de scène et praticiens eux-même du métier théâtral. Alors se manifeste une créativité innovatrice. Refusant la «dictée» et même l'intonation de textes «reçus», ces jeunes dramaturges, en accord avec les praticiens, choisissent de rendre présents sur scène d'abord les milieux et les réalités populaires, ce qui les conduit à adopter aussi, pour leurs personnages, le langage populaire. Ce phénomène s'observe surtout à partir de 1968 où s'imposa avec fracas le succès des *Belles-Sœurs* de Michel Tremblay. Le joual eut, dès lors, droit de cité et fut adopté par nombre de dramaturges subséquents.

Dans une volonté de schématisation arbitraire, car les choses ne se passent pas vraiment ainsi, nous pourrions dire que, pendant vingt-cinq ans, Godin et Mailhot ont assisté à la naissance de vingt-cinq dramaturges québécois nouveaux. Un dramaturge par année, ce n'est pas si mal, pour une nation qui doute de son existence et pour un pays qui se perçoit encore aujourd'hui comme incertain. Incertain quant à sa forme, hors du «chapeau» transcendental canadien qui trahit, en les traduisant dans des comprimés unilingues anglais et oxfordiens, les mérites respectifs de ces dramaturges et de leurs œuvres. Il faut bien que la substance québécoise nourrisse ce que le scientifique Didier Dufour (dans l'un des films de Pierre Perrault, *le Règne du jour* ou *Pour la suite du monde*?) appellerait «la transcendance de l'album», c'est-à-dire la forme vide du transcontinental *coast to coast*. Si cette moyenne des naissances théâtrales se poursuivait pendant les cent prochaines années, nous ne devrions plus jamais douter de la permanence de la culture québécoise. Car le théâtre, dans la perspective susdite de

Hegel, constitue la quintessence de la culture d'un peuple, à travers ses héros ou ses anti-héros, dramatiques ou comiques, et toujours quelque peu pathétiques, de Fridolin à Joseph Latour, de Rodolphe Lacroix à Jean-Paul Belleau.

Les *Théâtre québécois I* et *II* constituent, en 1970, puis en 1980, la première étude proprement universitaire portant sur le répertoire théâtral du Québec. Dépassant le niveau de la vulgarisation radiophonique, cette étude s'accompagne de nombreuses notes de référence, d'une bibliographie détaillée pour chaque auteur, d'un bref rappel de la réception favorable ou défavorable faites aux pièces et, en somme, d'un appareil critique qui confère à l'ensemble une rigueur remarquable et jusque-là inédite dans l'étude de ce phénomène. Il ne s'agit pas d'un traité de l'histoire du théâtre au Québec: de nombreuses questions restent sans réponse, entre autres, sur les circonstances de production des pièces et sur l'importance concrète des troupes, des institutions et des praticiens. Mais les anecdotes et détails donnés sur le cheminement des dramaturges, sur la composition ou sur la création de leurs pièces, sur leur dimension thématique mise en relation avec la société québécoise, sur l'accueil de la critique et sur d'autres aspects, ont vite contribué à faire de chacun de ces essais un livre de référence fondamental et apprécié.

C'est dire l'importance de la publication, sous une forme populaire, du présent volume, qui rend enfin accessibles et à la portée de tous des études magistrales qui, de calibre universitaire, ont guidé des centaines de professeurs, dont le soussigné, et des milliers d'étudiants de divers niveaux, dans leur appropriation progressive du phénomène théâtral québécois. N'est-ce pas justice d'ailleurs qu'à un phénomène populaire réponde une diffusion populaire?

Alonzo Le Blanc

# Introduction
## Théâtre et littérature

L'existence et la valeur permanentes de notre littérature ne sont plus guère mises en doute, depuis l'élan créateur des dix ou vingt dernières années et l'identification profonde de cette production au milieu dont elle émane. Avouons cependant qu'en disant littérature, on songe surtout à la poésie et au roman. Le théâtre? Si on pose franchement la question, chacun répondra qu'il participe également de ce renouveau: et on citera les belles années du TNM, les Apprentis-Sorciers, le Rideau-Vert, la Nouvelle Compagnie Théâtrale, et Gélinas, Dubé, Languirand, Loranger, Tremblay ou Buissonneau, Brassard, le Théâtre du Même Nom et le Grand Cirque Ordinaire. Au fond de soi-même, on n'est pas tout à fait sûr que l'énumération fasse le poids... On n'a du reste qu'à voir les cours inscrits au programme des universités: si cela peut servir d'indice, il est certain que le théâtre reçoit, dans notre littérature, la part congrue. Est-ce simplement parce qu'il a, quantitativement, moins d'importance, moins d'œuvres? Ou serait-ce aussi que le théâtre — tout théâtre, pas seulement celui du Québec — n'appartient pas au même titre que le roman et la poésie à la littérature?

À la première question, la réponse est facile. À moins de tenir compte indistinctement de toute la production dramatique du dernier siècle, on trouverait difficilement un nombre de pièces égal à celui des romans et recueils de poésie valables: la part dévolue aux cours sur le théâtre n'est donc pas loin de respecter une juste proportion. Cette explication est pourtant insuffisante. Si le théâtre semble parfois mal intégré à la littérature, c'est que, de fait, il y occupe une place bien particulière: il est littéraire parce qu'il est écrit — mais il est écrit pour être joué et entendu, non pour être lu. À la limite — c'est par exemple le cas d'*Un cri qui vient de loin*, de Françoise Loranger, et de plusieurs canevas de Claude Levac[1] — une pièce ne sera qu'une suite d'indications scéniques à l'intention d'un metteur en scène, le texte se réduisant à quelques mots. Il y a donc là une différence dont nous devons tenir compte, car nous ne pouvons présenter et étudier le théâtre de la même manière et avec les mêmes méthodes qui servent à approcher le roman ou la poésie.

Parlant du théâtre radiophonique, Yves Thériault le définit comme une «littérature pour l'oreille[2]». Mais le théâtre, celui qu'on joue sur une scène, devant un public, est plus encore qu'une littérature pour l'oreille: une littérature pour les yeux et même pour le corps tout entier. Surtout, et c'est peut-être sa caractéristique essentielle, le théâtre n'existe pleinement en tant que littérature que lorsqu'il est interprété pas des comédiens, devant un public qui écoute, voit, regarde, ressent et participe. L'action d'une pièce se mesure à la réaction des spectateurs. La littérature dramatique subit immédiatement, dans l'espace, sa première *lecture*, sa première critique à plusieurs voix. C'est ce qui faisait dire à Yerri Kempf que le théâtre, réalité complexe, est aussi difficile à réussir... qu'une mayonnaise:

> Un auteur pique des mots avec sa plume, invoque un peu d'inspiration, ajuste des dialogues, distribue des sentiments, capte une action, déchire des cœurs, secoue des cerveaux, construit des scènes, achève un, deux actes, exécute au passage quelques personnages, laisse tomber le rideau de son imagination et croit sa pièce terminée. Le pauvre homme, comme disait Molière, n'a encore battu que son jaune d'œuf. Le metteur en scène

doit maintenant ajouter de l'huile: il choisit des interprètes, les gave de mots, les fait pirouetter, leur arrache des larmes, provoque des crises de nerfs... Mais rien n'est encore fait: il manque la dernière goutte et un dernier coup de cuillère: le public. C'est lorsque le rideau se lève qu'on va enfin savoir si ça prend. C'est un grand moment[3].

Le lever du rideau est effectivement un grand moment, un moment de vérité. Si la pièce ne «passe pas la rampe», si la mayonnaise ne prend pas — malgré la qualité de l'huile et la fraîcheur des œufs — la seule chose à faire est de recommencer, de battre à un autre rythme. Si l'échec est dû au metteur en scène, aux comédiens ou au public, on peut espérer de plus beaux jours: ratée un soir, la mayonnaise sera peut-être réussie le lendemain. Si le texte est faible, mal construit, la réussite demeure problématique: il faut une sorte de miracle (mais ces miracles se produisent au théâtre) pour qu'une pièce médiocre triomphe et dure.

Nous ne pouvons ici tenir compte de tous les éléments qui font la complexité d'une représentation théâtrale. En plus des compétences techniques et professionnelles que cela suppose, il nous manquerait toujours ce moment de vérité irremplaçable qu'est la *création* sur scène (le mot est juste et significatif) devant un public. Il y a donc quelque chose de boiteux dans l'organisation d'un livre tel que celui-ci. Nous voudrions seulement que le lecteur accepte au départ notre perspective, tout en reconnaissant la situation inconfortable où nous sommes, les limites dont nous sommes conscients, puisque nous ne retenons, d'un ensemble de facteurs qui constituent le théâtre vivant, que le plus permanent et, en quelque sorte, le moins dynamique: le texte. L'étude d'un texte dramatique doit donc tenir compte de sa représentation. À moins qu'il s'agisse de «théâtre dans un fauteuil», et même si le fauteuil est tourné dans le sens de l'histoire, une pièce destinée à être jouée suppose que son auteur la construise en respectant certaines exigences précises. Aussi attacherons-nous une grande importance à la structure comme au langage des pièces que nous allons étudier.

Or, de manière générale, quelles sont les qualités qui font un texte dramatique bien structuré? On connaît l'enseignement de Boileau:

Qu'en un lieu, qu'en un jour, un seul fait accompli
Tienne jusqu'à la fin le théâtre rempli.

Cette réponse est trop facile. Les célèbres unités classiques sont depuis longtemps oubliées: du moins, les deux premières, car il paraît difficile d'imaginer une pièce bien faite où l'on ne trouve pas une réelle unité d'action. Bien sûr, il faut s'entendre sur les mots: nous ne parlons pas ici d'*action dramatique* au sens traditionnel du terme, c'est-à-dire d'une intrigue vraisemblable habilement nouée, acheminée vers un moment de crise, et finalement dénouée. Mais toute pièce repose, par définition, sur une *action dramatique* — une, et non plusieurs, auquel cas il y aurait de fait plusieurs pièces. *La Cantatrice chauve*, par exemple, repose sur une situation absurde, exprimée précisément par l'absence d'intrigue cohérente. L'absurde quotidien joue fondamentalement le même rôle, dans la pièce d'Ionesco, que le code de l'honneur dans *Le Cid*. Si l'on y réfléchit bien, du reste, l'un n'est peut-être pas plus absurde ni plus quotidien que l'autre. Différence d'époque, simplement, et de style... De même, à travers une action très libre et sans unité logique visible, c'est le bizarre, le désordonné, le fantaisiste, l'étonnant — l'insolite — qui constitue le sujet réel des *Insolites*, de Languirand. Dans l'un et l'autre cas, s'il n'y a pas action dramatique au sens classique — c'est même tout le contraire — nous pouvons retrouver un principe d'unité qui commande tous les aspects de la pièce, depuis les situations imaginées jusqu'à l'identité des personnages mis en scène et à leur langage. Il s'agit d'*une* action dramatique, et c'est en fonction de cette unité que nous pouvons saisir et apprécier la structure d'une pièce.

* * *

Les relations entre la littérature et la société ont de tout temps fait l'objet d'attention de la part des critiques et historiens de la littérature. Les méthodes d'investigation changent: celles de Lucien Goldmann, expliquant Racine et Pascal par le jansénisme et la bourgeoisie de robe, ne sont pas celles d'un Taine — la race, le milieu, le moment — qui voulait expliquer l'œuvre de La Fontaine par son Valois natal. De même, l'on sait que la critique universitaire française use beaucoup du parallélisme entre les œuvres littéraires et les grands événements sociaux et politiques, pour suggérer, sinon établir, un lien strict entre les deux, alors que la sociocritique récente tend souvent à minimiser l'importance des événements que rapporte l'histoire, pour se tourner plus volontiers vers des courants d'opinion plus subtils, des événements moins spectaculaires, mais dont la portée réelle sur la vie des hommes — donc des écrivains — est plus déterminante. Il en va de ces méthodes comme des méthodes d'interprétation biographique: en général, on est allé du plus apparent au plus caché. «Un livre, disait Proust, est le produit d'un autre *moi* que celui que nous manifestons dans nos habitudes, dans la société, dans nos vices»[4]. De la même manière, la critique sociologique a compris qu'un livre est souvent le produit d'une *autre* époque que celle qu'on croyait connaître, et l'on modifie en conséquence l'explication des œuvres. Autres temps, autres méthodes; le lien subsiste, nécessaire, entre l'œuvre littéraire, son auteur et son époque.

Ce lien entre la littérature et la société, on peut le rechercher dans toute œuvre littéraire, bien sûr; et on ne s'en est pas privé, au Québec, quitte à recourir souvent à des simplifications excessives. Mais si la poésie change parfois le pays — songeons à l'Hexagone et, avant et après le recueil de Chamberland, à toute la thématique de *Terre-Québec* — il reste qu'en général, elle est le plus souvent une aventure individuelle, sans lien nécessaire (sans lien apparent, en tout cas) avec le milieu sociologique immédiat. Quant au roman, on sait qu'il reflète plus directement ce milieu. Il est effectivement ce «miroir qu'on promène le long des routes»: mais on choisit ses routes, la cadence de ses pas, et le miroir est déformant — transformant. Des trois genres littéraires traditionnels, c'est peut-être le théâtre qui, par ses catactéristiques particulières, est le plus lié au milieu. Non seulement parce qu'il le reflète, s'en nourrit, l'attaque, mais parce que son succès, son existence, dépend directement de la réception que lui donnera ce milieu. Le théâtre est placé entre deux miroirs aux écrans très rapprochés.

Ce fait soulève un problème bien connu, et d'autant moins facile à résoudre qu'on a moins de recul. Le dramaturge doit-il, pour réussir, flatter son public, en lui offrant un spectacle selon ses goûts, en lui présentant de lui-même l'image qu'il aime voir, et qui n'est souvent pas la vraie? Théoriquement, la réponse est vite donnée: le dramaturge ne doit à aucun prix soumettre sa création aux caprices d'un public bourgeois et vulgaire, etc. Il est beau d'affirmer, comme le faisait Henry Bataille il y a cinquante ans: «C'est toujours et seulement pour ce qu'elle aura contenu de vérité que cette œuvre est appelée à subsister dans l'avenir.» Si nous suivons bien ce syllogisme, il nous mène à une étrange conclusion: la clé de la réussite est dans l'échec. Toute pièce contemporaine connaissant le succès serait forcément mauvaise, et il n'y aurait de vrai théâtre qu'après la mort du dramaturge. Bataille ne manque pas, du reste, de le dire clairement: «Ce qui constitue», dit-il, l'obstacle du dramaturge «aujourd'hui sera sa gloire de demain, ce qui est sa sauvegarde aujourd'hui sera plus tard sa ruine[5].» Si ce raisonnement était rigoureusement exact, on se demande de quel intérêt serait un cours ou un livre portant sur un théâtre qui ayant connu le succès durant un quart de siècle, serait bientôt inexorablement voué à l'oubli. Heureusement ou malheureusement, la chose n'est pas si simple. L'affirmation de Bataille n'est pas entièrement fausse: mais elle a le défaut d'être trop catégorique, paradoxale, et d'ériger en principe un fait vérifiable dans l'histoire littéraire, sans indiquer que son contraire est également vérifiable.

En quel sens une œuvre nouvelle doit-elle exprimer la «vérité», et à quel niveau s'établit cette nécessaire communication entre le public et le théâtre? Cette question, Fernand Dumont l'a abordée brièvement, mais d'une manière lumineuse, dans son livre *le Lieu de l'homme*. Partant d'une analyse de Bénichou, pour qui le succès de Corneille auprès de ses comptemporains s'exprime par le fait qu'il leur présentait un idéal de vie qui ne leur était plus accessible, mais qu'ils ambitionnaient secrètement d'atteindre, le sociologue dégage la signification du théâtre dans la vie quotidienne: l'homme va au théâtre pour se retrouver à la fois tel qu'il est et tel qu'il rêve d'être. En conséquence, les actions dramatiques «ne sont ni la copie ni l'inversion des conduites courantes: elles en sont le prolongement impossible à atteindre dans l'ordinaire de chaque jour[6]». C'est dire qu'entre le théâtre et la vie il y a en quelque sorte dédoublement et complémentarité. Au travail et à la maison, l'homme vit sa vie; au théâtre, il la *joue*, c'est-à-dire qu'il la vit au conditionnel d'une vie qui est faite des multiples vies possibles qu'il porte en lui, et des rêves qu'il fait pour échapper aux échecs qui le guettent. Nulle pièce n'illustre mieux cette vérité que le *Double jeu* de Françoise Loranger. Les personnages de cette pièce, des adultes inscrits à un cours du soir, deviennent progressivement d'autres personnages. Ce qui était au départ une sorte de jeu scolaire où il leur fallait s'imaginer autres qu'ils ne sont, dans des conditions jamais connues, devient bientôt une expérience de vie intérieure où ils retrouvent une chance de bonheur qui leur avait échappé. Et les spectateurs, à leur tour, communient à cette transformation en profitant davantage encore de ce jeu puisque, n'étant pas comme les acteurs-personnages limités à une seule expérience, ils peuvent multiplier leurs projections dans un autre être, multiplier la réalisation de ces êtres possibles qu'ils portent en eux. Loin donc d'être une fuite du réel et du quotidien, le théâtre en est la négation ou le prolongement, la reprise selon diverses modalités, ou le dépassement.

Ainsi, le problème de l'*actualité* d'une pièce est presque un faux problème. Ne nous demandons pas si, en traitant un sujet contemporain et en ne produisant que des vérités qui plaisent au public, une pièce ne risque pas de mourir avec la génération qui l'a vue naître; demandons-nous si, en traitant ce sujet, le dramaturge a su véritablement susciter les nécessaires prolongements qui, seuls, assurent à la pièce un intérêt durable parce qu'ils posent à l'homme des questions permanentes. On serait même tenté de retourner l'affirmation d'Henry Bataille et de dire qu'une pièce ne sera assurée du succès futur que dans la mesure où elle aura été *actuelle* à sa création. Pour la bonne raison qu'un théâtre où le spectateur ne se reconnaît aucunement est un théâtre mort avant que d'être né. Et comme il est à peu près impensable qu'un dramaturge rejoigne l'homme futur s'il ne se raccroche d'aucune façon à son contexte vital immédiat, il serait étonnant qu'une pièce sans aucun lien avec les préoccupations de ses premiers spectateurs connaisse ailleurs ou beaucoup plus tard un grand succès. C'est par ses richesses profondes, dans la mesure où elle touche l'homme tel qu'il demeure à travers les générations, que la pièce demeurera, et non d'abord pour son intérêt sociologique immédiat et par la nature du sujet traité. C'est en ce sens, croyons-nous, qu'il faut comprendre cette autre affirmation de Dumont: «Si le théâtre rompait complètement avec nos situations quotidiennes, si nous cessions d'y déchiffrer quelque complicité avec les lambeaux épars des rêves brumeux qui accompagnent nos devoirs et nos engagements, s'il ne nous offrait l'autre pôle d'une dualité déjà inscrite dans la texture de nos vies, son écho ne pourrait se prolonger à travers les siècles[7]».

Ce que Fernand Dumont dit ici du théâtre s'appliquerait également à la littérature en général. Mais c'est au théâtre que se tissent entre l'œuvre et le public les liens les plus forts, les plus étroits, l'homme y engageant ses humeurs, ses sentiments, parfois aussi ses idées. Il est donc normal que, là plus qu'ailleurs, il éprouve le besoin de reconnaître soit les «situations quotidiennes» de son milieu, soit quelques «lambeaux épars des rêves brumeux» qu'il fait, soit, et le plus souvent peut-être, les deux à la fois.

Aussi ne faut-il pas s'étonner que se dégage de l'évolution du théâtre une image révélatrice d'un certain milieu sociologique: ou plutôt un ensemble d'images, les unes reflétant ses idées morales ou politiques, les autres ses habitudes de vie. Certaines dépeignent leur époque avec un grand réalisme; en d'autres, les reflets sont plus subtils, ténus, inversés, mais il suffit de relever et d'analyser, d'une pièce à l'autre, certaines constantes, pour déceler les aspirations et les craintes, les inhibitions et les défoulements par où un peuple se révèle. C'est ainsi que dans les pièces de Racine, aux sujets puisés à l'antiquité, et donc apparemment inactuelles, au dix-septième siècle, les nombreux commentateurs de toutes les tendances critiques ont su reconnaître la vie même de Racine et une peinture assez fidèle, au fond, du monde de la cour sous Louis XIV, comme de la morale janséniste du dramaturge. Cinquante ans plus tard, le théâtre de Marivaux, tout comme le théâtre anglais de la même époque, reflètera une société moins aristocratique, plus légère, dissolue, presque dissoute. Et les valets des pièces de Beaumarchais, jouées vers 1780, ont déjà l'esprit fort révolutionnaire. Le théâtre québécois n'échappe pas à la règle. C'est justement parce que l'ensemble des pièces retenues reflète et identifie notre milieu que nous sommes justifiés de parler d'un théâtre *québécois*. Les exemples ne manquent pas, que nous aurons tout le temps de donner. Qu'il suffise de rappeler la signification du *Jeune Latour*, d'Antoine Gérin-Lajoie, qu'on peut mettre en parallèle avec *Un Fils à tuer* d'Eloi de Grandmont; plus près de nous, le titre d'une série télévisée, «le Monde de Marcel Dubé», paraît éloquent dans sa simplicité: ce titre est lui-même un masque de théâtre, et nous savons bien qu'il s'agit de *notre* monde à nous, de notre après-guerre, de notre duplessisme et de notre révolution d'abord tranquille.

Ce milieu, faut-il le dire, a beaucoup changé depuis la gaillardise de Marc Lescarbot ou les premiers essais de Pierre Petitclair, Joseph Quesnel et Antoine Gérin-Lajoie. On constate, cependant, que certains thèmes sont demeurés, repris à cent ans de distance par les dramaturges contemporains. Comment ne pas être frappé, par exemple, par la similitude entre ces deux soldats que sont *le Jeune Latour* de Gérin-Lajoie et le Joseph Latour d'*Un Simple Soldat* de Marcel Dubé: le thème du soldat dans ce pays que l'on dit pacifiste, anti-conscriptionniste, est révélateur. On peut également opposer le *Félix Poutré* de Fréchette et le demi-traître du même nom que nous peint Jacques Ferron, dans *les Grands Soleils*. Dans une veine dramatique plus légère, il est certain qu'entre *le Presbytère en fleurs* de Léopold Houlé, et les nombreuses *Fêtes au village* de Félix Leclerc il y a influence et continuité. Dans le théâtre léger et divertissant comme dans le drame historique ou psychologique, la réussite ne tient pas au thème traité, mais à la manière. Le thème, toutefois, révèle peut-être mieux l'appartenance à un milieu. C'est pourquoi, par exemple, nous avons choisi les œuvres à étudier en fonction de leur qualité, bien sûr, mais en tenant compte aussi de certains thèmes qui en font des œuvres plus représentatives du milieu culturel québécois. C'est pourquoi aussi nous avons exclu certaines œuvres d'auteurs québécois, œuvres valables mais dont la thématique ne les rattache que de fort loin à notre milieu[8].

Aucun de ces exemples n'est emprunté au théâtre proprement historique ou politique; une société — ses idées, ses ambitions, son mouvement — ne se révèle pas seulement dans ce genre particulier. Il n'est même pas sûr que le théâtre «engagé» fournisse l'indice le plus fiable de l'évolution des idées. Au Québec, on le sait, le théâtre des cinq ou six dernières années s'est volontiers orienté, par le type des pièces et par nombre de déclarations des jeunes dramaturges, vers l'engagement, particulièrement l'engagement politique.

Plusieurs ne sont pas loin d'affirmer que «le théâtre sera révolutionnaire ou ne sera pas». On peut penser ce qu'on voudra de telles affirmations; on ne peut les nier et refuser de voir la signification, par rapport à la collectivité, de cette émergence, qui coïncide avec la montée d'un nouveau nationalisme au Québec. Dans ce cas bien précis, l'évolution n'est que normale. De 1940 à 1960 on le sait, notre littérature a commencé à se faire, mais, si elle est effervescente, l'activité est presque clandestine, marginale[9], la démarche n'est pas tout à fait assurée, le climat de confiance n'est pas encore établi. À partir des années 60 au contraire, c'est l'ouverture et le dynamisme, un rythme plus vif et plus soutenu: l'époque est celle des grands changements politiques et idéologiques. On ne parlait pas à ce moment d'indépendance, mais le Québec s'affirmait, avec force et liberté: c'est ce climat que reflète alors la littérature — le théâtre non moins que la poésie et le roman. C'est ainsi qu'en commentant «l'ampleur, la diversité et la qualité» du théâtre entre 1957 et 1965, Yerri Kempf précise, avec raison, qu'elles traduisent «peut-être un effort plus général d'affirmation de soi du Québec et qui risque de prendre aux yeux de l'historien une signification majeure[10]». On peut dire avec la même logique, du théâtre politique récent, qu'il reflète l'histoire qui se fait.

Certains diront que ce théâtre va plus loin: que, non content de *refléter* l'histoire qui se fait, il contribue à la *faire*. Nous croyons plutôt qu'il s'agit d'autre chose, d'un phénomène à la fois très ancien et très contemporain, qu'on retrouve aussi bien en France, aux États-Unis ou en Afrique, qu'au Québec. Les étudiants qui, en mai 1968, occupaient l'Odéon-Théâtre de France, posaient un geste extrêmement significatif, faisant en quelque sorte *entrer* la contestation au théâtre, associant le drame qui se jouait dans la rue à la scène où notre tradition occidentale a relégué le théâtre. Les événements de Mai constituaient, comme le rappelait Gilbert Tarrab, «une immense fête de défoulement collectif, une espèce de psychodrame à grande échelle». Bref, le théâtre «vivant», expression spontanée de l'homme avec ses préoccupations les plus quotidiennes, mais chargé aussi de ces «rêves brumeux» dont parlait Fernand Dumont — et l'on sait quelle «imagination au pouvoir», quelles utopies la contestation a fait surgir — ce n'est plus sur la scène, mais derrière les barricades qu'on le trouvait. En ce sens on peut dire que la génération actuelle retrouve la signification première et très ancienne du théâtre, qui est une fête: fête d'un genre particulier, souvent tragique, où l'homme joue sa propre vie.

Poursuivant sa réflexion sur le théâtre et la contestation, Gilbert Tarrab rejoint, du reste, les considérations générales déjà esquissées sur le lien nécessaire entre le théâtre et la société. Si, dit-il, «la structure du système social a été ébranlée, lézardée dans ses fondations, la structure — qui est en fait une sous-structure, faisant partie d'un tout beaucoup plus vaste — du système théâtral n'a pu qu'en être touchée profondément[11]». Le reflet de la société que renvoie le théâtre, c'est donc autant au niveau des structures que par le choix des thèmes, des sujets, des personnages et du langage, qu'on doit tâcher de le saisir. Les genres traditionnels eux-mêmes (la tragédie, le drame, la comédie) ont évolué à tel point que les catégories anciennes sont à peine utiles. Ainsi, par une évolution paradoxale qu'analyse Jean-Marie Domenach, dans le Retour du tragique, c'est au sein même de la comédie, par exemple, que se manifeste le tragique dans le théâtre du vingtième siècle. Sans doute les princes et autres héros tragiques ne nous atteignent-ils plus, et notre propre «rire amer» nous paraît aujourd'hui plus redoutable que les dieux d'antan. Songeons aux innombrables productions américaines qui nous montrent l'homme en quête de paradis artificiels, feignant la gaieté mais s'abrutissant dans l'alcool et débouchant infailliblement sur sa propre impuissance. Songeons, chez nous, aux monologues d'Yvon Deschamps, au Simple Soldat ou aux Beaux Dimanches de Marcel Dubé, reflets véridiques de l'homme contemporain en général, mais à travers l'homme d'ici.

Chacun de ces reflets est limité et certains, trop exclusivement liés à des réalités changeantes, sont éphémères. Chacun n'en contribue pas moins, pour sa part relative et variable, à établir une tradition, à donner à la littérature d'un pays son visage propre. C'est dans cette perspective que nous avons préparé cette introduction au théâtre québécois contemporain. Aussi, autant qu'à la structure des pièces, nous voulons être attentifs à leur portée sociologique. Souvent, du reste, comme le suggère Tarrab, les deux ne font qu'un, la démarche d'une pièce reflétant elle-même celle du milieu.

Cela dit, il ne s'agit en aucun cas de réduire un ensemble de pièces à un quelconque dénominateur commun. Chaque œuvre dramatique constitue un univers complet, à apprécier selon ses mérites, et aucun dramaturge ne saurait être réduit à un chaînon anonyme dans une évolution: c'est pourquoi le découpage traditionnel, par auteurs, *devait* être conservé. Il suffira, à travers l'étude de quelques œuvres importantes, qui se trouvent aussi celles des dramaturges qui ont le plus compté dans l'histoire de notre théâtre, d'être attentifs à certaines constantes, pour que se dégage finalement une image, extrêmement diversifiée mais cohérente, de notre milieu. Image, que nous croyons fidèle, du théâtre québécois contemporain.

L.M. et J.-C.G

## Références

1.  Cf. par exemple «Son père ou si le fils ne meurt». *Études françaises,* vol. VI, n° 1, février 1970, pp. 51 à 64.
2.  *Textes et documents.* Montréal, Leméac, 1969, p. 79.
3.  «Petit mode d'emploi». *Théâtre vivant*, n° 1, p. 3.
4.  *Contre Sainte-Beuve.* Paris, Gallimard, 1954, p. 136-137.
5.  «À propos d'art dramatique». *Écrits sur le théâtre*, Paris, Crès, 1917, p. 121.
6.  Fernand Dumont, *le Lieu de l'homme.* Montréal, HMH, «Constantes», 1968, p. 37.
7.  *Ibid.*, p. 38.

8. Nous songeons en particulier au théâtre de Paul Toupin: à son *Brutus*, par exemple, joué avec succès à Montréal mais dont le sujet classique en fait une œuvre difficile à situer dans un ensemble québécois.

9. «Je me souviens, écrit Roland Giguère, des années cinquante comme d'un moment d'effervescence extraordinaire; il y avait quelque chose de clandestin dans ces activités que menaient alors quelques groupes isolés.» «À propos de...», *La Barre du jour, «Connaissance de Giguère»*, décembre-mai 1967-1968, p. 164.)

10. *Les Trois coups à Montréal*. Montréal, Déom, 1965, p. 12.

11. «Point de vue: théâtre et contestation». *Le Devoir*, 29 mai 1969, p. 5.

# Chapitre 1
## 350 ou 25 ans de théâtre?

Il y a quelque méprise, sinon un peu de vanité, au titre de Jean Béraud *350 ans de théâtre au Canada français*[1]. Que l'on songe seulement que notre premier roman a été publié en 1837, et que la poésie l'a précédé de peu; comment expliquer alors, l'apparente priorité du théâtre sur ces deux genres? Et se peut-il vraiment que le lecteur contemporain, qui ne saurait citer le titre d'une seule pièce antérieure à *Tit-Coq* ou à *Zone*, soit à ce point mal informé qu'il ignore la plus large partie de notre tradition dramatique? Aurait-on au contraire, pour faire coïncider la naissance de notre théâtre avec le siècle de Molière et de Racine, exagéré l'importance de certaines représentations médiocres, fait pièce de toute saynète, et théâtre de quelques amusements sans lendemain?

Se poser ces questions, c'est déjà reconnaître — et pourquoi le nier? — un écart considérable entre la quantité des œuvres qui jalonnent cette longue période et leur pérennité; mais en conclure à une tricherie ou à la stérilité d'une aussi longue tradition, ce serait méconnaître la spécificité du théâtre par rapport aux autres genres littéraires.

Ainsi il est normal que le théâtre précède, et de loin, le roman et la poésie, car lui seul est jeu et fête, répondant à un besoin spontané de célébration[2]; il est plus volontiers lié, aussi, aux événements datés et éphémères. Tel fut bien ce *Théâtre de Neptune* de Marc Lescarbot[3] qui, le 14 novembre

1606, marque la naissance du théâtre d'expression française au Canada[4]: cette «gaillardise en rimes» est un morceau de circonstance, pour fêter un retour d'expédition du sieur de Poutrincourt. Sans doute, sans le hasard historique qui en fait la première manifestation théâtrale, ce pageant allégorique aurait-il vite été oublié, sauf de ceux qui y ont participé. Mais la vie du théâtre, l'expression spontanée de l'âme populaire et le goût de jouer et de célébrer comptent autant, dans une histoire du théâtre, que la qualité des œuvres. C'est pourquoi, dans ces 350 ans de théâtre, figurent aussi bien les pièces d'auteurs étrangers joués ici, soit par des troupes locales soit par des comédiens venus d'ailleurs, que les pièces d'auteurs canadiens. C'est pourquoi aussi l'on ne saurait rejeter sans un rapide examen ces 350 ans d'histoire, quand même plus fertiles qu'on ne pense; ils nous permettent, en tout cas, de mieux situer et apprécier ce que Jean Hamelin a appelé «le renouveau du théâtre au Canada français», et que nous appelons ici le théâtre québécois contemporain.

Si l'on songe que le *Théâtre de Neptune* précède de deux ans la fondation de Québec, de trente-six celle de Montréal, et qu'en 1646, dix ans à peine après la première parisienne, on jouait *le Cid* au magasin des Cent-Associés, à Québec, on ne peut que s'étonner de la relative vigueur du théâtre dans cette jeune colonie: si les travaux de défrichement et de colonisation laissent peu de place à la création, ils ne supriment certes pas toute préoccupation d'ordre culturel. Entre 1646 et 1694, on joua plusieurs autres pièces de Corneille. Mais en 1694, quittant le tragique cornélien pour la comédie, le gouverneur Frontenac provoque la première... tragi-comédie de l'histoire de notre théâtre. L'anecdote est bien connue. Frontenac veut faite jouer *le Tartuffe*; Mgr de Saint-Vallier, par un mandement, l'interdit. L'affaire se termine sur la grand-place de Québec où l'évêque, rencontrant le gouverneur, le prie d'obéir à son mandement, en retour de quoi il offre cent pistoles d'indemnité. Blâmé par la suite pour avoir empoché ce pot-de-vin, Frontenac fit quand même annuler la représentation, et ce fut le début d'une période pénible où, la censure veillant, le théâtre se voit confiné au répertoire le plus édifiant, joué le plus souvent dans les collèges, couvents et séminaires[5].

Il faudra attendre, après la conquête, le souffle de libéralisme du dix-neuvième siècle, pour voir le théâtre reprendre vie. On revient à Molière en 1792. Les premiers théâtres s'ouvrent à Montréal: en 1804, en 1806, en 1808. Le théâtre anglais y est évidemment à l'honneur, mais le répertoire français n'est pas négligé: on joue Molière, Regnard, et même une création québécoise, *Colas et Colinette*, de Joseph Quesnel. Si bien qu'à partir de 1825, année ou l'on construit le Théâtre Royal, l'intérêt pour le théâtre à Montréal semble considérable et les représentations de plus en plus fréquentes. Les soldats anglais stationnés à Montréal prennent l'habitude de donner «régulièrement des spectacles au Théâtre Royal» et, le prix des places étant très bas, le public y vient nombreux. Ce qui fait dire à Jean Béraud que «si le goût du théâtre s'implanta rapidement et fermement à Montréal, c'est aux soldats de garnison et aux artistes de langue anglaise que nous le devons[6]».

C'est grâce à eux, en tout cas, et à l'intérêt qu'ils ont su maintenir ou éveiller, que nous devons, paradoxalement, cette popularité nouvelle du théâtre français à partir de 1880 environ, et qui va jusqu'à un premier «âge d'or» du théâtre, au tournant du siècle. Après les troupes anglaises, ce sont en effet les troupes françaises qui trouvent le chemin de Montréal. C'est ainsi qu'on vit Mounet-Sully, en 1894; en 1900, la grande Réjane; et surtout, entre 1880 et 1916, Sarah Bernhardt qui ne fait pas moins de six tournées au Québec. Accueillie par Louis Fréchette, portée en triomphe un certain soir à sa sortie du théâtre par un groupe de jeunes gens, la «divine Sarah» se rend également célèbre, pendant sa cinquième tournée, par les propos méprisants qu'elle tient à un groupe de journalistes sur les Canadiens. Mais par son prestige, par sa fascinante personnalité, elle polarise en quelque sorte les énergies du milieu et décuple l'intérêt déjà grand pour le théâtre. On a même l'impression qu'après son passage tous les talents nouveaux, d'ici ou d'ailleurs, sont comparés au sien et jugés en conséquence. Ainsi, et la chose nous paraît plutôt cocasse maintenant, le poète Louis Fréchette surnomma Juliette Béliveau, alors débutante, la «petite Sarah»!

À cette époque, nombreux sont les cercles d'amateurs qui se fondent à Montréal et en province: à Hull, Longueuil, Nicolet, Saint-Jérôme, Saint-Antoine-sur-Richelieu. Et à Montréal, les premières troupes permanentes s'installent. Au Monument National, les «soirées de famille» réunissent la bonne bourgeoisie de Montréal venue goûter, ou même jouer, la comédie. Le Théâtre National ouvre ses portes, présentant des pièces en langue française[7], dont plusieurs créations: *Famille sans nom* de Germain Beaulieu, *la Mort de Crémazie* de Madeleine Huguenin, *Fleur de lys* de Rodolphe Girard... Plusieurs revues naissent, dont la vie éphémère témoigne de cet élan extraordinaire, sorte de premier âge d'or du théâtre à Montréal, entre 1895 et 1910.

Comment expliquer que cet élan ne se soit pas poursuivi et, surtout, qu'il n'ait pas provoqué de création valable? Les vieux préjugés, tout d'abord, ne sont pas morts et le ressac, après un certain engouement, était prévisible. Le début du siècle, il ne faut pas l'oublier, est dominé par les Basile-Routhier, Jules-Paul Tardivel et autres esprits conservateurs et moralisateurs. Aussi, même en cette période faste, le théâtre devait s'en tenir à des sujets traditionnels et éviter jusqu'au soupçon d'immoralité. Les pièces à sujet religieux ou historique abondent, garants de moralité — mais non de qualité. On cultive le théâtre mondain et le mélodrame: *Aurore l'enfant-martyre*, créée en juin 1929, connaît un grand succès alors qu'au même moment le public boude la grande comédienne Ève Francis jouant le *Siegfried* de Giraudoux... Ajoutons à ces raisons d'autres encore: difficultés financières, naissance du cinéma et de la radio. L'ouverture du Stella, en 1930, redonne espoir au théâtre; des comédiens professionnels de chez nous y jouent, et avec grand succès. Mais cela ne dure que cinq ans, après quoi le

Stella se consacre exclusivement au cinéma: on peut dire que c'est la fin d'une très longue époque qui, de 1606 à 1935, a vu naître et se développer, parfois très péniblement et avec de longues interruptions, le goût du théâtre au Canada français.

## Les œuvres

Cette période n'a révélé aucun auteur important et l'on ne peut dire qu'il existe encore, sinon à l'état embryonnaire, ce que l'on pourrait appeler un théâtre canadien-français... ou québécois. Mais nous avons déjà un nombre important d'hommes et de femmes consacrés au théâtre: Fred Barry, Juliette Béliveau, Albert Duquesne, Camille Ducharme, Henri Deyglun, Ovila Légaré, Mimi d'Estée, Henri Poitras, Jacques Auger, Antoinette Giroux et tant d'autres qui ont été, chez nous, les premiers comédiens professionnels. Pour la plupart, cependant, c'est à la radio qu'ils feront carrière; c'est à la nouvelle génération, celle des Dagenais, Gélinas et Gascon, qu'il sera donné de faire revivre le théâtre. Il faut donc reconnaître, avec Paul Toupin, qu'il n'y pas coïncidence dans notre histoire entre «théâtre et activité théâtrale»[8], mais il n'est pas vrai qu'ils ne se rencontrent jamais. Le moment de coïncidence est cependant imprévisible: la preuve en est bien que, né en 1606, le théâtre québécois ne commencera vraiment à vivre et à s'épanouir que 350 ans plus tard!

Pourtant nous avons eu, avant 1900, autant d'auteurs dramatique (sinon plus) que de poètes et de romanciers. En 1933 déjà, Georges Bellerive dénombrera, dans son répertoire des auteurs dramatiques anciens et contemporains, pas moins de quatre-vingt-quinze auteurs dramatiques masculins, dix-sept féminins, et vingt-deux auteurs d'opéras ou opérettes. D'autres listes — celles de Robert ou de Senay — fournissent des chiffres légèrement différents. De son côté, Marie-Claire Daveluy aurait répertorié au-delà de cinq cents pièces. Ce ne sont que des chiffres, et les centaines de pièces en un acte, saynètes et jeux scéniques écrits pour écoliers et collégiens ne comptent guère plus, dans l'histoire d'un théâtre national, que les vers de mirliton dans celle de la poésie. Il reste qu'une telle production révèle un intérêt soutenu pour le théâtre, lequel répond à un réel besoin populaire: et c'est souvent une telle production, médiocre mais abondante, qui constitue le terreau où germent les œuvres plus importantes.

C'est entre 1790 et 1810 — notons la coïncidence avec l'ouverture des premiers théâtres à Montréal — que sont créées les premières œuvres significatives. On les doit à Joseph Quesnel, aventurier français, grand voyageur en même temps que poète et musicien. Naturalisé Canadien, il s'installe à Boucherville, où il meurt en 1809. Nous lui devons cinq œuvres dramatiques, de même qu'un *Traité de l'art dramatique*; deux de ces œuvres ont connu une certaine popularité. Il s'agit d'abord de *Colas et Colinette*, comédie-vaudeville jouée et publiée en 1790, et retenue surtout comme œuvre musicale[9]. Ensuite, un court divertissement intitulé *l'Anglomanie ou le dîner à l'anglaise*, pièce créée en 1802 et rééditée récemment par la revue *la Barre du jour*. Légère, mondaine, cette pièce n'en est pas moins une peinture satirique de la société de l'époque: cette bonne bourgeoisie française cherchant à plaire aux nouveaux maîtres, les Anglais. L'intrigue est simple. Le gouverneur et Milady doivent venir dîner chez M. Primembourg, et il s'agit de savoir quel menu et quels invités seront dignes d'être présentés aux illustres hôtes; M. Primembourg sera partagé entre les conseils de son gendre, fonctionnaire sottement soumis au nouveau régime et qui voudrait qu'on suive «la mode anglaise», et sa mère, laquelle tient à une réception familiale et selon la bonne simplicité française. Tout l'intérêt de cette pièce réside dans le tableau d'époque. Ainsi, à son gendre qui lui rappelle comment, grâce à ses judicieux conseils, il a su mettre sa maison sur «le bon ton», Primembourg répond:

J'en remercie le ciel, Colonel, chaque jour.
Je devois en effet être bien ridicule!
Ma femme, ma maison, mes meubles, ma pendule,
Rien n'étoit à l'angloise, et jusqu'à mes couverts
Tout rappeloit chez moi le tems des Dagoberts;
Mais docile à vos soins, à vos conseils fidèle,
Je changeai tous mes plats, je fondis ma vaifselle;
Et changeant l'or en cuivre et l'argent en laiton,
Ma maison fut en peu mise sur le bon ton.

Dans cette transformation, il n'oublie pas sa femme: le «bon ton» exige qu'elle abandonne le café et qu'elle aille régulièrement prendre le thé «chez le vieux général» ou «chez la jeune baronne». En voilà trop pour la mère de Primembourg, à qui on n'imposerait pas si facilement la boisson des Anglais:

Vous la ferez mourir, je crois, Dieu me pardonne,
Avec tout ce thé-là! Du temps de nos François
Qu'on se portoit si bien — en buvoit-en jamais?
Jamais — que pour remède, ou bien pour la migraine;
Mais avec vos Anglois la mode est qu'on le prenne
Soir et matin, sans goût et sans nécefsité;
On croiroit être mort si l'on manquoit de thé[10]...

Tout se règle, bien sûr à la satisfaction de chacun; même le gendre, vil flatteur en toutes circonstances, se tire bien d'affaire lorsque le gouverneur, déjouant ses plans, demande qu'on le serve «à la française». La morale est claire, et Primembourg ne manque pas de la tirer:

Mais enfin, sans quitter ce ton de nos aïeux,
Je vois qu'on peut aussi se voir estimé d'eux[11].

Quarante ans après la conquête, Joseph Quesnel, né Français et naturalisé Canadien grâce à l'amitié d'un gouverneur anglais, prêche la bonne entente entre les deux «peuples fondateurs», sans qu'aucun des deux ne se plie aux usages de l'autre. Reflet, sans doute, d'une époque où conquis et conquérants tâchaient encore de bien s'entendre...

On sait que cette période ne durera pas très longtemps: 1837 n'est pas loin, et la lutte des Patriotes; les harangues de Papineau, son exil; la dure répression qui s'ensuit, tant dans l'immédiat — la pendaison des Patriotes, au Pied-du-courant — que dans les années à venir: l'opposition se fait de plus en plus farouche entre les libéraux et l'Église, secondant dans cette cause les dirigeants anglais «légitimes». L'atmosphère n'est plus à la comédie, moins encore aux «dîners à l'anglaise». Pourtant, c'est précisément en 1837 que le premier dramaturge né au Canada, Pierre Petitclair, publie une première comédie intitulée *Griphon ou la vengeance d'un valet*; cette pièce, comme les deux autres qu'il écrira, est une comédie dont le seul intérêt semble être d'introduire au théâtre le langage populaire — réservé, comme chez Molière ou Marivaux, aux serviteurs et servantes. Des événements qui ont préparé la rebellion de 1837 et de l'atmosphère tendue de l'époque rien ne transparaît; guère plus, du reste, que dans le premier roman de notre histoire — *le Chercheur de trésor*, de Philippe Aubert de Gaspé fils — publié la même année. Paradoxe intéressant: le premier romancier et le premier dramaturge authentiquement canadiens-français publient, en pleine crise nationale, des œuvres totalement étrangères à l'histoire qui se fait.

Il n'en sera pas de même d'une œuvre jouée sept ans plus tard à Nicolet, et dont l'auteur, encore étudiant, donnera ensuite deux romans importants. Il s'agit du *Jeune Latour* d'Antoine Gérin-Lajoie, premier drame patriotique de notre histoire. L'atmosphère de l'époque, c'est dans cette pièce qu'on en trouve le reflet, bien que l'auteur ait situé l'intrigue à l'époque de la conquête. Cette intrigue paraît hautement symbolique: défenseur d'un fort isolé qui a seul résisté aux Anglais, le jeune Latour est sommé par son propre père, passé à la solde des Anglais, de se rendre et de prêter allégeance au roi d'Angleterre. Voici, du reste, en quels termes et sur quel ton il répond à son père:

Mon père, écoutez-moi: le temps est précieux,
Je veus vous dire encor mes raisons et mes vœux.

S'il est vrai qu'aujourd'hui votre cœur me chérisse,
De moi n'exigez pas un si grand sacrifice
Pour défendre ce sol contre des étrangers,
L'on a vu les Français affronter les dangers,
Ni les fers, ni la mort n'ébranlaient leur courage.
S'ils voyaient l'ennemi débarquer au rivage,
Ils s'armaient tout à coup, et ces preux combattants
Sur le champ de bataille allaient mourir contents,
Heureux de conserver aux dépens de leur vie
Un pays qu'ils aimaient comme une autre patrie.
Et moi j'irais, mon père, abjurant la pudeur,
Et de ces fils de Mars indigne successeur,
Sans respect pour mon nom, j'irais ternir la gloire
Attachée à ce Cap par plus d'une victoire?
Tout ici parle d'eux: je regarde ce fort,
Ces remparts, ces maisons, ces murailles, ce port,
Où pour votre malheur vos vaisseaux abordèrent,
Ces vastes bâtiments, ces champs qu'ils défrichèrent:
Mon père, ce sont là les fruits de leurs labeurs.
Pourrais-je, dites-moi, mépriser leurs sueurs
Au point de les offrir moi-même à l'Angleterre[12]?

Inutile d'insister sur les défauts, trop visibles, de ce texte. Le langage s'inspire avec application des classiques et ces accents cornéliens, sur les rives du Saint-Laurent, sonnent faux; si l'auteur est d'ici et si l'intrigue se situe sur nos rives, le langage est encore celui d'un obscur imitateur français de Corneille.

Tout l'intérêt de cette pièce est ailleurs. Le premier siècle de domination anglaise s'achève et le jeune écrivain a tout juste vingt ans: deux générations le séparent de ce moment historique où les colons français ont dû «offrir à l'Angleterre» ces biens que le jeune Latour s'acharne à garder français, en les défendant contre son propre père qui les lui réclame. En somme, les fils accusent leurs pères d'avoir trahi. À la fin du dix-neuvième siècle ou au début du vingtième les rôles seront à nouveau renversés et l'on verra le plus souvent, dans notre littérature nationaliste, le père ou le grand-père, gardien de la tradition nationale et religieuse, mettre ses fils en garde contre le danger de perdre sa langue et sa foi. Mais la situation dramatique du *Jeune Latour*[13] reflète fidèlement une autre époque, celle qu'a marquée le grand élan patriotique de 1837.

Dans la même veine, bien que l'intrigue et le ton soient très différents, citons une pièce qui connut à l'époque un grand succès populaire: *Félix Poutré*, de Louis Fréchette. Notre poète n'a même pas attendu la mort de ce jeune patriote emprisonné pour sa participation à l'insurrection de 1837 pour en faire le héros d'une pièce qui porte son nom: avouons que la chose n'est pas banale. C'est probablement à un ensemble de circonstances, du reste — et autant au nom de l'auteur qu'à celui du héros — que la pièce dut son succès. Elle a, comme le *Jeune Latour*, le mérite de nous éclairer sur une époque et sur le rôle que le théâtre joue comme reflet de la vie et de l'histoire; mais elle demeure bien en-deçà des qualités dramatiques et littéraires qui assurent au théâtre sa valeur permanente.

Il semble bien que la fin du dix-neuvième siècle, comme les quarante premières années du vingtième, aient apporté peu d'œuvres significatives; rien, en tout cas, qui s'impose à la postérité[14]. Qu'un premier ministre du Québec, Félix-Gabriel Marchand, réussisse à écrire et faire jouer, entre 1869 et 1905, quatre comédies, c'est sans doute un exploit louable; mais les lettres québécoises y ont gagné moins que la politique! Un grand nombre de pièces historiques ou religieuses — *le Triomphe de deux vocations, le Doigt de Dieu* et tant d'autres drames *ejusdem farinae*— connurent un vif succès. *Le Presbytère en fleurs* de Léopold Houlé réussit même à franchir le cap des deux cents représentations; mais cette pièce, créée la même année qu'*Aurore l'enfant-martyre* (1929) et connaissant la même vogue, valait-elle mieux? Chacune de ces pièces marque l'apothéose d'un des deux grands courants dramatiques de ce début du vingtième siècle, le mélodrame et le boulevard; c'en est aussi le chant du cygne.

Avouons que, dans l'ensemble, le bilan de ces 350 ans de théâtre n'est guère positif. La vie théâtrale, dirait-on, se déroule ici à l'image de l'espace géographique: il y a souvent loin d'une œuvre ou d'une représentation à l'autre, comme d'un village au suivant. Si, avec la formation des premières troupes permanentes composées de comédiens professionnels québécois, l'on peut parler d'une sorte d'âge d'or au début du vingtième siècle, l'expression est généreuse et cet âge dure peu. Mais ce sont les œuvres qui manquent le plus — en qualité, non en quantité: au dix-neuvième siècle, quelques œuvres médiocres mais significatives, alors qu'on ne trouve même pas, aujourd'hui, de véritable intérêt historique ou sociologique aux nombreuses pièces créées en ce début de siècle, et qui ont fait beaucoup rire ou pleurer. Le théâtre québécois n'est pas encore né[15], et le souhait que formulait Sacha Guitry, de passage à Montréal en 1927, il faudra attendre quelques années avant qu'il ne commence à se réaliser:

> Je voudrais voir se créer chez vous une littérature canadienne, un théâtre canadien. Je voudrais qu'un jour l'un de vos romanciers obtienne le prix Goncourt! Je voudrais que l'un d'entre vous porte à la scène l'âme canadienne. Je voudrais que vous donniez cette leçon à ceux qui vous discutent, qui vous combattent. Je voudrais vous voir adopter cette idée que le théâtre doit jouer un rôle dans votre évolution. Ne vous contentez pas d'accueillir les pièces des autres — permettez à ceux d'entre vous qui pensent d'exprimer leurs idées, franchement, honnêtement, durement[16]...

Le renouveau que souhaite Guitry était peu prévisible à cette époque; dix ans plus tard, il commence à s'accomplir. Saint-Denys Garneau, Anne Hébert, Alain Grandbois sont de cette époque, Ringuet, Savard et Germaine Guèvremont de même. Avec moins d'éclat et de constance, peut-être, que la poésie et le roman, le théâtre a tout de même participé à cette évolution étonnante de notre littérature vers la maturité, dans l'expression «franche, honnête» et souvent dure de notre identité.

Les statistiques ne suffisent-elles pas à mesurer la distance franchie en quarante ans? Voici par exemple le rapide bilan qu'établissait Jean-Guy Sabourin, en 1967:

> Vingt-sept compagnies permanentes, une centaine de boîtes à chansons, une cinquantaine de centres d'art répartis à travers le Québec, 300 000 spectateurs, voilà la vie des arts du spectacle au Québec. Plus de quatre-vingt-dix pour cent des spectacles sur scène sont donnés en langue française[17].

Notons ce dernier chiffre, très éloquent si l'on songe qu'au début du dix-huitième siècle la proportion était à peu près l'inverse. Bien sûr, les œuvres jouées ne sont pas toutes nées ici: là encore c'est affaire de proportion, et nous n'en sommes plus à l'époque où une création au Québec était un événement rarissime. En 1965 et en 1966, années fastes peut-être, on a joué ou lu sur scène à Montréal trente et une pièces québécoises, de dramaturges qui se nomment Dubé, Loranger, Perrault, Languirand... C'est dire que nous avons enfin un théâtre vivant: non seulement des comédiens et des metteurs en scène compétents présentent un répertoire étranger, mais également un nombre appréciable de bons dramaturges créant des pièces qui expriment notre milieu.

J.-C.G.

## Références

1. Montréal, Cercle du livre de France, 1958.
2. C'est pourquoi Jean-Louis Roux, dans la brève présentation qu'il fait de cette période, fait sa juste place, avant même la pièce de Lescarbot, aux «danses rituelles de Peaux-Rouges». Cf. «Le théâtre québécois». *Europe*, n° 478-479, février-mars 1969, p. 222.
3. Le texte en a été publié à Boston, en 1927, sous le titre: *The Theatre of Neptune in New France*, French text and translation

by Hariette Taber Richardson. (Houghton Mifflin, XXII — 28 p.). Plus récemment, les *Écrits du Canada français* (vol. 18) ont publié «Les Muses de la Nouvelle-France», recueil de textes poétiques de Marc Lescarbot où figure «Le Théâtre de Neptune en la Nouvelle-France» (p. 284-295).

4. Bien que ceci constitue une sorte d'anachronisme, la pièce ayant été jouée à Port-Royal, en Acadie!

5. À la fin du dix-septième siècle, on compte seulement trois maisons d'enseignement importantes: le Collège des Jésuites, le Petit Séminaire de Québec et le Couvent des Ursulines. Au siècle suivant s'ajouteront le Collège de Montréal et le Petit Séminaire de Nicolet.

6. Jean Béraud, *op. cit.*, p. 45.

7. On trouvera au tome II de *l'Histoire de la littérature française du Québec* de Pierre de Grandpré (p. 126, note 3) une liste succinte d'œuvres jouées entre 1900 et 1930. Pour en connaître la liste plus complète, se reporter aux ouvrages de Jean Béraud, Léopold Houlé et Georges Bellerive: voir la bibliographie.

8. «Ils s'illusionnent encore ceux qui associent théâtre et activité théâtrale, laquelle suit le théâtre parallèlement mais sans jamais le rencontrer.» Paul Toupin, *l'Écrivain et son théâtre*. Montréal, Cercle du livre de France, 1964, p. 42.

9. Jouée et enregistrée par l'orchestre de Radio-Canada en 1969.

10. *La Barre du jour*, vol. I, n° 3-5, «Théâtre Québec», juillet-décembre 1965, p. 118-119.

11. *Ibid.*, p. 137.

12. Antoine Gérin-Lajoie, *Le Jeune Latour*. Huston, *Répertoire national*, vol. III. Montréal, Valois, 1893, p. 3-55.

13. On peut penser aussi qu'il préfigure le retournement qui s'est opéré au Québec depuis 1960, le nouveau nationalisme se réclamant, du reste, des Patriotes de 1837. La situation dramatique que présente *Hier les enfants dansaient* de Gratien Gélinas, par exemple, ressemble étrangement à celle du *Jeune Latour*.

14. Avouons cependant qu'aucune recherche sérieuse n'a encore été entreprise sur le théâtre de cette période: il se peut, après tout, que quelque chef-d'œuvre soit à redécouvrir!

15. On peut se demander, toutefois, si la difficile et tardive éclosion d'un théâtre national n'est pas un phénomène nord-américain. Alors que la littérature américaine, par exemple,

s'est donné de nombreux chefs-d'œuvre poétiques et romanesques dès le dix-neuvième siècle (qu'on songe à Whitman, James, Thoreau, Melville, Poe), c'est en 1916 seulement, date où fut jouée la première pièce d'Eugène O'Neill, qu'un ouvrage récent fait remonter la naissance du théâtre américain. (Cf. Franck Jotterand, *le Nouveau Théâtre américain*, Paris, Seuil, «Points», 1970, p. 9). Et bien que, à la suite d'une tournée triomphale du Théâtre des Arts de Moscou, Stanislavski eût donné dès 1923 une impulsion très forte à ce jeune théâtre — amenant, par exemple, la fondation du célèbre *Actor's Studio* — le théâtre américain cherchera longtemps encore sa voie; il la trouvera, en partie, dans le théâtre noir et la comédie musicale peu avant la seconde guerre mondiale.

16. Allocution au Club Saint-Denis de Montréal, en février 1927. Texte cité par Jean Béraud, *op.cit.*, p. 190.
17. Jean-Guy Sabourin, «Le Théâtre». *Culture vivante*, n° 5, 1967, p. 24.

# Chapitre 2
## Orphelins ou bâtards:
## Fridolin, Tit-Coq, Bousille

Étonnante carrière que celle de Gratien Gélinas. Comédien, il interprète en français les principaux rôles de ses propres pièces, et en anglais joue Shakespeare[1]. Dramaturge, auteur de revues, son succès populaire est à ce jour inégalé dans l'histoire de notre théâtre. Il s'identifie à tel point à ses héros qu'on ne connaît qu'eux: comme, aux beaux jours du cinéma muet, Charlie Chaplin était devenu Charlot, Gélinas est tour à tour Fridolin, Tit-Coq ou Bousille. Mais pionnier au théâtre, où il semble occuper toute la place pendant quinze ans, il l'est également au cinéma, comme le démontrait une récente rétrospective[2]. Ajoutant à tous ces titres ceux de metteur en scène et de directeur de la Comédie-Canadienne, celui que l'on nomme avec raison le «père» ou le «doyen» du théâtre québécois est, en tous les sens du terme, un «homme de théâtre».

Après trente ans de vie théâtrale, Gratien Gélinas continue; aussi, il ne s'agit pas ici de faire un bilan complet de son œuvre. Il importe davantage, d'ailleurs, de dégager son importance, de la situer dans cette évolution que nous tentons de dessiner. Or, de ce point de vue, nul ne niera que Fridolin et *Tit-Coq*, plus que *Bousille et les justes* et *Hier les enfants dansaient* apparaissent comme les contributions les plus significatives du dramaturge. Elles représentent un moment privilégié: la véritable naissance d'un théâtre populaire québécois.

Naissance que l'on fait habituellement remonter à *Tit-Coq*: «c'est peut-être, écrivait un critique à propos de cette pièce, la naissance chez nous d'un théâtre d'inspiration authentiquement nationale[3]». Mais la pièce est née des revues qui l'ont précédée, et *Tit-Coq*, c'est un peu Fridolin devenu soldat... et orphelin[4]. L'on ne saurait bien comprendre l'un sans l'autre, ni expliquer l'impact produit par la célèbre pièce — qui, on le sait, a franchi le cap des cinq cents représentations — que si l'on essaie de retrouver l'ambiance de cette époque où Fridolin faisait les beaux soirs du Monument-National. Oublier Fridolin serait injuste, car tout commence avec lui. Après lui, Tit-Coq et Bousille feront de Gratien Gélinas le dramaturge le mieux connu et le comédien le plus populaire au Canada, et du théâtre québécois une réalité vivante. «Souffrance de souffrance», dirait le jeune Fridolin, dans son savoureux langage, «c'est-tu rien ça?» Lui, «le dernier de la famille», disait-il encore, il rêvait d'une grande fête à l'occasion de son anniversaire, histoire de faire la preuve qu'il n'était pas «sur cette terre par erreur[5]»; dans l'évolution du théâtre québécois il est au contraire le premier d'une importante lignée, et sa création ne fut certes pas une «erreur».

Tout a commencé vers 1935. Jeune comédien, Gratien Gélinas débute modestement à la radio, dans un radio-roman intitulé *le Curé du village*. C'est là, dans un anonyme studio de Radio-Canada, que germe dans l'esprit du comédien l'idée d'un personnage sympathique et gavroche, à la fois drôle et pathétique, qui s'appellera Fridolin. En septembre 1937, *Fridolin* est créé à la radio. Gélinas songe alors à incarner ce personnage sur scène, ce qui l'oblige à lui donner non seulement une personnalité et une voix, mais un visage et un costume. En 1938, lorsqu'il paraît sur la scène du Monument-National, Fridolin porte la culotte courte, le chandail tricolore des «Canadiens» et une casquette aux formes imprécises qui lui donne l'air espiègle et bon enfant:

le costume, auquel il faut encore ajouter le *sling shot* dont il ne se sépare jamais, fera autant que le reste la célébrité de celui en qui l'on reconnaît spontanément une sorte de Charlot québécois. Aussi, le succès est-il immédiat. Dès 1938, Gélinas est proclamé le comédien le plus populaire de l'année; et la revue, qui devait durer une seule saison, sera suivie de neuf autres. À partir d'une chanson-thème où l'on conjuguait le verbe «fridoliner», on avait intitulé la première «Fridolinons»; les autres conserveront ce titre, auquel on ajoutera simplement le millésime. Dix ans plus tard, sous le titre légèrement modifié de *Fridolinades 56*, la revue est reprise pour la dernière fois, avec un succès moindre; c'est qu'entre-temps, depuis 1948, *Tit-Coq* avait un peu volé la vedette à Fridolin.

Ce succès exceptionnel il faut l'attribuer, plutôt qu'à la formule elle-même, au parti que le dramaturge a su en tirer. Genre réputé mineur, simple divertissement éphémère et au goût du jour, la revue se prête pourtant admirablement à l'expression de l'âme populaire; on peut en faire du sous-théâtre, mais aussi, si l'on y met du talent et beaucoup d'intuition, une authentique forme de théâtre populaire[6]. Ainsi, en faisant de Fridolin une sorte de héros très fortement identifié au milieu, Gélinas a réussi à assurer une certaine pérennité à une formule fatalement victime de l'actualité dont elle se nourrit; surtout, il a ouvert la voie à un théâtre véritablement québécois, un théâtre dont les situations, les personnages et la sensibilité ne soient pas empruntés ailleurs. Fridolin, c'est l'étape[7] nécessaire que constitue la rencontre et la récupération d'une culture populaire.

Au fait, de quels sujets traitaient ces revues? Le plus souvent, des sujets que l'actualité suggérait, et Fridolin se chargeait de la chronique satirique des événements contemporains. Ainsi, à l'époque de la conscription — et l'on sait que celle-ci a provoqué une grave crise de conscience nationale — l'une des revues s'est intitulée «Le Conscrit»: de cette revue naîtra bientôt le célèbre *Tit-Coq*. Plus simplement, ce sont parfois les actions les plus banales, la vie la plus quotidienne d'une famille moyenne, que Fridolin raconte: les sorties du grand frère ou de la grande sœur, les manies de son père et de sa mère, ses rencontres avec les «gars de sa gang». «La Fête à Fridolin» raconte le «magnifique fêtage» dont il a rêvé pour son anniversaire, alors que le clan familial ignore totalement ce grand jour. Ailleurs, Fridolin raconte le voyage que fait sa mère en Abitibi; il décide de faire la grève de la faim parce qu'elle tarde trop à revenir. En somme, il n'y a là sujet ni à tragédie ni à comédie: ce sont de petits drames ordinaires et quotidiens, presque des joies et des chagrins d'enfants, insignifiants et ridicules.

Ridicule, Fridolin l'est si l'on veut au sens premier du mot: il fait rire, et c'est toujours de lui qu'on rit. Mais insignifiant, il l'est beaucoup moins; il est même pleinement *signifiant*. Je veux dire par là que ce personnage provoque un éveil de la conscience individuelle parce qu'il ose braver le ridicule et exprimer sans honte ses petits drames. Or le tragique se mesure, dans la vie, à l'importance qu'on attache aux événements, à l'intensité du trouble émotif ou du déséquilibre qu'ils provoquent. Les vrais drames de la vie sont toujours des tempêtes dans un verre d'eau; mais chacun, comme on dit, boit dans son verre... Aussi, la fascination de Fridolin s'explique d'abord par l'espèce de connivence qu'il établit, au niveau de la conscience des drames quotidiens, entre le spectateur et lui-même[8]; et se chargeant lui-même du ridicule que le spectateur redoute, il permet à celui-ci de retrouver sereinement son existence. En ce sens les situations plus ou moins cocasses que Fridolin expose n'ont qu'une importance secondaire: elles sont exemplaires, servant de prétexte et de toile de fond aux drames de chacun. Fridolin n'est pas seulement un amuseur. Comme Charlot, auquel on l'a souvent comparé, il provoque, chez l'homme moyen qui le regarde et se reconnaît en lui, une véritable prise de conscience où se mêlent joie et tristesse, amertume et tendresse.

Cette question de l'identification est évidemment capitale; il faut cependant ajouter que la dissociation ne l'est pas moins. Homme moyen, Fridolin ne ferait pas rire, car le miroir qu'il présenterait au spectateur moyen que nous sommes serait trop terne, ou trop cruel. Mais il est «l'homme qui est en-dessous de la moyenne[9]»: voilà qui permet au spectateur de se dissocier du personnage, de rire de lui en même temps qu'avec lui, pour éviter de pleurer sur soi-même. L'expression d'*anti-héros* convient donc parfaitement à ce personnage, dans la mesure même où il permet au spectateur à la fois de s'identifier à lui et de s'en dissocier. Et quoi qu'en dise l'auteur lui-même[10], on peut être fier d'un tel héros, on l'admire: mais au sein même de sa vie médiocre et non pas, comme dans la tragédie classique par exemple, hors de cette sphère. L'image qu'il projette du «héros» est celle d'un homme qui vit avec une intensité, une vérité et une conscience plus grandes, la vie de l'homme moyen. Avec son air gavroche, son humeur changeante, mais aussi sa sensibilité toujours écorchée, Fridolin est un héros pathétique, c'est-à-dire un homme dont on reconnaît et dont on partage la souffrance, même s'il rit lui-même de sa douleur, et nous avec lui. On sait, du reste, que le juron caractéristique de Fridolin est précisément «souffrance de souffrance[11]», expression dont l'auteur se sert comme leitmotiv, la plaçant à ces endroits stratégiques où il faut brusquement changer de registre, pour désarmorcer le tragique et faire éclater le rire.

En amenant cet *anticlimax,* Gélinas recourt à une technique éprouvée: par le contraste, la disproportion, l'écart, Fridolin provoque le rire. L'équilibre d'un tel comique est néanmoins fragile, car il se nourrit de ce qui touche l'homme de plus près: sa vie quotidienne, ses actions les plus banales. Il est toujours dangereux d'en rire, parce qu'on ne rit pas facilement de soi-même; et si on le fait, on ne laissera à personne d'autre ce soin, en se gardant toujours quelque coin secret, inviolable. Que ce secret soit dévoilé par mégarde, et le rire n'est plus possible: l'humour fait mal, devient satire, cynisme, et ce qui était comédie se transfornme en souffle tragique. Qu'on songe seulement, et la comparaison sera éclairante, aux monologues d'Yvon Deschamps. Dans ces monologues, plus encore qu'en ceux de Fridolin, le rire est toujours un peu grinçant, il laisse souvent un arrière-goût amer. Équilibre fragile entre la joie et la tristesse, et il fallait au dramaturge une technique et un talent sûrs pour le préserver. «Le comique de Fridolin, affirme Gélinas, était, surtout dans les monologues, à peu près toujours basé sur une valeur pathétique[12]»: le paradoxe ne lui échappe donc pas et, pleinement conscient de cette fragilité, il a su éviter que les revues ne basculent entièrement dans le pathétique.

Dans le pathétique, ou dans une satire sociale trop mordante: tels sont peut-être les risques inévitables de toute forme d'art populaire. Car si le spectateur se reconnaît dans un personnage qui représente lui-même un type social, c'est que l'identification est *collective* autant qu'individuelle. Aussi tout comique de ce genre suppose-t-il une certaine satire de la société. Fridolin, écrivait en 1945 Paul Toupin, «a très bien saisi l'hiatus que produit notre idéal... de Canadien et sa réalisation. Son observation satirique est un remède à plusieurs de nos illusions[13]...» Remède? Peut-être; à tout le moins, un diagnostic, un constat d'échecs autant que de réussites, de laideur que de beauté. Toute expression de la réalité populaire provoque fatalement un éveil de la conscience collective, simplement parce qu'elle projette de la société un reflet fidèle à la réalité, et non aux idéaux dont on a rêvé et qu'on voudrait imposer. Et il en est d'une société comme des individus qui la composent: elle n'accepte pas indistinctement critiques et taquineries, et son sens de l'humour n'affecte habituellement pas ses tabous.

On l'a bien vu à un certain affrontement provoqué par Fridolin d'abord, par *Tit-Coq* ensuite. Affrontement qui rappelle le vieux débat réaliste du XIXᵉ siècle, ayant le même fondement: la réduction de l'œuvre d'art à une fin sociale ou à des principes esthétiques préétablis. Et alors que les revues et *Tit-Coq* connaissaient un très grand succès populaire, il s'est trouvé des critiques pour se plaindre de ce que cette culture «peuple» ne soit, en fait, qu'un manque de culture, une «inculture». Tel François Hertel, qui relègue Fridolin au rang des personnages de vaudeville, affirmant: «Notre culture est désespérément peuple[14]!» À quoi Gérard Pelletier, commentant ce jugement, répondait avec raison:

> Notre culture est peuple? Je voudrais bien qu'elle le fût. Je voudrais que nous ayons un conteur comme Maxime Gorki, un poète comme Homère, un dramaturge comme Aristophane. Tout ce monde-là, il me semble, était peuple aussi[15].

La réponse est pertinente et l'on voit mal, en effet, ce qu'une telle expression culturelle a de désespérant. Libre à chacun de trouver trop déprimant le spectacle d'une société qu'on voudrait différente. Mais ce débat intéresse davantage la sociologie que la littérature, il ne porte pas vraiment sur un problème esthétique: c'est l'image d'une société que l'on refuse, non la forme d'art qui l'exprime. Personne ne prétendra que Fridolin est notre Cid, ou Gélinas notre Corneille, voire notre Molière. Le grand mérite du dramaturge est au contraire de ne pas se définir par rapport à un héritage culturel[16], d'exprimer simplement, crûment, ce qu'il percevait comme le caractère particulier d'une collectivité.

Cela dit, les revues de Fridolin n'échappent pas aux faiblesses et à la fragilité du genre. Le langage, bien sûr, porte la marque de son époque. Parlant du hangar, du carré à charbon, du fer à friser ou du mâchefer, Fridolin évoquait, pour le spectateur de 1940 un univers matériel et intime familier, qui l'est moins aujourd'hui. Identifié à son milieu et à son époque, ce personnage malicieux et sympathique en révèle les mœurs, encore en partie rurales, et les attitudes religieuses avouées ou inconscientes[17]. Or, ce milieu a beaucoup évolué en un quart de siècle: c'est aux *Belles-Sœurs* qu'il faut aujourd'hui demander une peinture équivalente du milieu contemporain.

Aussi est-ce moins l'actualité de Fridolin que sa signification profonde qu'il faut rechrcher: c'est pourquoi j'ai surtout insisté sur sa place dans la définition d'un théâtre authentiquement québécois. Il faut cependant ajouter que le comique de Fridolin — ce difficile équilibre entre le rire et les larmes — se situe dans un courant dramatique universel dont le théâtre d'Ionesco constituerait une sorte de point d'aboutissement. Que signifient, en effet, ces rapprochements souvent évoqués entre Fridolin, Charlot et Cantinflas[18], sinon qu'à peu près à la même époque aux États-Unis, au Mexique, comme à Montréal et ailleurs, on crée des personnages qui se ressemblent et qui reflètent ce que nous pourrions appeler, en nous inspirant d'un film de Chaplin, les «temps modernes»? Époque pleine de contrastes, où le gigantesque et l'infime, le grandiose et le ridicule, l'humain et l'inhumain se côtoient et se confrontent chaque jour. Et ce comique chargé d'amertume prépare ce phénomène que Jean-Marie Domenach appelle *le Retour du tragique*:

> La tragédie, écrit-il, ne revient pas du côté où on l'attendait, où on le recherchait vainement depuis quelque temps — celui des héros et des dieux — mais de l'extrême opposé, puisque c'est dans le comique qu'elle prend sa nouvelle origine, et précisément dans la forme la plus subalterne du comique, la plus opposée à la solennité tragique: la farce, la parodie[19].

Proche de la farce et de la parodie, le comique de Fridolin n'est pas moins fondé, toujours, «sur une valeur pathétique». Voilà en quoi Fridolin, comme Charlot et Cantinflas, participe à ce grand courant universel où le comique et le tragique composent une comédie un peu amère avant de basculer entièrement dans un nouveau tragique.

## Tit-Coq

Avec la création de *Tit-Coq*, du reste, cette évolution vers le tragique se vérifie dans l'œuvre de Gélinas lui-même. *Tit-Coq* et *Bousille*, comme Fridolin, provoquent le rire par leur truculence, leur langage simple et coloré, par une fraîcheur plus ou moins naïve et des saillies d'enfants incompris ou méprisés. Mais là s'arrête la ressemblance: avec *Tit-Coq*, et plus encore avec *Bousille*[20], l'équilibre est rompu et l'anti-héros, qui fait encore rire, est surtout devenu un personnage pathétique et tragique.

Il semple évident toutefois, à relire les critiques de l'époque, qu'on a été moins sensible, alors, à cette évolution, qu'à une certaine continuité, *Tit-Coq* représentant à la fois le couronnement spectaculaire (mais attendu) de la carrière de Fridolin et la naissance éclatante du théâtre québécois. On assiste à un concert presque unanime de critiques enthousiastes qui n'hésitent pas à crier au chef-d'œuvre[21]. Et non seulement ces critiques avaient-ils l'impression que ce chef-d'œuvre était du cru, une œuvre aux fortes racines populaires — ce qui est indéniable — mais ils y voyaient une œuvre exportable, dont le succès serait assuré à l'étranger[22]: c'était sans doute excessif, et le miracle d'une première carrière internationale, que le roman venait de connaître avec Gabrielle Roy, le théâtre ne le connaîtra pas encore. Après le succès de la version anglaise auprès du public canadien-anglais, on crut pouvoir tenter la grande aventure de Broadway: *Tit-Coq* y connut l'échec. S'il démontrait que la pièce n'était pas de taille à faire carrière sur toutes les scènes du monde, cet échec ne constitue sans doute pas un démenti complet des critiques; il nous invite pourtant à nous dégager des éloges enthousiates et, selon Jean Hamelin, «intempérés» accordés par les contemporains.

Une première constatation s'impose avec évidence: *Tit-Coq* n'est pas le chef-d'œuvre qu'on a voulu y voir et, malgré sa construction apparemment très rigoureuse, ses ressorts dramatiques simples et efficaces, la pièce a beaucoup vieilli. Si l'on excepte les pseudo-dialogues pathétiques où le héros se raconte — ou, pour reprendre sa propre expression, se «déboutonne» — il faut avouer que trop de scènes souffrent d'un certain statisme, plus évident aujourd'hui qu'à l'époque de la création. Et si le personnage de *Tit-Coq* demeure aussi touchant, aussi vibrant d'humanité, on ne saurait en dire autant de ceux qui l'entourent, lesquels manquent de densité.

Ceci est d'autant plus grave que le héros se définit essentiellement par sa solitude — sa naissance et son enfance à la crèche — et que les autres représentent ce qu'il désire le plus ardemment connaître: la vie de famille. Ce sont là les deux pôles entre lesquels se déroule et s'exprime le drame de *Tit-Coq*. Trois actes, construits selon la plus pure tradition. Un premier acte de mise en situation, où tous les éléments de l'intrigue sont noués: Tit-Coq, invité à passer la Noël dans la famille du camarade Jean-Paul, y découvre la vie joyeuse et chaleureuse d'une famille et s'éprend de la jeune Marie-Ange. Au deuxième acte, c'est la montée vers le point de crise: après deux ans d'attente, Tit-Coq apprend, avant de revenir au pays, que Marie-Ange en a épousé un autre, et son rêve s'écroule. Le troisième acte sera celui du dénouement, de la rencontre émouvante entre Tit-Coq et Marie-Ange; rencontre qui sert à détruire les malentendus, alors qu'il est déjà trop tard pour en éviter les conséquences.

L'action dramatique repose esentiellement sur le fait que Tit-Coq est un enfant illégitime, et tout commence lorsque, au hasard d'un juron malencontreusement lancé — Jean-Paul l'a traité de «petit maudit bâtard[24]»— il se voit identifié comme tel. On lui jette au visage son malheur et il réagit, par réflexe, avec toute la violence de celui qui voit étalée au grand jour sa honte secrète. Grâce à l'intervention du padre, cependant, le miracle semble possible et Tit-Coq, en découvrant la famille et l'amour, s'ouvre à la tendresse avec la candeur et la timidité de l'enfant pauvre et brimé, d'autant plus mesuré dans ses élans, plus prudent dans sa démarche qu'il avance, lui l'orphelin sans manières, dans un univers qu'il n'a entrevu qu'en rêve, et qu'il sait trop comme les rêves sont fragiles. On songe à Rose-Anna Lacasse, dans *Bonheur d'occasion*, s'occupant fébrilement à préparer cette fête exceptionnelle que sera pour elle la «partie de sucres» mais, nous dit la romancière, «en se privant même de chanter pour ne pas effrayer sa joie[25]».

Tel nous apparaît Tit-Coq, à la fin du premier acte. L'amour qu'il éprouve pour Marie-Ange est ardent, passionné, mais tendre et réservé:

> Vois-tu, lui dit-il, un homme ordinaire te donnerait juste de la passion dans ses baisers. C'est pas mal, la passion... c'est même bon; mais je suis ben obligé, moi d'y mettre en plus toute la tendresse et l'amitié que je n'ai jamais pu donner à personne. Comme de raison, tout ça ensemble, ça fait impressionnant. (p. 75)

Le drame et la vie de Tit-Coq sont dans cet aveu. Son amour pour Marie-Ange le fait naître à une vie que, jusque-là, il n'a connue qu'en creux, par le manque et l'absence; plus qu'une passion qui serait un complément de bonheur et l'épanouissement d'une vie affective adulte, c'est la soudaine découverte d'un monde nouveau. C'est pourquoi même l'amour de Marie-Ange ne lui suffit pas: c'est toute sa famille qu'il veut s'attacher. Le plus beau cadeau que puisse lui faire la jeune fille avant son départ, n'est-ce pas cet album de photos qu'il montrera au padre avec une fierté naïve, pendant la traversée? Tit-Coq — l'image est du padre — est comme «une branche de pommier qu'une tempête aurait cassée. Si on la laisse sur le sol où elle est tombée, elle pourrira. Mais à condition de s'y prendre à temps, on peu la greffer sur un autre pommier et lui faire porter des fruits, comme si rien n'était arrivé.» (p. 95) Par la tendresse et l'amitié, autant que par l'amour qu'il éprouve pour Marie-Ange, Tit-Coq cherche d'abord à se greffer sur une famille. L'un des moments les plus touchants de la pièce est justement celui où il imagine son bonheur réalisé: le bonheur le plus simple et le plus modeste qui soit...

> Moi, je ne m'imagine pas sénateur dans le parlement, plus tard, ou ben millionnaire dans un château. Non! Moi, quand je rêve, je me vois en tramway, un dimanche soir, vers sept heures et quart, avec mon petit dans les bras et, accrochée après moi, ma femme, ben propre,

son sac de couches à la main. Et on s'en va veiller chez mon oncle Alcide. Mon oncle par alliance, mais mon oncle quand même! Le bâtard tout seul dans la vie, ni vu ni connu. Dans le tram, il y aurait un homme comme les autres, ben ordinaire avec son chapeau gris, son foulard blanc, sa femme et son petit. Juste comme tout le monde. Pas plus, mais pas moins! Pour un autre, ce serait peut-être un ben petit avenir, mais moi, avec ça, je serais sur le pignon du monde! (p. 94)

Le plus touchant dans ce rêve de bonheur, ce n'est certes pas la description d'un «beau dimanche» familial, mais plutôt cette petite phrase comme perdue au milieu du récit: «Le bâtard tout seul dans la vie, ni vu ni connu». Il ne s'agit pas, pour Tit-Coq, d'*avoir* un plus grand bonheur, mais d'*être* un homme différent, un homme enfin semblable à tous les autres.

Le drame de Tit-Coq trouve d'ailleurs là sa pleine dimension tragique, car le héros sera victime, non pas d'un malentendu, mais d'une véritable fatalité. Si son rêve ne se réalise pas, ce n'est pas parce que Marie-Ange s'est montrée trop faible pour résister à sa famille, ou parce que l'exemple de la vieille tante Clara lui fait craindre de rester vieille fille; c'est bien plutôt que sa naissance constitue une fatalité à laquelle il ne saurait échapper. C'est pourquoi Tit-Coq et Marie-Ange, à la scène finale, ne peuvent que se repousser mutuellement, avec une sorte de sérénité tragique. Ils voient clairement l'un et l'autre que, victimes de la fatalité, ils s'en feraient les instruments s'ils ne renonçaient pas à leur amour. La greffe n'a pas réussi, et Tit-Coq sait qu'une branche morte ne peut produire de fruits.

Nous sommes donc en présence d'une pièce rigoureusement conçue comme une tragédie, autour d'un héros pathétique victime d'une fatalité. Mais, je l'ai dit, le drame de ce personnage se définit par rapport à une famille: or, plutôt qu'un univers familial vivant, structuré et dramatique qui aurait transcendé son époque, cette pièce nous présente une peinture d'époque sans vigueur et dépourvue de réelle cohésion dramatique. Le père et la mère Désilets, Jean-Paul, la tante Clara, la cousine Germaine: chacun apporte à tour de rôle sa contribution au tableau familial. Mais chacun de ces épisodes est isolé, les liens demeurant trop ténus. La Noël chez les Désilets est une scène typique, pittoresque, sans plus. La cousine Germaine est un témoin utile, mais son personnage n'est ni assez vivant, ni assez bien intégré à l'intrigue. Quant à la tante Clara, son rôle est le moins nécessaire de tous: sa longue tirade du deuxième acte sert à instruire Marie-Ange sur les malheurs d'une vieille fille mais ce monologue savoureux, outre qu'il est marqué trop exclusivement par un certain pittoresque d'époque, s'inscrit mal dans la structure de la pièce. Marie-Ange elle-même, trop passive, accentue le statisme de certaines scènes; aux derniers moments de la pièce, seulement, on soupçonne la profondeur qui aurait pu faire d'elle l'héroïne tragique capable de constituer, face à Tit-Coq, le second pôle dramatique. Seul Tit-Coq vit vraiment et transcende l'anecdote. Les autres personnages, ceux qui représentent la famille, n'ont pas assez de consistance: ils intéressent ou amusent, évoquant des images populaires de cette époque, mais ces image se sont beaucoup démodées. Les aspirations du père Désilets et de Germaine, la vie de tante Clara reflètent un milieu sociologique; mais les personnages ne vivent pas d'une vie autonome et aucun d'entre eux ne réussit à imposer une forte présence dramatique.

Si la pièce a fasciné et ému tant de spectateurs par sa «grande et tragique humanité[26]», c'est donc à Tit-Coq seul qu'en revient le mérite. Héros pathétique, en qui l'on reconnaissait un Fridolin «en quelque sorte sublimé, ...élevé au grand art[27]», Tit-Coq a été et demeure une très grande figure de notre théâtre. Et ce n'est pas un mince mérite que d'avoir donné à notre théâtre naissant un authentique héros dramatique. Pour assurer une réussite durable, il aurait fallu encore que les autres personnages vivent intensément et que leurs relations tissent une toile serrée. C'est par là que la pièce est faible, qu'elle a vieilli. Déjà en 1950, rendant compte de la première édition de *Tit-Coq*, Gilles Marcotte marquait sa déception devant un texte qui lui paraissait mince et sans vigueur. «Disparu le contexte existentiel, écrivait-il, la présence totale des personnages avec leur *histoire*, tout ce que leur seule présence évoquait pour nous d'harmoniques humaines, les mots nous paraissent assez pauvres[28].» Mais si les mots sont pauvres, c'est que les personnages eux-mêmes — les personnages secondaires — le sont et que leur présence dramatique tenait surtout à ce qu'ils évoquaient d'«harmoniques humaines», dans le «contexte existentiel» de cette époque.

Si, vingt ans après sa création, nous portons sur *Tit-Coq* un jugement plus sévère que les critiques et le public de l'époque, il ne faut pas s'en étonner: comme les revues de Fridolin, cette pièce appartient à ce répertoire populaire dont les succès sont souvent les plus grands, mais aussi les plus fragiles et éphémères. Le public, dit-on, n'a jamais tort; il lui manque pourtant le recul nécessaire à un jugement éclairé. Sur le succès de *Tit Coq* c'est Jean Hamelin, me semble-t-il, qui rétablit la juste perspective.

> Le seul tort, écrit-il, qu'on a montré dans les éloges intempérés qu'on décerna à Gratien Gélinas à l'occasion d'une première pièce fut de voir là la plus haute manifestation d'un théâtre canadien autonome, alors qu'il ne fallait y voir que l'une des manifestations de ce même théâtre, et au niveau strictement populaire encore[29].

Théâtre «populaire», que l'on aurait grand tort de traiter avec mépris. Sans doute traîne-t-il avec lui beaucoup d'imperfections et de complaisances; et cela explique cet écart révélateur, à vingt ans de distance, entre deux lectures de l'œuvre. Mais il y a beaucoup plus dans un véritable théâtre populaire: le sentiment qu'éprouve le spectateur de retrouver une partie de son âme. «Que Gélinas sache bien, écrivait un critique, que tout le Canada français le regarde. Car, quand il élève la voix, c'est son âme qu'il comprend[30].» Gratien Gélinas a souvent proclamé qu'il fallait créer un théâtre pour le peuple: avec Fridolin, *Tit-Coq* et *Bousille*[31] il l'a fait, et ce mérite dépasse tous les autres.

Or qu'est-ce que «comprendre l'âme d'un peuple», sinon percevoir et exprimer, dans une peinture réaliste, un équilibre humain particulier à un milieu donné? Équilibre fait de motivations affichées ou secrètes, de croyances ou de tabous, d'atavismes plus ou moins conscients. Devant un débordement à la fois de tendresse et de violence, l'on reconnaîtra ce qu'on appelle «l'âme russe»; dans telle expression du sentiment religieux, volontiers fantastique et angoissé, l'on croira reconnaître «l'âme scandinave». Quant au milieu québécois, l'étude de sa littérature nous a déjà appris à en dégager certaines caractéristiques. L'on sait, par exemple, que la famille, l'amour et la religion constituent d'emblée une sorte de réseau thématique central de cette littérature. Mais il s'agit moins de thèmes (lesquels se retrouvent un peu partout) que d'attitudes face aux grandes réalités de l'homme, d'une certaine sensibilité propre à un milieu: c'est à cela que l'individu reconnaît son appartenance à une collectivité.

Une lecture attentive de *Tit-Coq* permettrait de déceler sans difficulté la présence de ces thèmes et attitudes caractéristiques et, selon les extraits choisis, cette «âme du peuple» dévoilerait ses multiples visages. Je me limiterai ici à l'examen d'un seul extrait, choisi dans cette scène de la fin du deuxième acte où Tit-Coq, qui noie son chagrin dans un bar, rencontre le padre:

> Eh ben! Tit-Louis, vire ton collet de bord et viens prendre un coup avec moi. Tu m'as conu dans le temps où je tâchais de faire le bon petit garçon; seulement c'est fini, ça. Et tu vas te rendre compte que je peux être aussi amusant que n'importe qui. Ah oui! parce que, un moment, j'ai essayé d'avoir de l'idéal, figure-toi. J'en avais de l'idéal, que j'en dégouttais! Prenais pas un verre, ramassais mon argent pour acheter une couchette de noces. Je voulais être un homme comme tout le monde, moi, le petit maudit bâtard!

(*Il chante à tue-tête*) Mais j'en reviens ben, d'ces affaires-là!

(*Au padre*) Parce que l'amour, Tit-Louis, l'amour jusqu'au trognon comme dans les romans, ça vaut pas de la chiure de mouches! Les filles à tant de l'heure, c'est encore ce qui se fait de plus sûr. Au moins, avec elles, tu sais à quoi t'en tenir.

(*Il vide son verre au nez du padre qui l'écoute, navré.*) Sais pas ce que je vais faire de mon corps, maintenant... À moins que j'entre en religion. Ça se porte beaucoup, après les grandes déceptions.

(*La voix pleine d'une onction cléricale.*) «Révérend frère Tit-Coq, vos parents vous demandent au parloir.» (*Il s'esclaffe, puis se verse un coup.*) Hé! trinque donc, toi. Ah oui! c'est vrai, t'as pas de verre... (p. 146-147)

L'ivresse sert ici à révéler l'homme dans sa nudité, à montrer la face cachée de son être. Tout tourne autour de l'idéal: idéal de vie rangée, où l'on se refuserait le plaisir qu'on continue de convoiter: idéal de l'amour, «comme dans les romans», mais il est entendu que ces romans sont édifiants, que cet amour est pur et toujours heureux. On reconnaît donc la thématique idéaliste de la vie et de l'amour, fondement même de la famille et de la société traditionnelles.

Quant aux attitudes, ce sont celles d'un homme obéissant alternativement à la voix de sa conscience et à celle de son désir, passant brusquement, par dépit de lui-même, de l'exaltation à la turpitude.

Au fond, cette image est celle d'un homme hanté par un code moral exigeant, mais incapable de le vivre autrement qu'en creux. Pris entre l'idéal de l'homme austère et docile et la voie de la démission, à la fois apaisante et culpabilisante, *Tit-Coq* ressemble bien au Canadien français prisonnier de ses impératifs sociaux et moraux, prisonnier même de ses évasions. En ce sens, ce héros exprime à la fois ce qu'un essayiste appelle notre «goût inavoué pour la soumission morbide[32]» et les velléités que nous entretenons d'y échapper. Aussi il n'est rien de plus significatif, au terme de cette tirade sur l'idéal de la vie et de l'amour, que l'image cocasse du «frère Tit-Coq[33]». Image stéréotypée d'un idéal de soumission religieuse, évoquée avec humour; dans ce contexte, toutefois, cet amour est lourd d'une violence qui ressemble à «l'hostilité rentrée, l'hostilité des faibles[34]» également caractéristique dans notre littérature. Et cette hostilité que Tit-Coq retourne contre lui-même fait de lui, plus qu'un personnage pathétique, un héros tragique, en même temps qu'elle exprime d'une manière bien reconnaissable la tragique alternance d'élans et d'échecs d'un peuple aux multiples soumissions[35].

*Tit-Coq* projette donc l'image d'un homme voué à tous les échecs, d'une société incapable d'élans véritablement libérateurs. Que cette image soit partielle est incontestable; elle est néanmoins fidèle et les spectateurs qui ont applaudi la pièce, mieux encore que les critiques, l'ont reconnue. Parmi les critiques, ceux-là même qui ont le plus violemment condamné cette pièce reconnaissaient, au moins implicitement, la vérité du tableau[36]. «Notre culture est désespérément peuple», s'écriera François Hertel, mais le véritable problème n'est pas celui d'une culture populaire, «peuple» ou «populiste». La réaction de ces critiques dont les «voix discordantes... se perdent[37]», à l'époque, dans le grand concert d'éloges, représente un mouvement de ressac plus qu'une vague de fond, le refus d'une réalité plutôt que sa négation: une sorte de nausée devant une souffrance ou une laideur qu'on accepterait plus volontiers ou qu'on jugerait plus sereinement si elles nous étaient tout à fait étrangères. Mais rejeter une «culture peuple» parce qu'elle fait mal à voir, c'est vouloir briser une glace parce qu'on s'y est vu trop laid.

En somme, et le débat est ancien, le problème fondamental que soulève *Tit-Coq* est celui du réalisme. Problème aigu au théâtre plus encore que dans le roman[38], sans doute parce que le roman use de nuances là où le théâtre impose sa présence vivante. Mais le réalisme n'est pas moins valable que toute autre doctrine esthétique. Bien sûr, une œuvre réaliste — surtout au théâtre — risque de vieillir plus vite qu'une autre, étant identifiée à un moment précis de l'évolution d'un milieu: cela signifie seulement que le réalisme n'est pas la voie facile que l'on croit, et que les défauts qui passeraient inaperçus ailleurs, le temps se charge ici de les dévoiler. Ainsi *Tit-Coq* ne serait pas une pièce moins réaliste si elle avait été mieux structurée, si les personnages secondaires vivaient d'une vie plus intense. Le réalisme, au théâtre, n'a donc rien de péjoratif ou de méprisable; dans l'établissement et la définition d'une littérature nationale — laquelle est forcément celle du peuple! — il est même essentiel. Dans cette perspective, la contribution de Gratien Gélinas a été exceptionnelle, et *Tit-Coq* demeure son œuvre la plus significative.

J.-C.G.

## Références

1. En 1957, à Stratford, il joue les rôles de Charles VI dans *Henry V* et du D$^r$ Caius dans *The Merry Wives of Windsor;* l'année suivante, à la Comédie-Canadienne, il jouera un rôle dans la version anglaise de l'*Alouette* d'Anouilh.

2. Organisée à l'été 1968 par la Comédie-Canadienne, cette rétrospective a permis de revoir trois sketches de Fridolin (*le Flop populaire*, *la Dame aux camélias* et *le Départ du conscrit*) et la version filmée de *Tit-Coq*. Les premiers, filmés sur scène, datent de 1942; l'adaptation cinématographique de *Tit-Coq* a été faite en 1953.

3. Ernest Gagnon, «*Tit-Coq*». *Relations*, vol. 8, n° 95, novembre 1948, p. 336.

4. «Qu'il n'y ait pas d'équivoque, écrivait Roger Duhamel: Fridolin n'est pas mort. Mais il s'est en quelque sorte sublimé, il s'est élevé au grand art.» («Naissance d'un théâtre canadien». *Montréal-Matin*, 25 mai 1948, p. 4.)

5. *La Fête à Fridolin*. Les sketches des *Fridolinades* ont été publiés en 1981: voir la bibliographie.

6. Comme l'a bien démontré *T'es pas tannée Jeanne d'Arc*.

Présenté à la manière d'un «grand cirque ordinaire», ce spectacle s'inscrit bien, il me semble, dans la tradition des Fridolinades.

7. Façon de parler, car cette étape dure encore. «Notre théâtre, affirmait récemment l'un des auteurs du Centre d'essai, dans sa forme la plus spontanée, ressemble à une soirée de famille .» («Le théâtre québécois? Nous le faisons!». *La Presse*, section *Perspectives*, vol. 12, n° 24, 13 juin 1970, p. 32.) C'est à quoi ressemblaient aussi les soirées avec Fridolin...

8. «Ces monologues prenaient la forme de confidences au public; assis tout simplement sur la boîte du souffleur ou sur une chaise de cuisine, Fridolin parlait au public comme il l'aurait fait s'il était entré dans un coin de la cuisine chez vous et s'il s'était assis pour vous parler de ses problèmes.» Gratien Gélinas, Interview accordée à l'auteur en septembre 1969.

9. Gratien Gélinas, même interview.

10. «Fridolin n'est pas le type du héros dont on peut être fier, qu'on admire de loin, il est celui avec lequel on s'identifie peut-être le plus facilement.» Interview citée.

11. Avec quelques variantes. Ainsi *la Fête à Fridolin* se termine par ce «souffrance de crotte» magnifiquement vulgaire et efficace!

12. Interview citée.

13. «Fridolinons 45». *Amérique française*, mars 1945, p. 61.

14. Cité par Gérard Pelletier, «Culture 'peuple'». *Le Devoir*, vol. 15, n° 35, 12 février 1949, p. 9.

15. *Ibid.*

16. Sinon sur le mode parodique: le sketch *la Dame aux camélias*, mettant en vedette Juliette Béliveau, en est l'exemple le plus célèbre.

17. Citons deux exemples, tirés de *la Fête à Fridolin*. «Évidemment, je suis pas parfait... Mais qui est parfait tant qu'à ça? Rien que le bon Dieu... puis encore... il se fait critiquer...» Et comme on est au samedi soir, Fridolin sait d'avance que sa mère lui dira: «Ça fait qu'avant de te coucher, donne ton cœur au Bon Dieu, puis jette ton corps au linge sale.» Notons que la peinture des attitudes religieuses se fera plus acerbe avec *Tit-Coq* et, surtout, avec *Bousille et les justes*.

18. Héros «chaplinesque» du cinéma mexicain.

19. *Le Retour du tragique*. Paris, Seuil, Collection «Esprit», «La condition humaine», 1967, p. 260.

20. Cette évolution est rendue plus nette, dans *Bousille et les*

*justes*, par un certain dédoublement du *type* que représente Fridolin. Ce type est en effet incarné à la fois par Bousille et par le frère Nolasque; ce dernier, visiblement marqué par le seul ridicule, «libère» Bousille en lui laissant pour seul rôle celui du personnage pathétique victime de cette «cruauté sadique» presque intolérable que signalait Jean Béraud à la création de la pièce et qui, avouons-le, s'accommode mal du rire. (Cf. J. Béraud, *«Bousille et les justes*, du naturalisme en comique tournant au grand tragique». *La Presse*, 18 août 1959, p. 8.)

21. «On peut même, pour une fois, risquer le mot de chef-d'œuvre sans craindre de trop le galvauder. Voici une pièce à mettre en parallèle avec les plus émouvantes, les plus pathétiques qui aient été écrites en France en ces derniers temps.» (Eugène Lapierre, *«Tit-Coq* de Gratien Gélinas». *Le Devoir*, 25 mai 1948, p. 5.)

22. *«Tit-Coq*, écrit Marcel Valois, fera une longue carrière partout où la pièce sera jouée...» («Gratien Gélinas est le Pagnol canadien». *La Presse*, 24 mai 1948, p. 2.)

23. *Le Renouveau du théâtre au Canada français*. Montréal, le Jour, «Les idées du jour», 1961, p. 46.

24. *Tit-Coq*. Montréal, Beauchemin, 1950, p. 16.

25. Gabrielle Roy, *Bonheur d'occasion*. Montréal, Éditions Pascal, 1945, p. 243.

26. Roger Duhamel, *art. cit.*

27. *Ibid.*

28. «Tit-Coq en littérature?». *Le Devoir*, vol. 41, n° 111, 13 mai 1950, p. 8.

29. J. Hamelin, *op. cit.*, p. 46.

30. Ernest Gagnon, *art. cit.*

31. Peut-être aussi cette dernière pièce, qui a connu un succès populaire et de critique presque aussi grand que *Tit-Coq*, doit-elle être considérée comme la mieux réussie, dans l'ensemble. Il est certain, en tout cas, que les personnages secondaires y sont beaucoup mieux campés, et la pièce mieux structurée.

32. Ernest Gagnon, *L'Homme d'ici*. Montréal, HMH, «Constantes», 1963, p. 26.

33. Fridolin évoquait aussi «l'âge où c'est que tu promets de faire un frère gros comme le bras, puis ça serait donc facile! Puis t'es plein de belles idéales, puis flac, un beau jour, l'amour arrive puis a te revire à l'envers puis a te pogne après le cou,

puis a te secoue comme un pommier... Puis *bye, bye*, l'idéal des frères!» (*La Fête à Fridolin*)

34. E. Gagnon, *op. cit.*, p. 27.

35. Ajoutons que le lieu même où se situe cette scène, un bar, semble un lieu privilégié de notre littérature. On le retrouvera, entre autres, dans *Un simple soldat*, dans *le Libraire*; et l'on reconnaît volontiers que le restaurant du coin, le café ou la taverne remplacent, dans la littérature québécoise, la salle de séjour, l'intérieur chaleureux que les citadins ne connaissent plus chez eux, leurs appartements exigus ou surpeuplés n'étant autre chose qu'un lieu de passage et un dortoir. Paradoxalement, le bar est cet endroit public, mais secret, où l'on découvre et dévoile son univers intime: en somme, et le rapprochement me paraît justifié, une sorte de confessionnal profane!

36. Je pense en particulier à Victor Barbeau qui, en 1950, écrit sur *Tit-Coq* une page d'une rare dureté. Après avoir tracé le portrait d'un peuple dont la langue «se corrompt jusqu'à n'être plus qu'un objet de risée de la part d'histrions», dont les traditions et les valeurs les plus hautes se perdent, «dont les besoins», dit-il, «les plaisirs et les pensées ne dépassent pas le plafond du péritoine», il ajoute: «Ainsi, dans le fumier dont il s'engraisse, Tit-Coq». Cf. «Tit-Coq», *La Face et l'envers*. Montréal, Les publications de l'Académie canadienne-française, 1966, p. 69. C'est dire que l'éminent académicien reconnaît en *Tit-Coq* l'image d'une société appauvrie, en décomposition, une image dont la brutalité le choque; mais c'est la réalité sociale, non la pièce en elle-même, qui provoque sa colère et son mépris douloureux.

37. Jean Hamelin, *op. cit.*, p. 45.

38. On sait par exemple que les Goncourt, théoriciens du réalisme littéraire et auteurs de nombreux romans réalistes, se déclaraient violemment opposés au théâtre réaliste!

# Chapitre 3
## Deux saisons dans la vie
## de la Nouvelle-France:
### *Un fils* (ou un père) *à tuer*

Éloi de Grandmont est peut-être moins connu comme poète que comme dramaturge. Les bonnes anthologies toutefois ne peuvent l'ignorer: il est chez nous un des premiers poètes de la génération d'après-guerre, un poète aux accents nouveaux, plus souple, plus frais, plus libre que la plupart de ses prédécesseurs. *Le Voyage d'Arlequin, la Jeune Fille constellée, Premiers secrets, Plaisirs*, montrent une sensibilité très juste, un rare bonheur d'écrire et de chanter, une souffrance parfois, mais subtile, raffinée, pudique. Éloi de Grandmont ne crie jamais; il module, il nuance. Il ne rationalise pas non plus; sa poésie n'est pas philosophique ou véhémente, elle est savante des seuls mouvements du cœur et de la vie, et de la discrétion des mots, des rythmes. Il est l'anti-rhéteur: plutôt le poète de la nature, de l'amour, de l'humour, du rêve éveillé, du jeu.

«Il y a de la révolte là-dessous — écrit Gilles Marcotte à propos de *Plaisirs* — mais si elle avait quelque âpreté dans les *Premiers secrets*, tout ici se résorbe dans la bonne humeur et le désir un peu naïf de scandaliser[1]». Parlant de *la Jeune Fille constellée*, Roger Rolland signale la transparence, l'accord, la chaleur, la «douce maturation», le «rythme joyeux des choses élémentaires[2]» de ce mince recueil où l'on décèle quelque influence des images féminines d'Alain Grandbois:

Et dans de grandes chambres
S'éveillent les bras blancs
De celle que l'on aime
[...]
Elle a une chevelure de fumée
Qui se détache de son corps
Pour s'enlacer aux oiseaux.

On pourrait sans doute évoquer aussi Supervielle, Cocteau, Prévert, un certain Rimbaud, Verlaine, les médiévaux et les premiers renaissants, mais, entre tous, Éloi de Grandmont a voué une amitié, ici à Nelligan, là-bas à Maurice Fombeure.

Si Arlequin, Colombine, les masques et figures les plus tendres de la *commedia dell'arte*, apparaissent subrepticement dans ses vers, le théâtre de ce poète n'est pas ce qu'on est convenu d'appeler un théâtre *poétique*. Il ne s'alanguit jamais, n'est pas surchargé d'images et de symboles: très vif, au contraire, et très économe de ses moyens, très efficace, c'est un théâtre d'animateur, de praticien, un théâtre d'homme de théâtre, justement. On sait l'admiration de de Grandmont pour les Pitoëff, sa participation aux côtés de Jean Gascon et Jean-Louis Roux à l'établissement du Théâtre du Nouveau Monde, son activité multiple à Radio-Canada.

Du drame en un acte *le Temps des Fêtes*, de la comédie-farce *la Fontaine de Paris*, jusqu'à *Soif d'aimer* et à la comédie musicale *Doux temps des amours* (toutes deux faites en collaboration avec Louis-Georges Carrier), en passant par *Fol amour*, *les Fantasticks*, etc., la production théâtrale d'Éloi de Grandmont est une des plus variées, des plus habiles, des plus alertes de notre répertoire.

À ce point de vue, *Un fils à tuer* ne peut être, à elle seule, représentative de l'ensemble de l'œuvre d'Éloi de Grandmont. Il faudrait parler aussi de la version québécoise et «jouale» de *Pygmalion*, et de diverses autres adaptations dont *Un coup de fil pour te pendre (Dial M for Murder)* et une *Lysistrata* fort différente de celle de Michel Tremblay.

Mais si *Un fils à tuer* offre moins de grâce, moins de verve et de fantaisie que *la Fontaine de Paris* ou *les Fantasticks* — il s'agit en effet d'un tout autre sujet, d'un tout autre genre — la pièce est en tout cas remarquable, d'un style limpide, dépouillé, d'une construction solide, convaincante. On y retrouve, intact, adéquat, ce «verbe très pur, harmonieux dans sa totale simplicité, direct[3]», que la critique reconnaissait aux poèmes d'Éloi de Grandmont.

* * *

Écrite il y a vingt ans, *Un fils à tuer* [4] est une pièce qui vieillit fort bien ou, si l'on veut, qui ne vieillit pas. Le sujet, dans ses grandes lignes, est inspiré par le souvenir de lectures historiques, en particulier le *Journal d'une expédition contre les Iroquois en 1687*, rédigé par le chevalier de Baugy, aide de camp du marquis de Denonville[5]. Il faut lire la lettre annuelle datée de Québec, «ce 22 novembre 1682», donnée en appendice à *Un fils à tuer*. Particulièrement, les allusions au «biscuit poury», aux «conseillers» qui se font la tête de ministres, au «froid désespéré» de l'hiver, aux «cousins» et à la lourdeur insupportable de l'été, aux Indiens qui vont porter leurs pelleteries aux Hollandais et aux Anglais... et le dernier paragraphe, où de Baugy mande à son frère, demeuré en France, «qu'un jeune homme de ce païs» en instance de départ, «fort bon garçon», l'a prié «de luy donner une lettre pour vous»; «ce n'est pas qua dire la vérité son pere est le plus honeste du Canada» (p.107). «On comprendra qu'il m'ait plu de songer à mes héros...», écrit dans sa postface Éloi de Grandmont (p. 102), qui avait entrepris à Paris, immédiatement après la guerre, d'écrire *Un fils à tuer*, dans l'intention sans doute de clarifier certaines relations personnelles, certaines situations vécues, mais aussi de démystifier les personnages — «tous vrais petits saints», selon l'historio-hagiographie — des débuts de la colonie.

La pièce a des résonances tout à fait contemporaines. Si, par certains aspects, *Un fils à tuer* peut être qualifiée de drame historique, ce n'est pas du tout à la manière romantique. De Grandmont ne procède pas à une reconstitution détaillée, datée, débordant de pittoresque, de couleur locale et de tableaux d'époque. Les problèmes que pose *Un fils à tuer* sont complexes, délicats, non pas sentimentaux, ni métaphysiques, mais moraux, psychologiques, sociaux: l'adaptation au Nouveau-Monde, les relations avec la France, le conflit des générations, les avatars d'un héritage, la fidélité et l'autonomie, la révolte et l'amour... Si le cadre est historique, les problèmes, on le voit, sont et demeureront d'actualité[6].

Gilles Marcotte, qui admire l'écriture, le style d'*Un fils à tuer*, et l'exemple, le signe qu'elle donne de la «crise de croissance du Canada français[7]», se montre plus sévère envers les héros et l'action de la pièce. «Ils ne font qu'exposer des thèmes qui leur sont antérieurs et qui les expliquent en totalité. Jean, d'abord, est le type[8] du jeune homme en quête d'évasion. La touche de cynisme, la touche Rimbaud («le rêve, pour moi, c'est la réalité»), et voilà...» Les personnages nous intéressent, il ne nous émeuvent pas, dit-il. On voit trop rapidement apparaître «le vieux thème de l'évasion». À la relecture, en 1970, après tant de Mai et d'Octobre, ce «vieux thème» et la «touche Rimbaud» nous paraissent rajeunis, élargis, prophétiques. L'«évasion», pour Jean, n'est pas la fugue, la fuite, l'exil, mais, avant la lettre, la contestation, le refus critique, le renversement des principes et des valeurs, l'affirmation d'un nouvel amour. Son patriotisme, fondé sur l'ouverture, la communication, la liberté, l'avenir, est celui des générations qui montent, non de celles qui descendent; il s'oppose au nationalisme du père, sec et frileux, institutionnel et volontariste.

Un certain schématisme est inévitable dans pareille situation dramatique: le rituel ancien se détraque rituellement, se vide de l'intérieur, dévoile son squelette. «Strictement, dans *Un fils à tuer*, il ne se passe rien. Le meurtre final? Cet événement extérieur n'importe guère s'il ne marque le terme d'une évolution intérieure des personnages.

Or justement: il n'y a pas d'évolution intérieure», poursuit Marcotte. Et certains passages semblent lui donner raison:

LE PÈRE — Que s'est-il passé entre vous?
LA MÈRE — Rien. Des mots, rien que des mots. (p. 63)

Mais les mots ne sont pas «rien» au théâtre. Et nous sommes ici tout à fait au théâtre, et même au théâtre dans le théâtre. *Un fils à tuer* est un psychodrame, compromis, perdu peut-être, mais que Jean persiste à jouer jusqu'au bout, dont il démonte savamment les ressorts brisés, dont il montre la fermeture, l'échec, la réduction au mutisme et à l'os. La pièce, du fait même qu'elle existe, est action, lutte et victoire partielle de la parole sur la mort.

Dès le début: «les rôles sont-ils tous bien distribués?» demande Jean (p. 31), et il nous les présente, comme un acteur au second degré, comme celui qui sait: «Mais je trouverai bien une brèche pour m'échapper.» Nous faisons le tour du fort, nous cherchons avec lui l'issue, la faille, le mot qui portera, agira. Jean joue un personnage, des personnages (avec Hélène, l'amoureux ou le cynique; avec son père, l'anarchiste ou le collaborateur: «Avez-vous terminé d'éclaircir le petit bois?»), et ne nous cache pas qu'il les joue. Il est fasciné par la scène, par le plateau, par le décor, par le *jeu* précisément que laisse et permet cet art entre la réalité et le rêve. Le théâtre, pour lui, c'est la création et le repos, l'évolution, la civilisation, l'Europe; c'est l'avantage, qu'il veut reprendre, de ses parents sur lui:

«Maman m'a déjà raconté qu'avant de venir en ce pays, elle avait vu des gens qui simulaient les passions des autres et qu'on se réunissait pour les voir pleurer et que même l'on applaudissait et que cela était considéré comme un divertissement exceptionnel dans la bonne société». (p. 83)

Le père, sûrement, connaît aussi la rhétorique et le théâtre, lui qui se distribue généreusement tous les premiers rôles, ceux des «hommes en bon métal solide, sonnant clair»: le pontife, le juge, le général[9], le policier et le bourreau; et qui refuse avec mauvaise foi les rôles qu'il croit qu'on veut lui faire tenir: «Liez-vous tous les deux contre le tortionnaire» (p. 25); «Car, tyran, ogre, croque-mitaine, voilà bien mon rôle à tes yeux!» (p. 69); «Au moins tu ne penses pas que je suis ravi de trancher du maître, de parader ma victoire devant toi?» (p. 92)

* * *

*Un fils à tuer* est très proche de la tragédie, et d'une tragédie classique. D'abord, les trois unités sont respectées, avec aisance, sans rien forcer. Le drame est intense, sobre, ramassé, stylisé. Nous sommes à ce «jour fatal» de *la Thébaïde* ou de *Phèdre*. «Aujourd'hui est un jour important pour moi. Certaines choses doivent s'expliquer...», confie Jean à sa mère. (p. 58) Le père déclare de son côté: «Depuis longtemps, j'attendais cette fugue. On ne devient pas muet, de longs mois durant, sans motif. Où que tu désires aller, je m'oppose à ton départ. Nous nous sommes tous chargé les épaules d'un fardeau, une voix nous ordonne de le porter.» (p. 39-40) Cette «voix» est un écho de celles, conservatrices, de *Maria Chapdelaine*.

Le père et le fils sont également prévenus, inflexibles, prêts à tout. Le climat familial, celui de la tragédie, est ainsi défini par la mère: «...j'ai compris que la journée ne se terminerait peut-être pas sans qu'il arrive un malheur». (p. 64) Ce malheur, nous le pressentons dès le lever du rideau, avec le geste liturgique des deux ombres qui, au clair de lune et à la lueur des braises du foyer, entrent en portant un jeune homme, «l'un par les épaules, l'autre par les jambes, comme des fossoyeurs qui vont mettre quelqu'un en terre.» (p. 21) Pour le moment, ils ne le portent qu'à son lit. Jean a été trouvé par des voisins, inconscient, les vêtements déchirés, à la suite d'une escapade de deux jours et deux nuits à travers la forêt. Mais à la fin de la pièce, le même cérémonial exactement se répétera et, cette fois, c'est une ombre que deux autres ombres porteront en terre.

Cette boucle bouclée, cette concentration de temps et d'action, ces vingt heures de crise se traduisent sur le plateau, dans l'espace dramatique, par une unité de lieu également nécessaire et naturelle. Les trois actes et cinq tableaux d'*Un fils à tuer* — à l'aube, à midi, le soir — ne sauraient se passer ailleurs que dans la grande salle commune d'une habitation canadienne des XVII<sup>e</sup> ou XVIII<sup>e</sup> siècles. «Aucun luxe, évidemment, mais quand même un semblant d'aisance»; du feu dans la cheminée (mais il menace de s'éteindre); «accessoire important: un fusil de chasse, accroché au mur, bien en vue». Telles sont les indications scéniques. «Nous ne sommes pas en vacances dans un pavillon de chasse, ici. Le pays nous résiste et il faut le dominer», rappelle le maître de maison à sa femme. (p.23) Cette salle, ces murs sont comme pénétrés, imprégnés des antécédents du drame, des mois, des années de malaise, d'incompréhension, d'opposition larvée. L'orage éclatera dans une atmosphère confinée, sulfureuse, magnifiquement chargée. Rien ne survient inopinément de l'extérieur, aucun événement insolite, aucun messager, aucun *deus ex machina*.

Hélène, le quatrième personnage, l'amie d'enfance, amoureuse de Jean[10], veille elle-même dans cette maison, attendant son retour, puis sa guérison. Lorsqu'au troisième acte elle sera chassée, ignoblement, par le père, pour avoir trop bien compris le marché qu'il voulait conclure avec elle au sujet de Jean, Hélène quittera définitivement la scène en même temps que la maison. Ses derniers mots seront pour conseiller à celui qu'elle aime d'en faire autant. Car Jean est, physiquement autant que moralement, prisonnier dans cette enceinte. Au milieu de la pièce, il a d'ailleurs cette parole qui fixe et justifie les coordonnées du drame: «...Cette fois-ci, ce ne sera pas cette course folle et sans but dans les bois. J'aime bien cet ordre que mon père m'a donné de ne pas sortir de la maison: *un seul pas suffit à me libérer*». (p. 60)

Franchira-t-il ce pas? Quittera-t-il la prison, l'enceinte sacrée? Il s'agit littéralement, comme chez Racine pour Hippolyte, d'une question de vie ou de mort. L'espace de la mise en scène contient et circonscrit rigoureusement tout l'espace dramatique.

* * *

Par-delà cette salle, cette maison, bien sûr le paysage existe, et il est très important. Mais il ne peut être habité ou fui, conquis ou trahi, qu'à partir des relations de cette famille, à partir du décor, des pas, des gestes, des paroles ou des silences fixés par ce quatuor dans ce carré.

Quel est ce pays? Comment nos héros le voient-ils, l'interprètent-ils? Pour le père, colon canadien né en France, «il n'y en a pas de plus beau», c'est un défi, un sol à violer, un fauve à juguler. À Hélène qui lui suggère que tout de même l'ancienne France aussi est «un bien beau pays», il rétorque:

> «Bah! Il faudrait s'entendre là-dessus, sur ce que l'on nomme la beauté. Là-bas c'est bien bâti, c'est beau évidemment. Mais ici, il y a une nature endiablée, terrible. Pour un homme en santé, c'est une grande joie que de pouvoir s'attaquer à cette jeune bête sauvage. Il faut dominer tout ce qui nous entoure. Voilà qui donne des satisfactions quand on y réussit. Et parfois on a, comme en ce moment, le spectacle de la bête sauvage au repos, calmée ou vaincue, qui sait? Tu me comprends?» (p.73-74)

Assurément Hélène le comprend, comme Jean (à qui son père fait ici allusion). Ils saisissent d'autant mieux la beauté, la force, le génie de cette nature brute, de cette forêt vierge, «grande comme un désert», qu'ils l'aiment eux aussi et qu'ils n'en ont point connu d'autre. Mais ils l'aiment à un autre niveau, à une autre étape que le père. Celui-ci était un découvreur, un défricheur, un pionnier: il avait voyagé, il avait choisi; ceux de la seconde génération sont, par la force des choses, des continuateurs, des cultivateurs, des sédentaires. C'est là le malentendu et le paradoxe. Le père, qui est devenu avec le temps un conservateur, un homme de droite (il avait bien entendu des dispositions à cet égard), voudrait que son fils commence là où lui-même finit, sans risque, dans un terrritoire donné, cadastré, bâti. Or, il se trouve que Jean veut suivre son propre mouvement, vivre son aventure. Le père était venu de France; le fils veut aller en France. Est-ce là nostalgie réactionnaire, dérobade, paresse et, comme le prétend le père, «peur du travail dur que le pays nous impose?» (p. 22) Absolument pas. Au contraire, le jeune homme refuse la fausse sécurité d'une vie toute tracée pour se tailler un chemin difficile mais personnel dans l'inconnu, le nouveau, l'inédit. Ce que Québec ou l'Acadie étaient pour le père, la France l'est pour le fils: l'outre-mer, l'avenir, le dépassement, la liberté.

Jean ne veut fuir actuellement la Nouvelle-France, ou du moins sa maison, que pour se découvrir, s'affirmer et se posséder lui-même. Car *les* traditions remplacent trop vite *la* tradition: les colons s'installent, les coureurs de bois se font administrateurs. Exclus de l'épopée paternelle, les fils cherchent alors, eux aussi, leur Amérique. Naturellement, ce n'est pas tout à fait au même pays que sont attachés Jean et son père, du moins pas aux mêmes éléments, à la même saison.

La saison du père, de l'homme fait, de la besogne accomplie, c'est l'hiver. «De toutes les saisons, l'hiver est la plus vieille. Elle met de l'âge dans les souvenirs. Elle renvoie à un long passé. Sous la neige la maison est vieille. Il semble que la maison vive en arrière dans les siècles lointains», écrit Bachelard. Et encore ceci, qui éclaire l'opposition humaine et élémentaire d'*Un fils à tuer*: «Au-delà de la maison habitée, le cosmos d'hiver est un cosmos simplifié. Il est une non-maison [...] Dans le monde hors de la maison, la neige efface les pas, brouille les chemins, étouffe les bruits, masque les couleurs[11].» L'hiver, par son abstraction, par sa négation de l'espace, appelle un approfondissement, un retour aux sources et aux ressources de l'imagination, du souvenir, de la rêverie.

Contre la volonté de son père, et même de sa mère, Jean «aime laisser tourbillonner dans [sa] tête des souvenirs imaginaires et les rêves de l'avenir... Souvenirs et rêves s'enlacent délicieusement». (p. 56) Sous peine de pétrifier l'homme, de le changer en statue — comme elle le fait du père — la «vieille saison» exige un surcroît d'intimité, d'espace intérieur, d'enfance et de jeunesse. Autrement, elle tue les vivants et ne conserve bien que les morts. Seule la *maison* — l'édifice matériel et l'édifice familial, social — peut résister à l'hiver et faire de son isolement un rayonnement. Or, la maison d'*Un fils à tuer* est une maison éteinte, noire et blanche, sans âme, sans astre. Le gel étant à l'intérieur, Jean se voit forcé de chercher ailleurs, dans les bois, outre-mer, une saison dynamique, une maison habitable, un pays qui ne soit pas un décor géométrique.

Dans sa tentative de suborner Hélène — là où il n'agit pas en père, même malade, intraitable, mais en vulgaire marchand ou en mauvais agent double — le père de Jean, voulant peindre à la jeune fille le malheur et le deuil qui l'attendent si elle ne cède pas à son chantage, choisit ces couleurs: «Le printemps viendra, l'été viendra et ce sera l'insomnie des nuits d'été, chaudes comme un fourneau. Les journées seront longues et tu mourras d'ennui devant tous les travaux». (p. 80) Il a contre l'été, la fécondité, la maturité, la liberté corporelle, la lumière et la chaleur des longues journées, une véritable haine, une peur, un dégoût. Il préfère le blanc au vert, la neige aux bourgeons. «Oui, dit-il, au printemps, les fils mal élevés quittent leurs parents. Il y a des bateaux qui les attendent partout. Ils n'ont plus un sou d'honneur, au printemps. Ils sèment le deuil dans les maisons [...]. L'amour! J'aime mieux des fleuves couverts de glace. Les fils partent mais ne vont pas loin». (p. 50)

La saison de Jean, à tous les points de vue, c'est le printemps. «J'ai toujours aimé la nature et je l'aime de plus en plus» dit-il. (p. 62) Et il l'aime vivante, jeune; il aime —

la signification érotique est évidente — «les bourgeons juteux du gros érable, à gauche du sentier qui mène chez Hélène». (p. 54) Dans *Un fils à tuer* comme dans *la Jeune Fille constellée*, le soleil, le vrai père, à la fois proche et lointain, horizontal et vertical, «promène au-dessus de nos têtes sa tendresse matinale et son incendiaire maturité [...] Ce n'est donc pas seulement l'été que nous retrouvons ici, mais la jeunesse et le feu; pas seulement les arbres ou les sources, mais la musique de toute une nature qui se mêle aux chansons des hommes[12]». Les cycles de la nature et du temps sont impitoyables. Les saisons doivent se succéder, se remplacer; elles ne peuvent longtemps coexister. L'hiver du père et le printemps du fils ne peuvent que se tuer l'un l'autre, symboliquement ou réellement.

\* \* \*

Le père et le fils ne se heurtent si violemment que parce qu'au fond ils se ressemblent. Plus exactement: Jean est aujourd'hui ce qu'était son père à vingt ans. Lorsque le jeune Canadien, devant la fenêtre, salue le soleil du printemps, suppose la débâcle terminée, le Saint-Laurent libéré, et qu'il imagine soudain, avec flamme, les quais de la Seine, les flâneries, la douceur de Paris et, dans cette ville deux amoureux, son père et sa mère, il dit: «Songez aux terres qui sont là-bas, plus loin que nos yeux ne peuvent regarder, aux mondes qui se cachent par-delà les mers.» Et sa mère, émue: «J'ai déjà entendu ces paroles et de la bouche même de ton père». (p. 56-57) Elle croit bon d'ajouter: «Tu serais beaucoup mieux de vivre tranquillement ici, sans ces étranges pensées qui heurtent ton esprit.» Alors, Jean, fort raisonnablement: «Peut-être avez-vous raison; mais, moi, il me faut le constater par moi-même.» (p. 57)

Jean est un «jeune cheval fringant», un «animal sauvage»: son père lui applique les images mêmes qu'il employait pour décrire la terre américaine. Jean, comme le pays, se voit cerné, traqué, pris dans un piège, dans une cage, «comme une bête sauvage, on voudrait bien la dresser elle aussi. Ce n'est pas possible, elle est aussi forte que le maître [...]. Mais pourquoi veut-on la dresser, pour son bien peut-être?» lance-t-il à sa mère effrayée et scandalisée. (p. 58) Ils sont devenus, eux, ses parents, un attelage d'animaux domestiques, une paire de chevaux de retour. Le travail, la sécurité, l'ordre, la règle, le devoir, Dieu: ils n'ont que ces mots-là à la bouche, le père surtout, mais la mère aussi s'est rangée, effacée, soumise. Malgré ses réserves et objections, elle conclut ainsi, à la fin du deuxième acte, une discussion avec son mari: «Mais, quoi que tu fasses, tu sais bien que je garderai le silence. Dieu nous regarde et il faut avoir confiance: il t'inspirera ton devoir». (p. 70)

Ce n'est pas qu'ils n'aiment pas leur fils, mais ils ne l'aiment pas pour lui-même; ils veulent empêcher ou dominer l'homme, l'adulte en lui. Ils le considèrent toujours comme un enfant: un «niais» pour son père (mais fourbe, ordurier, détraqué, dégénéré), un «pauvre petit» pour sa mère, qui craint les loups, cherche à gagner du temps, à lui faire pardonner ses «bêtises», à lui «sortir ces images de la tête». Jean étouffe sous leur amour, leur protection. Il étouffe au point de redouter, de rejeter tout amour. Jean ne peut aimer Hélène tant que son problème personnel n'aura pas été résolu, qu'il n'aura pas quitté cette maison[13]. La jeune fille représente à ses yeux une autre convention. «Voici Hélène, ironise-t-il, celle que je devrais aimer pour satisfaire aux convenances, celle qui doit me retenir par le pan de mon habit.» (p. 31)

*Un fils à tuer* marque le passage de l'adolescence à la maturité, ou plutôt de l'enfance à l'adolescence. «En deux jours tout a changé pour moi. Je ne serai plus jamais l'enfant que vous avez connu», déclare Jean, dès qu'il a repris connaissance, au début de la pièce. Bien sûr il exagère un peu. Enfant, il le sera encore, avec ses complications, ses cachotteries, ses naïvetés, ses maladresses, sa muflerie envers Hélène, et, à la fin, son grand élan de tendresse envers sa mère, qui tacitement accepte son départ:

«Maman! Maman! Si vous saviez comme je pense peu aux difficultés qui m'attendent: la plus douloureuse de toutes, je dois l'affronter avant de partir. *Vous quitter, maman, est plus terrible que la traversée des mers.* Si j'ai accumulé des forces pour parcourir des continents, c'est à peine si j'en ai assez pour vous dire adieu. Pourtant, il le faut. Vous pensez peut-être que je ne vous aime pas, que je ne vous ai jamais aimée. Détrompez-vous et songez combien je vous aimerai lorsque rien de ce qui vous touche, de ce qui vous entoure, ne sera là pour me rendre malheureux. Je vous aimerai d'une manière totale. *À vrai dire, c'est aujourd'hui que je commence à vous aimer*, au moment où, silencieuse, vous m'accordez la permission d'entreprendre ce grand voyage. Oui, c'est au moment où vous me permettez de vivre que je commence à vous aimer. Me comprenez-vous, maman? Vous me donnez la vie, ce soir. *Vous me donnez la vie et vous me donnez le monde*. Merci, maman, merci. Vous pleurez, mais je sais que vous êtes heureuse...» (p. 87-88)

Ce texte admirable, riche et nuancé, ce «cri qui vient de loin», cette réplique-monologue, unique dans toute la pièce par sa longueur, son souffle et son accent, nous en avons souligné les passages capitaux. Pour la première fois, c'est visible, Jean s'adresse directement à sa mère; il lui parle de lui à elle, non plus comme un enfant, mais comme un fils. Comme un fils qui a dû faire de longs détours — traverser les mers en pensée, en courage — pour se retrouver un homme. Comme un fils qui a dû être son propre père, couper lui-même le cordon ombilical, être *un autre*, se situer *devant* la mère pour commencer aujourd'hui à l'aimer en adulte, par choix autant que par instinct. Car la «permission» qu'elle lui «accorde» de partir, Jean la lui a préparée, arrachée. La «vie» et le «monde» qu'elle lui donne — double fonction: maternelle et paternelle[14] — c'est Jean profondément qui les soumet, qui se les offre.

Ce fils «à tuer» était d'abord un fils à faire naître, à

développer. Jean n'est pas loin de ces solitaires, de ces bâtards, de ces orphelins ou quasi-orphelins de tant de nos monologues dramatiques (de Gratien Gélinas à Yvon Deschamps). Heureusement, sa mère a tout juste assez de présence, de compréhension, pour lui permettre — dans le sens de rendre possible — son éclosion, son évasion. «Ah! courir... courir encore... Je voudrais sortir de moi...» disait-il (p. 25) à la suite de sa fugue avortée, de son errance échevelée et hagarde, à la Caligula. Les murs et le décor quotidiens s'étaient écroulés; il avait saisi l'absurde de sa situation, de sa condition, sans éviter toutefois le pressentiment, et peut-être le désir inconscient, à défaut de la folie (comme l'empereur camusien ou le poète Nelligan), de la mort du grand voyage maritime, du départ définitif qui cache un retour à la mère «totale»[15].

La résolution de Jean est ferme, sa volonté aguerrie: ses rêveries et rêvasseries débouchent sur un rêve, sur un projet. Il sait ce qu'il ne veut pas, s'il ne sait pas encore exactement ce qu'il veut: il veut fuir l'immobilité, les certitudes prud'hommesques, la satisfaction à bon compte. Il n'aime pas qu'on choisisse pour lui. Son héritage, il n'entend pas le recevoir passivement, mais le prendre, le mériter, le conquérir. Il meurt, mais c'est lui le vainqueur, puisqu'il a décidé d'aller au bout de lui-même, peu importe les conséquences. Ce «déserteur» est un résistant.

Le père de la pièce de de Grandmont — comme celui du *Marcheur* d'Yves Thériault, d'*Absalon, mon père*, de Jean-Robert Rémillard, de *Chemin privé*, de Guy Dufresne (où le père de Gabrielle, à la fois craint et aimé, essaie de tuer à coup de fusil l'amour et l'espoir de sa fille, et veut jusqu'à la supprimer elle-même) — comme tant d'autres de notre histoire ou de notre littérature, est un père abusif, tyrannique, misogyne. Il méprise les femmes, la tendresse, l'amour, parce qu'il n'est pas sûr, au fond, de sa virilité. «L'amour! J'aime mieux des fleuves couverts de glace», disait-il. En effet, la glace le recouvrira bientôt. Il reproche à la mère sa mollesse, sa complaisance. Mais elle voit plus clair que lui:

«Ah! si tu n'étais sévère que pour des motifs aussi élevés! Mais je te soupçonne de l'être un peu pour ton plaisir aussi» (p. 24). La catastrophe, c'est lui, le père, qui la prépare infailliblement, en préférant à l'amour les principes, le devoir — un certain devoir, abstrait, étriqué, exsangue — en parlant à tort et à travers de ses responsabilités, de sa «Mission». La mère l'a compris, qui souffle à Hélène, à propos de Jean: «Il faut l'attacher ici par autre chose que le Pays et cette Mission dont son père lui parle constamment. Il faut que ce soit quelqu'un qui le retienne.» Malheureusement, elle poursuit, avec un égoïsme inconscient et cruel envers la jeune fille: «Hélène! Aide-moi à garder mon fils!» (p. 31) En parvenant à se libérer, fût-ce dans la mort, c'est sa mère, c'est Hélène, ce sont les femmes que Jean contribuera à dégager de leur soumission machinale, de leurs «plaintes ennuyeuses», de leurs larmes, de leur masochisme.

Sa propre peur, sa propre faiblesse amènent le père d'*Un fils à tuer* à se durcir, à porter un masque qui bientôt lui colle au visage, à monter son autorité en épingle, à se couvrir du manteau du devoir, de la raison. «Ce n'est pas à ma colère que tu fais face; c'est à un avis de la raison», dira-t-il, sans rire, à son fils. (p. 43) Cet homme qui joue au philosophe, qui parle du «sens de notre vie», qui se sent responsable «devant Dieu et devant le roi», finit par se prendre à la fois pour Dieu et pour le roi. Il rêve d'absolutisme, d'intégrisme. La famille, c'est lui; la Nouvelle-France, c'est lui. Mais sa main est trop crispée pour être ferme. Tout lui échappe: son fils, sa belle-fille, sa femme, sa terre, sa raison, sa vie. Ce meurtrier est d'abord l'assassin d'une tradition, le responsable d'une vie arrêtée, d'un sang figé, d'un héritage non transmis.

\* \* \*

Vers 1950, avec *Un fils à tuer, le Marcheur, Zone, Mathieu, le Torrent*, une forme précise d'inventaire, d'agressivité et de libération se dessine dans la littérature québécoise. Cette «révolte contre un despotisme longtemps supporté en silence» ne serait-elle pas une «transposition sur le plan familial, des contraintes que subit dans son milieu social la jeunesse canadienne?» se demandait alors avec pertinence Judith Jasmin[16]. Les poètes de l'Hexagone et de *Parti pris* donneront à ce thème, quelques années plus tard, de nouvelles dimensions. Chez eux la révolte ne sera pas seulement individuelle, familiale, mais politique; elle ne sera pas seulement révolte, mais, chez quelques-uns du moins, révolution. Pourtant — et eux-mêmes le reconnaissent: relisons *Arbres*, de Paul-Marie Lapointe, ou *Terre Québec*, de Chamberland — l'identification collective, nationale, et la libéralisation socio-économique ne peuvent se séparer de la prise de conscience personnelle, de l'amour, de la connaissance du pays physique, de son climat, de sa faune et de sa flore, de ses neiges, de ses fleuves, de ses forêts. Or, ce pays nouveau, cette Nouvelle-France qui n'est plus — qui n'a jamais été — la France, *Un fils à tuer*, avant *les Grands Soleils*, avant *le Marquis qui perdit*, nous le dessine avec vigueur et précision.

On peut rapprocher le sujet de l'intrigue de la pièce de de Grandmont, pour mesurer la distance, du *Jeune Latour* d'Antoine Gérin-Lajoie qui, sous l'influence de 1837, mettait en scène, en les situant au moment de la Conquête, deux conceptions radicalement opposées du patriotisme. Pour le fils Latour, la patrie passe avant le père, le présent et l'avenir doivent s'inspirer des vertus des grands ancêtres français: virilité, honneur, intrépidité, goût intransigeant de la liberté... Le père Latour, au contraire, en prend à son aise avec la tradition, plie, louvoie, trahit; et son opportunisme n'est même pas réaliste.

«Roger, je suis vaincu, je suis en ta puissance», avoue-t-il finalement au jeune homme, en pleurant honteusement, démissionnaire sur tous les plans. Le véritable père, c'est le fils. Le père, «en situation québécoise», n'a pas fini d'apparaître «comme un être absurde, amputé de sa fonction[17]».

*Un fils à tuer* c'est au fond un père à tuer, un passé récent à refuser pour reprendre à la base une histoire qui commence à peine. Chez un jeune dramaturge, Claude Levac, on retrouvera, quinze ans après la pièce de de Grandmont, cette idée du fils à tuer en chacun de nous pour accéder à notre propre paternité. *L'Âme à poil* de Levac développe le thème, essentiellement dramatique (Œdipe), de la paternité et de la filiation: après avoir vaincu le père, l'image obsédante du père en lui, le fils peut, comme Jean chez de Grandmont, aimer la mère, la vie, la femme, le pays.

L.M.

## Références

1. Gilles Marcotte, «Poèmes pour le plaisir». *Le Devoir*, 23 janvier 1954.
2. Roger Rolland, «*La Jeune Fille constellée* d'Éloi de Grandmont», *Ibid.*, 12 juin 1948, p. 10.
3. Gilles Marcotte, *art. cité*. Le même critique notera, dans sa recension d'*Un fils à tuer*: «Le style est dru, sans bavures, de la meilleure veine française. Par phrases courtes et solidement jointes, de Grandmont cerne sa pensée avec une remarquable exactitude; que dis-je, il semble même parfois la contraindre à s'exprimer plus précisément qu'elle l'aurait voulu d'abord. Dans ses meilleurs moments, elle se cristallise en phrases-médailles...» «*Un fils à tuer* d'Éloi de Grandmont», *Le Devoir*, 28 octobre 1950, p. 9.
4. Éloi de Grandmont, *Un fils à tuer*, Montréal, éditions de Malte, 1950. La pièce avait été créée le 4 octobre 1949, au Gesù, dans une mise en scène de Jean-Louis Roux. Elle a été enregistrée à la Radiodiffusion Française, à Paris, le 9 décembre 1949, et donnée par CBF le 9 août 1953 et le 19 janvier 1958. Rééditée dans *Théâtre I*, Montréal, Maisonneuve 1968, avec *la Fontaine de Paris* et *le Temps des Fêtes*. Dans sa préface, Jean-Louis Roux présente cette dernière pièce comme la «suite» d'*Un fils à tuer*: «Louis avait un père violent et alcoolique... que sa sœur fiancée a tué, pour se venger [...]» (p. 13). Nos références renvoient à *Théâtre I*.

5. Documents réunis par Ernest Serrigny, Paris, Ernest Leroux éditeur, 1883. Cités en appendice à *Un fils à tuer*, p. 101-107.

6. Dans la discussion autour du «mythe du père dans la littérature québécoise», lors du colloque organisé par la revue *Interprétation* (vol. 3, n⁰ˢ 1 et 3, janvier-juin 1969), Gérald Godin improvisait le scénario suivant, dont le dénouement au moins est identique à celui d'*Un fils à tuer*: «Si j'avais à faire une œuvre littéraire montrant les relations père-fils, ce serait celle-ci: 1ᵉʳ acte: — le père et son fils discutent de l'avenir du Québec, et jusqu'à un certain point parlent le même langage. Ils ont un projet commun. 2ᵉ acte: — ce père en vieillissant se rend compte qu'il a atteint son plafond [...] Et dans un 3ᵉ acte — les fils, à qui on demandait de s'exprimer, l'ont fait et ont été matraqués par les pères». (p. 227-228)

7. «Ce qu'on peut appeler la crise de croissance du Canada français se noue précisément autour d'un problème de liberté tel qu'*Un fils à tuer* nous en donne l'exemple». Gilles Marcotte, «*Un fils à tuer* d'Éloi de Grandmont», *Le Devoir*, 28 octobre 1950, p. 9.

8. «Ces gens ne sont pas des *types* de colons de la Nouvelle-France», en tout cas, de Grandmont a raison de le souligner (p. 101).

9. Le vocabulaire du père, parfois juridique ou religieux, toujours moralisant, est surtout un vocabulaire militaire, le plus réactionnaire et le plus dangereux de tous: mettre en garde, obéir aux ordres, se défendre, s'imposer, dominer, «ne pas abandonner ma position», «saine discipline», «c'est moi qui commande ici», et enfin, sans ambiguïté aucune: «Je n'ai plus le choix des armes. Toutes me seront bonnes?» (p. 69)

10. Amoureuse racinienne, entière, fataliste, mais de la catégorie d'Ériphile, de Junie, sans la combativité d'une Hermione ou d'une Roxane. «Je l'aimais malgré tout, malgré lui», dit-elle avec la concision de Tacite parlant de Titus et de Bérénice. («*Dimisit invitus invitam.*») «J'aurais partagé toutes ses fautes, ses bêtises, sa perte même, sans y réfléchir une seconde? (p. 79)

11. Gaston Bachelard, *la Poétique de l'espace*, Paris, P.U.F., 1961, p. 53. Voir aussi, sur la pauvreté de l'imagination du froid — raideurs, métal, métaphores morales — *La Terre et les Rêveries de la volonté*, Paris, José Corti, 1948, p. 228-232: «Dans la vie éveillée, il est très rare que le froid soit conçu

comme une *valeur*. Il est donc bien rarement une *susbtance»* (p. 228).

12. Roger Rolland, *art. cité*, p. 10.

13. «Ces promis et ses promises ne sont jamais seuls. Des fantômes mortellement aimés, haïs ou subis, les veillent, les accompagnent, les surveillent, les poursuivent, les hantent, les empoisonnent dans l'emprise immédiate du quotidien ou le marécage du souvenir», écrit Jean Le Moyne (*Convergences*, p. 96) après avoir énuméré divers cas, de Dantin à Charbonneau et Élie, de *l'Évadé de la nuit* à *Un fils à tuer*.

14. Cf. Guy Da Silva, «Essai d'une définition de la fonction paternelle», *Interprétation*, n° cité, p. 264-275, et les références qu'il donne, entre autres Erich Fromm, *l'Art d'aimer* (traduction), Paris, éditions Universitaires, 1967: le père — on voit jusqu'à quel point celui d'*Un fils à tuer* est incomplet, pathologique — doit représenter «l'ordre social et la discipline», mais aussi «l'activité, *l'esprit d'aventure*, le monde de la pensée, des choses faites, et *du voyage*; il est celui qui forme l'enfant et qui *le guide sur les chemins du monde*; il doit être *patient et tolérant...»* (cité p. 272)

15. «La mer-réalité, à elle seule, ne suffirait pas à fasciner, comme elle le fait, les humains. La mer chante pour eux un chant à deux portées [...] c'est le chant profond... qui a, de tout temps, attiré les hommes vers la mer [...] Et ce quelque chose de nous, de nos souvenirs inconscients est toujours et partout issu de nos amours d'enfance, de ces amours qui n'allaient d'abord qu'à la créature, en premier lieu à la créature-abri, à la créature-nourriture que fut la mère ou la nourrice.» Marie Bonaparte, citée par Gaston Bachelard, *l'Eau et les rêves*, Paris, José Corti, 1942, p. 156.

16. Judith Jasmin, «*Le Marcheur* d'Yves Thériault», *Le Canada*, 8 avril 1950. «Autrefois il n'y avait, pour le fils, que deux solutions: s'identifier au père ou bien tuer le père et rejeter tout ce qui venait de lui, traditions, coutumes, etc. En réalité c'étaient les pères qui tuaient les fils.» Françoise Loranger, *Interprétation*, n° cité, p. 229.

17. «Car c'est l'avenir que le père doit transmettre, non le passé [...] Le rôle du père n'a de sens que par rapport à un territoire possible qui s'ouvre devant lui [...] La seule vraie réussite du père, c'est la condition de liberté recouvrée, l'engendrement de la *patrie*». Michèle Lalonde, «Le mythe du père dans la

littérature québécoise». *Interprétation*, n° cité, p. 219, 222, 224. Pourquoi, ici, dit-on plus volontiers «terre de nos aïeux» que «terre de nos pères»? «survivance» plutôt que «vie»? «nationaliste» plutôt que «patriote»? terre «natale», donc maternelle, plutôt que «patrie»? Les intéressantes conclusions — ou hypothèses — que nous venons de citer, sont tirées par l'auteur d'un examen de ces nuances du vocabulaire courant.

# Chapitre 4
# Voix et Pas d'Yves Thériault:
## *le Samaritain* et *le Marcheur*

Yves Thériault, que l'on connaît surtout comme romancier et auteur de nouvelles, de contes, de récits, est aussi un auteur dramatique important. Si quatre de ses pièces seulement ont été jusqu'ici publiées — *le Marcheur* et *le Samaritain*, auxquelles se sont ajoutées récemment *Fredange* et *les Terres neuves* — et deux seulement portées à la scène — *le Marcheur*, encore, et *Bérengère ou la chair en feu*[1] — ce n'est là qu'une petite partie, quantitativement, de la production théâtrale d'Yves Thériault. Non seulement Thériault a-t-il donné de nombreux contes radiophoniques et signé des adaptations de plusieurs de ses romans, mais il a écrit directement pour la radio ou la télévision, plusieurs dizaines de pièces[2]. D'après la liste publiée par *la Barre du jour*, des pièces de théâtre québécoises jouées à CBF ou CBFT entre les années 1950 et 1965, Yves Thériault, avec une soixantaine de titres, se trouve, dépassant même Marcel Dubé, l'auteur dramatique le plus prolifique de l'époque. Rien d'étonnant à cela si l'on considère la formation et les premières expériences de l'écrivain.

Adolescent, Thériault interrompt très tôt ses études, essaie divers métiers manuels et commerciaux. Mais le surmenage et l'abus des sports conduisent, atteint de tuberculose, au sanatorium du lac Édouard, «celui qui s'était toujours cru, non sans fierté, d'une résistance herculéenne». Au sanatorium, «soumis au régime curatif de plein air, Thériault court les monts et les plaines en compagnie d'un guide indien, son ami. Vie saine et rude; Thériault y apprend tout les secrets du piégeage mais surtout y découvre la nature [...] cette nature aimée qui le sauve du désespoir où le plonge la maladie», écrit Claude Martineau, qui a interviewé l'auteur[3]. Dans une conférence prononcée le 18 décembre 1958 devant le Club Musical et Littéraire de Montréal, Yves Thériault, racontant ses souvenirs, déclarait:

J'avais vécu en forêt aussi, y cherchant je ne sais quoi. Je crois que j'y ai été très heureux. Mais il a fallu bien des années pour que je le comprenne. À ce temps-là, la joie que j'éprouvais en forêt, la plus pure et la plus lancinante dont il me souvienne, je la refusais. Je la combattais même. J'étais un peu fou. Ensuite, la dégringolade, et pourquoi le cacher. De cette forêt où je marchais en roi, et après le sanatorium où j'avais laissé en gage toutes mes ambitions sportives, les dix années de radio, d'un poste à l'autre. J'étais un errant sans âme. Autour de moi, une muraille. Cela s'appelait le «showmanship» [...] Et, derrière ma muraille, derrière une personnalité factice, endossée chaque matin au réveil — et peut-être même conservée dans la plurpart de mes sommeils — derrière ce masque, l'indécision, le désespoir. Où cela menait-il? Qu'est-ce que j'en retirais? [...] Puis cette femme, ce conseil [de devenir écrivain], la sourde ambition naissante...

J'ai écrit dans ces jours-là un premier conte qui fut envoyé au journal *le Jour* que dirigeait Jean-Charles Harvey.

Mais je n'ai jamais écrit un seul article, une seule émission de radio ou de télévision qui ait été le véritable déversement de ma joie créatrice. Il n'y eut jamais qu'une chose, une seule, celle que j'accomplis aujourd'hui comme labeur premier. Le roman, cette prose imprimée destinée aux lecteurs de tous les pays du monde[4].

On comprend que l'auteur récent d'*Aaron* et d'*Agaguk*, romans appelés à un grand succès, au-delà même de nos frontières, juge rétrospectivement avec une sévérité teintée d'humour sa période de tâtonnements et de recherche d'identité, de même que les servitudes matérielles des divers métiers radiophoniques quotidiennement exercés. Il n'en demeure pas moins que cette expérience, pas toujours aussi fastidieuse queThériault veut bien s'en souvenir en 1958, fut loin d'être stérile: elle marqua non seulement l'homme mais l'écrivain, en particulier le conteur et le dramaturge.

En 1935 — il n'a pas vingt ans — le jeune Thériault, autodidacte, devient annonceur à CKAC. Nous le retrouvons bientôt à la station CHNC de New-Carlisle, en Gaspésie.

> À ce moment, il pénètre à fond le véritable sens de la radio, qui, dès longtemps, l'a séduit. Pour tout l'or du monde, il ne voudrait pas changer de position. De fait, il ne la quittera plus, du moins de façon définitive [...] Tous les jours, par un sentier accroché au roc, il descend vers la mer agitée que survolent sans se presser guillemots et goélands. Tard le soir, durant ses moments de repos, il va s'étendre sur un lit de sable fin avec, pour compagnie, les flots [...], les étoiles [...] et les mouettes. Parfois, sur l'invitation des pêcheurs de morue, il monte à bord d'une barque ballottée par les vagues, amplifiant son répertoire d'histoires de pêche varié à souhait, dont il sera plus tard le fervent conteur[5].

Ce ne sont pas seulement des histoires de pêche qu'Yves Thériault tirera de sa fréquentation des villageois du littoral de la baie des Chaleurs, mais certains éléments poétiques fondamentaux de son œuvre — la mer, la montage, l'isolement du village — et l'écho de traditions ou légendes fort anciennes: celle du *Vaisseau-fantôme*, par exemple[6].

Annonceur, traducteur, réalisateur, animateur, homme-orchestre, organisateur de danses folkloriques et de troupes de musiciens ambulants, Yves Thériault est présent et actif non seulement sur les ondes, mais sur les routes et dans les salles de spectacle de la péninsule. Ses *Textes et documents* rappellent les conditions de travail de l'époque, précaires mais stimulantes («il était possible à un homme de connaître tout de la radio»), et leur influence sur la formation de l'écrivain: «Quand j'ai commencé à écrire des sketches pour la radio, je possédais assez bien toutes les données qui mènent à la réalisation d'une émission. Ce qui fait que, spontanément, j'ai adopté, dans la rédaction de mes textes, un style radiophonique, si je peux parler ainsi: phrases courtes, directes, capables de faire naître une atmosphère, un milieu, une ambiance[7].»

C'est cette longue et multiple expérience technique, poursuivie de Québec à Trois-Rivières, de Hull à Montréal, qui, avec le contact populaire qu'elle suppose et entretient, marque le plus sûrement les années d'apprentissage d'Yves Thériault. Référons-nous ici au jugement d'un spécialiste du théâtre radiophonique et du théâtre d'essai ou de laboratoire, qui fut à maintes reprises le réalisateur des sketches d'Yves Thériault: «...Un des plus brillants auteurs radiophoniques et un des meilleurs écrivains de notre génération. Thériault est un conteur dont l'imagination est constamment en éveil. Il a l'instinct du dialogue et l'amour d'un métier qui lui a demandé de nombreux sacrifices mais qu'il a toujours servi honnêtement et avec ferveur[8].» Dans le même sens, Gérard Bessette note au début du long chapitre qu'il consacre à Thériault dans *Une littérature en ébullition*:

Yves Thériault est le plus primitif, le plus «archaïque» de nos romanciers. Et je ne parle pas surtout de son style qui, rustique et «oral» dans *la Fille laide* et *le Dompteur d'ours*, prend des accents bibliques dans *Aaron*, se veut épique et sauvage dans *Ashini* pour devenir méandreusement archaïsant dans *les Commettants de Caridad*. Il y aurait une intéressante étude à faire là-dessus; en particulier sur l'influence qu'exerce l'auditeur ou l'auditoire (la plupart du temps simplement présumé ou anonyme) sur l'allure et l'allant de ce style d'ordinaire beaucoup plus parlé qu'écrit[9].

Le rythme des pas du père dans *le Marcheur* aussi bien que le style oral et la trame sonore soignée du radio-théâtre *le Samaritain* prouvent la conscience, chez Thériault écrivain, d'une présence de l'auditoire au cours même de l'élaboration de l'œuvre. Thériault n'est pas un conteur ou un dramaturge en chambre, il est l'animateur d'un théâtre «en acte», d'une fête pour l'oreille et les sens, d'un rassemblement où chaque individu participe, par le silence ou par le verbe, aux échanges et à la joie commune. C'est l'aède qui paraît improviser mais dont la parole est mystérieusement fidèle aux rites, aux archétypes, aux schèmes les plus primitifs — avec ou sans nuance péjorative — des poètes obscurs de la collectivité. C'est, autrement dit, l'épopée: non pas l'épopée militaire et massive de *l'Iliade* ou de *la Chanson de Roland*, mais, dispensée par bribes, par tableaux, d'un conte, d'une pièce ou d'un roman à l'autre, l'épopée quotidienne immémoriale des hommes et des femmes de la nature, situés dans un temps pré-historique, liés à un espace social archaïque.

### Un radio-théâtre: le Samaritain

Tout à fait représentatif des dizaines et des dizaines de contes qu'Yves Thériault présente à la radio dans les années quarante et le début des années cinquante, *le Samaritain*[10] est en fait, malgré sa forme dramatique, la densité de ses dialogues, ses tableaux alternés et vivants, une espèce de conte ou de poème dramatique, un lever de rideau plutôt qu'une pièce proprement dite. L'action du *Samaritain* est intérieure, plus profonde que complexe; l'atmosphère y est aussi importante que l'action; les grandes images matérielles — celles de la sécheresse et de la soif, celles de l'eau — aussi importantes que les personnages qui les font valoir ou les expliquent.

*Le Samaritain* est composé d'instantanés, de courtes scènes au rythme soutenu, au dialogue dru, émaillé de quelques longues tirades que les personnages eux-mêmes appellent «sermons»: courtes scènes entre un homme et sa femme, un père et son fils, entre quelques filles et quelques paysans au village, sur la route, puis chez Clément, le *Samaritain*, enfin au cabaret, de nouveau dans la cuisine de Clément et de Christine, puis sur la route qui mène du village à la ferme. L'atmosphère est lourde, chargée de signes et de menaces. Voici comment Christine accueille son mari qui a passsé la journée à gravir les pentes, à explorer les sommets perdus, à la recherche d'une source, d'un pont d'eau, et qui rentre le soir, taciturne et fiévreux, crispé par une angoisse panique, viscérale:

> Il y a la sueur de l'effort... Il y a l'autre: celle de la peur. Ton grand corps d'homme qui a peur? Pour et avec la peur, l'angoisse? Un voleur de roc? Un embrasseur de chênes qui déracine un arbre d'un coup d'épaule... La sueur marque des secrets... Il faisait vent glacé là-haut... (*Fort*) Admets-le!
> Si... si, il s'est passé quelque chose. Et ça n'est pas une chose de tous les jours. Tu as vu le mal? Clément, tu as vu la mort?
> Ça te frissonne sous la peau, tu as un secret... Clément, j'ai peur...
> [...]
> Il y a un mystère dans les mornes, et maintenant que tu le connais...
> Et tu as peur, Clément. (p. 225)

La trame sonore de ce radio-théâtre fait alterner les murmures, les rires nerveux, les cris, les bruits de pas sur le gravier ou la pierre, avec les silences et le mouvement saccadé d'une musique brève et intense. À la fin seulement, après le dynamitage qui doit libérer l'eau, la musique, «comme grande chute d'eau ou rapide en furie», «vient tout submerger». (p. 254)

Tout au long de la pièce on parle de la disette d'eau, de la souffrance des bêtes et de la terre. Mais *le Samaritain* n'est pas qu'un poème en prose sur l'eau et la soif, c'est un poème véritablement dramatique, qui met en scène un couple

— Clément et Christine — et un village: l'amour et le bien commun; qui analyse les relations d'un individu avec la société, les replis de l'égoïsme et le besoin de fraternité, la soif de vengeance et l'eau vive du pardon. Les deux thèmes, poétique et dramatique, s'articulent l'un sur l'autre, s'appuient, se relaient. La sécheresse du ciel et du sol n'est pas une abstraction: elle existe, on la sent — surtout dans la première partie de la pièce, jusqu'au moment où Clément, le protagoniste, annonce à l'assemblée des villageois qu'il a découvert «un bassin, presque un lac». (p. 234) Les bêtes regardent leurs maîtres avec reproche, les plantes se recroquevillent, le désert menace d'envahir le plateau.

Avec son apparence terre à terre, son réalisme paysan, la pudeur de ses sous-entendus, le courage de sa sobriété, le bout du dialogue qu'on nous fait entendre entre un père et son fils est plus vrai, plus émouvant que n'importe quel morceau de bravoure sur les affres de la soif. Thériault ici a touché juste, au cœur des observations, des besoins et des gestes les plus quotidiens. Le mystère est au ras du sol, dans les champs, dans l'étable; la peur, la souffrance de l'homme se reflètent dans l'œil humide des veaux:

> FILS — Comment sont-ils? Hier, un des veaux s'apprêtait à mourir. Je crois qu'il sentait venir sa fin. Il m'a regardé. Il se peut que des animaux nous reprochent nos actes, père?
> PÈRE, *morne* — Tout s'est vu, même ça. (p. 227)

Se sentant vaguement coupables, parce qu'ils n'ont aucune prise sur l'événement, les hommes s'attendent à tout, et au pire. Ils subissent comme une loi ce qui n'est qu'un hasard. Breton Mourgan, qui est un peu leur chef, qui transporte les barriques — «Ça me place en sauveur», dit-il — doit les sermonner, prouver leur innocence tout en secouant leur inertie:

> Je ne sais pas pourquoi vous ne trouvez pas du courage en vous-mêmes, au lieu de l'aller quérir ailleurs? Ne

demandez pas aux autres quoi faire... Il n'y a personne parmi vous qui le saurait? Où est l'eau? Dans la terre? Pourquoi ne pas demander à la terre d'en céder un peu plus? (p. 230-231)

Je dis que vous perdez mon temps et le vôtre, que si vous alliez rejoindre cette eau au fond du roc, elle vous servirait... Allez-vous être l'esclave de l'eau, ou son maître? (p. 231-232)

C'est poser la question capitale.

Cataclysme naturel, la sécheresse figure en même temps, selon un symbolisme conventionnel, mais que Thériault utilise de façon sobre, juste et personnelle, la sécheresse de cœur, les préjugés, l'égoïsme, la rancune, un fatalisme proche du désespoir. Ce qu'on peut appeler la deuxième partie de la pièce — plus psychologique et morale, plus analytique et dramatique — expose la lutte tantôt sourde et subtile, tantôt violemment déclarée, de Clément et des autres, de Clément contre lui-même.

Clément, le héros éponyme, le futur *Samaritain* est plein de rancune envers les paysans du village, «les gros, les riches, les prospères», les «loups», qui le méprisent comme ils méprisaient et haïssaient son père, accusé de terroriser et de violer les femmes. «Je voudrais être cruel... lui raconter comment son père Achille a tellement voulu nos femmes que celles-ci ne sortaient même plus le soir, parce qu'elles craignaient cet homme... Et que nous l'avons cru, lui, Clément, fils du même sang et semblable à son père...», avoue Breton Mourgan. (p. 246-247) «Tu as toujours été salaud, Clément... Tu es bien le fils d'Achille», lance un des jeunes gens (p. 241), que Mourgan, porte-parole du groupe, fait taire aussitôt. Car la situation est renversée. On fuyait Clément, on vient maintenant à lui en délégation, on «monte» vers lui par le long sentier abrupt et pierreux. Clément vient de découvrir sur ses terres hautes une source; on a besoin de son eau, et pas seulement de son eau, de lui aussi, de sa collaboration, de sa présence au sein de la communauté. Clément, le laissé pour compte, le marginal, le petit, peut devenir, grâce à sa découverte, le maître du village. «Après Mourgan, voilà Clément... Après le prophète, voici Dieu! Vous allez bien Seigneur Dieu des Montagnes qui maintenant vous nommez Clément!» salue ironiquement Rodolphe (p. 233). Clément lui-même avait dit à sa femme, en descendant de la montagne:

> Tu parles de peur? D'angoisse? Drôle de peur, que la peur de la puissance. (*Tendre*) Parce qu'il faut l'aimer la puissance, et non la craindre!
> Je parle de mes joies... Oui, j'ai peur!
> Mais c'est la peur des rois et des bêtes... La peur d'être si fort que tout tremble devant soi! [...]
> (*Calme*) — Mais ils viendront à moi... Ceux qui ont soif...
> Ceux qui veulent arroser leurs champs ou irriguer les côteaux longs. Ceux qui ont des troupeaux et des enfants. Langue tendue! J'ai soif! (*Fort et quasi mystique*) Donne-moi à boire parce que j'ai soif, maître! (p. 226-227)

Notre «Samaritain» se prend ici évidemment pour Dieu, et pas celui des Évangiles. Il s'assied à son nouveau puits de Jacob non pour partager, pour interroger et pardonner, mais pour imposer sa loi. Appétit de puissance, ambition démesurée? Pas exactement. La domination dont rêve Clément — et il a dorénavant les moyens de l'imposer — n'est qu'une façon pour lui, la meilleure, la plus sûre, de s'intégrer aux autres, de tenir sa place dans la collectivité, de reconquérir du coup sa propre estime.

Clément a découvert une source, il possède l'eau; il possède aussi Christine, sa femme, qu'il aime, qu'il a choisie, et que les villageois maintenant lui envient. Christine et la source, le lac, sont deux motifs du même thème, le double but d'une unique recherche. Souvenons-nous des métaphores qu'employait Clément pour décrire son excursion aux sommets, son exploration des veines d'eau: «Tout à coup il y a de l'or dans la pierre, des joyaux, je ne sais pas!

Des saphirs en plein roc, du diamant qui roule dans les crevasses...» (p. 224) Sur le coup, Christine n'y voit qu'alibi, mensonge; nous y lisons rétrospectivement une vérité profonde. Ces images du trésor caché, inexploité, sont reprises par Clément, tout aussi inconsciemment sans doute, pour parler de sa femme:

> Mais toi, Christine, tu étais comme une pierre précieuse, un joyau brut, intaillé et laissé pour compte sur une terre aride... Au bijou, il faut la monture, il faut que chaque pierre soit sertie... La pierre seule vaut tant et tant. Elle a son éclat, sa forme, sa pureté... Mais elle est tellement plus complète — un but atteint, un état rendu normal — lorsqu'on l'a sertie de platine et qu'on l'a placée au doigt de quelque grande dame des villes de béton... Il manquait, pour te rendre pleinement précieuse, pour que tu sois ma joie, et mon sang, il manquait la paix... Disons la paix. [...] C'est un grand pays, la paix. Il y a dedans toutes les joies, toutes les satisfactions, toutes les ambitions réalisées... [...] À l'homme il faut la femme, mais aussi la vie qui lui est donnée en partage... Ici, il me fallait mes gens... J'avais besoin d'eux, d'une façon, de toi, d'une autre façon... (*Longue pause*) Et maintenant, j'ai tout. Dans cinq ans, ils auront oublié la haine... Il ne leur restera que le respect. Je les forcerai à me respecter... (p. 244)

L'eau et la femme: même difficile conquête, même richesse. Sous deux formes voisines, la vie; mais une vie d'abord brute, élémentaire, qu'il faut canaliser, sertir, rehausser, afin qu'elle devienne grâce, paix, salut. Le salut ici et maintenant, au milieu des hommes et des champs abreuvés.

Clément ne veut pas, par vanité, être «le coq du village». (p. 245) Il combat pour sa propre survie, pour sa vie, comme Agaguk contre le Loup Blanc. Durement et loyalement, Clément lutte contre le mépris des villageois et, au fond, comme Agaguk encore et tous les vrais héros de Thériault, contre le souvenir et le poids de son père, Achille, qui violentait les femmes du village. Clément est différent: c'est une différence, c'est sa propre personnalité qu'il entend faire reconnaître par tous. Non plus le fils et le double d'Achille, le coureur, l'oisif, mais Clément, qui a découvert sa propre femme et sa propre source; Clément, l'adulte autonome et responsable.

Il est vrai qu'on a un moment l'impression — c'est la seule péripétie de la pièce — que Clément exagère, que son orgueil n'est plus celui d'un homme, mais d'un surhomme. Il se prend pour la Providence: «La terre ne sait pas le nom de Dieu, elle croira que c'est Clément...» dit-il à Christine. (p. 247) Mais celle-ci, comme Iriook, comme la plupart des femmes de Thériault, comprend son homme, le devine, le précède, l'éduque. Avec douceur, Christine persuade Clément d'oublier sa vengeance, d'offrir au lieu d'exiger, et d'être ainsi plus fort:

> Tu aura leur respect... Ils diront de toi: Clément généreux... le bon Clément... Clément Samaritain... Comme la terre... Ils boiront ton eau... *Ton* eau, et sauront que sans toi ils auraient tous péri de misère... Ils t'aimeront d'avoir pardonné... Ils se sentiront sales, ils auront besoin de *Toi*... de *Toi*, Clément, pour se nettoyer le cœur... Est-ce que tu comprends ça? (p. 250)

Clément finit par comprendre que la vraie victoire est à remporter sur lui-même, sur sa rétention, son quant-à-soi, sa sécheresse. Lui qui avait des accents de prophète et de précurseur, il accepte de dépouiller le surhomme pour devenir un homme. Plus qu'un bienfaiteur, il sera accepté d'emblée comme l'animateur de son village. Premier pas vers une organisation sociale saine.

On comprend maintenant le sens du titre de la pièce. Clément devient une sorte de «bon Samaritain» de l'Évangile[11], c'est-à-dire, mieux qu'un philanthrope, le prochain le plus proche, aimant et aimé. Il devient aussi le frère de la Samaritaine dont parle saint Jean[12], celle qui a soif d'une eau intarissable. Mais ce n'est pas à Dieu, c'est aux hommes que se convertit le Samaritain de Thériault: il est à lui-même son propre Christ, oint par la douceur de sa femme et la grâce de sa libre générosité.

*Le Samaritain* commençait comme une fable, une parabole biblique:

> En ce temps-là, le pays avait soif d'eau, mais il arriva que Dieu retint l'eau dans les hauts-ciels qui couvraient les montagnes, et plus rien ne coula des sources qu'un peu de limon et du sable délayé qui ne pouvait abreuver les bêtes et remplir les cruches... (p. 223)

En ce temps-là, *in illo tempore*, c'est-à-dire en un temps d'avant le temps, hors de la chronologie et de l'histoire. Un temps *éternel*, si l'on ose dire, exemplaire, cyclique, représentatif de certains aspects fondamentaux et permanents des relations de l'homme avec l'univers. Dans les *Contes pour un homme seul*, Daumier disait, en pensant à «La fleur qui faisait un son», et que le Troublé écoutait: «Il me semble que je ne suis plus ici, aux temps d'aujourd'hui, mais bien loin en arrière, dans d'autres mondes, plus loin en arrière que mon grand-père à moi. Au commencement de tout[13]». Dans *le Samaritain*, nous sommes de même dans un temps originel, archaïque, où la pensée n'est pas discursive et scientifique, mais poétique et magique. Il n'a pas plu depuis trois semaines; le pays a soif, il attend un miracle. Depuis six ans, chaque été, la catastrophe se répète.

> Chaque été, c'est la soif. Les sources tarissent, les puits se vident... Chaque été! Et voilà la première fois que j'entends quelqu'un se plaindre qu'on n'y fait rien, à ce malheur... qu'on ne cherche pas à y remédier. Alors, chaque année, la pénitence continue. Mais pour quel péché?

se demande Breton Mourgan. (p. 229) Clément observait, un peu plus haut:

> Demain, il pleuvra? Non. Demain, après-midi, dans une semaine?

On ne sait pas. On crie, on se fait des amulettes ou on invoque les démons cachés. Ensuite on tremble des jours durant de mourir sans avoir pu confesser ce péché. Mais il n'y a pas d'eau... (p. 226)

Il faut sortir du cercle vicieux, rompre le couple culpabilité-punition, instaurer un développement, une histoire. Il faut qu'il y ait une «première fois», le point initial d'une ligne. Passer de la circularité fatidique à la linéarité et à la liberté humaines, voilà le sujet du *Samaritain*.

Car de quoi le pays a-t-il soif exactement? De quelle eau? Il a soif de rénovation et de responsabilité. Clément n'obéit à aucun chantage, comme il évite de faire chanter ses concitoyens: son eau, sa substance, il l'assume et la partage volontairement. *Le Samaritain*, qui commençait dans la culpabilité malsaine, la passivité, la peur, les invocations, les amulettes, se termine dans la joie et l'action communes, par le dynamitage des rochers et les travaux rationnels de canalisation.

### *Un drame familial et paysan:* Le Marcheur

Par sa simplicité, ses conventions, son ordonnance, sa triple unité — de lieu, de temps, d'action — *le Marcheur*[14] offre certains traits néo-classiques, voire académiques. Par sa psychologie moins étudiée que suggérée, ses images crues, ses ellipses, ses connotations mythiques évidentes, le ton brutal et les gestes souvent irrationnels de ses personnages, cette pièce dense et savoureuse, presque tragique, se rattache à des formules plus libres, plus modernes, plus proches de certaines pièces américaines, irlandaises ou scandinaves, que de la tradition analytique française. Son atmosphère, ses figures, son style, son allure de vaste fable en prose, situe *le Marcheur* dans la veine poétique, épique, des *Contes pour un homme seul* et de ces longues nouvelles, récits plutôt que romans, que sont *la Fille laide* et *le Dompteur d'ours,* parus en 1950 et 1951.

Même décor à la fois réaliste et symbolique: non pas un pays de montagnes comme dans les *Contes*, *le Samaritain* ou *la Fille laide*, mais tout de même, à proximité d'un lac (p. 77), à trois heures des grands brûlés (p. 50), un pays rude et splendide, altier, au sol pauvre, exigeant; une campagne archaïque qui n'est pas nécessairement la campagne canadienne mais pourrait aussi bien être située dans le Massif Central ou la Haute-Provence, le Piémont ou un canton suisse. On a signalé d'ailleurs certaines parentés de Thériault avec Ramuz et avec Giono première manière. Thériault n'est pas un réaliste pessimiste et sarcastique à la façon de Maupassant, bien qu'il doive au maître normand un certain parti pris de sobriété et de rigueur dans le choix des traits caractéristiques, et qu'il lui ait rendu hommage en intitulant «l'Auberge de Guy de Maupassant» un texte diffusé par Radio-Canada en 1948 dans la série «Contes du lundi soir». Il serait plutôt, à la façon de Mérimée, de Barbey d'Aurevilly, ou même de Balzac — dont il a utilisé ici et là, sans l'appliquer systématiquement, le principe du retour périodique des personnages — «un réaliste visionnaire» ou, si l'on veut, un «réaliste romantique», un réaliste en tout cas pour qui l'observation extérieure, la documentation et l'intrigue anecdotique comptent moins qu'un certain rayonnement poétique des objets, des paysages, des passions, des rêves.

Voyons par exemple le décor détaillé et significatif, prophétique même (le fusil à plombs, la tache de soupe...), que propose Thériault pour *le Marcheur*. On n'est pas si loin, toutes proportions gardées, de la description de la pension Vauquer dans *le Père Goriot* ou de telle ou telle scène d'*Eugénie Grandet*, du *Curé de village* ou des *Paysans* de Balzac.

La scène se passe dans une cuisine paysanne d'époque contemporaine. Sur le pan de droite, un âtre de pierre flanqué de deux chaises rustiques, devant lequel il y a un banc. Sur le pan du fond et près du coin de droite, une porte donnant vers l'extérieur, en planches épaisses bardées de bois de boulonne, pentures de fer noir. Près de cette porte et en allant vers la gauche, une fenêtre à volets, de type français. Entre la fenêtre et la porte, une tablette où se trouve une ancienne horloge à carillon. Dans le coin de gauche de ce même pan, un escalier allant à l'étage. C'est un escalier simple, à marches étroites, à montée raide. Sous l'escalier, une tablette à hauteur de table où se trouvent la pompe et un seau de bois: sous cette tablette, un autre seau pour l'égout. Une longue armoire, haute jusqu'au plafond, occupe la partie arrière du bas. Une draperie à fleurs voyantes dans cette embrasure. Devant l'armoire et placée sur le long de la scène, une table rude à banc, basse. Une lampe est posée au centre de la table. Une autre près du mur du fond: le parquet est nu, les murs sont en planches, avec baguette sur les joints. Comme décoration aux murs, sauf un crucifix d'un côté de l'horloge et une gerbe de palmes bénites de l'autre, un miroir. Sur la tablette de l'horloge, des objets disparates, du papier à écrire, une pelotte d'épingles, des crayons, une bouteille d'encre, un étui à lunettes. Il y a un fusil à plombs accroché au-dessus de l'âtre. Sur le mur de l'escalier, tache de soupe grasse. L'horloge marque dix heures trente. (p. 39)

«Cuisine d'époque contemporaine», spécifie Thériault. Mais contemporaine à quoi et à qui? Le spectateur de 1950, pas plus que le lecteur de 1970, au Canada en tout cas, n'est contemporain de cuisines paysannes à âtre de pierre. La pompe, le seau de bois, le seau pour l'égout, la lampe à l'huile renvoient le spectateur québécois à une autre époque ou à d'autres pays, d'autres climats. Et la haute armoire, l'ancienne horloge à carillon, la table basse, à banc, le parquet nu, l'épaisse porte bardée de fer représentent plutôt une image mythique ou folklorique du monde rural — celle des antiquaires, des collectionneurs et des amateurs bourgeois — qu'une peinture réaliste et comtemporaine (ce à quoi correspondrait, seule, la «draperie à fleurs voyantes»). Ce que Thériault veut signifier par ce décor, ce n'est pas l'habitat et les mœurs d'un cultivateur de la plaine du Saint-Laurent sous le régime Duplessis — cela, il le fera par d'autres moyens, dans *les Vendeurs du temple* et le *Grand roman d'un petit homme* — c'est, à n'en pas douter, l'idée, forcément fausse ou idyllique, que peut se faire un citadin du milieu du XX$^e$ siècle d'une civilisation agricole en voie de disparition. En ce sens, le décor du *Marcheur* peut être dit fidèle, comtemporain: fidèle à une idée, une légende, contemporain d'une conception esthétique et morale.

L'antithèse est admirable entre les matériaux riches et nobles du décor — pierre, fer, bois — et le caractère étriqué, mesquin, ignoble de la vie paysanne imposée aux siens par le père. Les hommes, chez Thériault, parviennent difficilement à être à la hauteur de la nature et de la tradition ancestrale. Derrière ces meubles au goût parfait, des murs se lézardent, un édifice social chancelle. L'héritage familial et idéologique n'est plus accepté que sous bénéfice d'inventaire. Une époque disparaît dont les meubles seuls, authentiques, pourront être immédiatement récupérés.

Par-delà la maison et la salle commune, lieu dramatique privilégié, il existe dans *le Marcheur*, nous l'avons vu plus haut, un espace géographique plus large, un «pays», évoqué discrètement, qui rejoint celui de l'univers romanesque de Thériault. Renald Bérubé décrit, à partir d'une des dernières œuvres du romancier, *l'Appelante*, les traits originaux et permanents du pays thériausien:

> L'action se déroule dans une sorte d'espace mythique... à la fois très vague et très concret; très vague parce qu'il est de nulle part, mais très concret par la description que Thériault nous en donne. Sorte de pays onirique où les contraintes de la vie sociale moderne n'existent pas ou peuvent facilement être transgressées, et qui permet l'accord de l'homme avec ses passions les plus violentes et les plus fondamentales, avec les grandes forces de la nature qui, chez Thériault, ont quelque chose de mystérieux et de sacré commandant le respect absolu de l'homme. D'ailleurs, même dans les romans de Thé-

riault où le lieu de l'action est bien circonscrit et bien situé, celui-ci, par un biais ou par un autre, ressemble toujours au pays onirique et mythique que nous venons de décrire. Tout se passe comme si, dans l'œuvre de Thériault, le retour aux sources originelles, aux pulsions et aux modes de vie les plus primitifs et les plus reculés de l'homme, était une sorte de prérequis, une condition sine qua non à l'entrée consciente dans l'existence[15]».

Ce pays «onirique et mythique», à la fois «très vague et très concret», élémentaire, sauvage, fascinant, c'est bien celui où nous transporte *le Marcheur*, celui où les trois jeunes gens qui vivent à la ville reviennent, à l'appel de leur mère, et pendant l'agonie du père, régler leurs comptes les plus intimes. «Avant, rien n'avait été dit. Maintenant il sait combien nous le haïssons...», constate Damien au début du troisième acte. (p. 92) Et un peu plus loin, s'adressant à sa mère: «Il y a tant de choses qui se sont éclairées, nettoyées ici aujourd'hui. Je vous ai retrouvée. Et en même temps je me suis retrouvé moi-même. Il fallait que j'entende dire: «Damien, tu n'es pas comme lui...» (p. 99) Le «retour aux sources originelles, aux pulsions et aux modes de vie les plus primitifs» est en effet, dans *le Marcheur*, «une sorte de prérequis, une condition sine qua non à l'entrée consciente dans l'existence». Dans ces circonstances, la visite à la ferme paternelle, à la maison de l'enfance, est pour Jérôme, Damien et Valérie, plus qu'un ressourcement, une seconde naissance. Le premier départ pour la ville avait été plus ou moins une fuite; le second, une fois le passé non seulement liquidé mais assumé, sera leur vrai départ vers une vie consciente et libre. Ils deviennent, au cours de la pièce, des adultes. Le fusil à plombs accroché au-dessus de l'âtre aura joué son rôle symbolique; la tache de soupe grasse pourra être effacée au mur de l'escalier.

Le sujet du *Marcheur*, l'événement autour duquel s'organise et se précipite le drame de chacun des membres de cette famille, est la fin prochaine du Père. *Le Marcheur* est le drame du silence et de la parole, du refoulement et de la libération explosive, de l'autorité familiale et de l'autonomie personnelle. Trois jeunes gens au début de la vingtaine, Jérôme, Damien et Valérie, s'observent et se mesurent, divisés en deux clans. D'un côté, Jérôme, l'aîné, beau, bien découplé, habile, «narquois, sûr de lui, sûr de ses positions», «le bon fils, le saint, l'intouchable», en fait, hypocrite, lâche, opportuniste. Face à Jérôme, Damien, petit, malingre, mais vif et dur, nerveux comme un coq, bouillant, solide, intransigeant, qui s'est toujours opposé au Père avec honnêteté et courage. En face de Jérôme aussi, et à côté de Damien, Valérie, jeune femme heureuse, naturelle, épanouie, abandonnée sans honte à l'amour. «J'étais attachée de tous mes membres. Une gerbe de blé. J'étais un mancheron lié à la charrue. Collée à l'amour, prise à ne jamais plus me déprendre. Vous parliez en vain...», rappelle-t-elle fièrement à sa mère. (p. 95) Et ailleurs: «Quant a-t-on dit de belles choses sur l'amour, en cette maison? Vous, mère? On subit, on courbe le dos, on accepte... M'avez-vous jamais dit qu'on pouvait y aller de toute sa force, de toute sa volonté?» (p. 94) Il y a pourtant un défaut à la cuirasse de cette sage et admirable jeune femme, digne des plus grandes amoureuses de Thériault, digne d'Iriook. «Tout ce passé est un cauchemar... Je veux oublier...» dit-elle (p. 78), preuve qu'elle ne l'oublie pas, que ce passé refoulé pourrit quelque part au fond de son âme.

Entre son mari et ses enfants, fort bien dessinés — trop bien dessinés: aux traits un peu forts, un peu figés — la Mère est un personnage non seulement plus souple, plus subtil, mais plus vivant, plus complexe, le seul personnage, à vrai dire, dont le jeu n'est pas ouvert dès son entrée en scène. «J'ai donc tant changé?», lui demande Jérôme à son arrivée. «Non, non, c'est moi qui change! Je ne reconnais plus mes souvenirs. Il me semblait que tu étais petit».(p. 43) Toute sa vie elle a dû ruser, composer — et pourtant c'est une âme droite. Elle a réfléchi, elle a une vie intérieure, des sentiments plus riches, plus nuancés, que Jérôme, Damien et

Valérie. Ferme plutôt qu'inflexible, patiente mais jamais indifférente, la mère dépasse son rôle de médiatrice et de catalyseur. Elle est elle-même révoltée, partagée entre la fidélité et le refus, le mépris et l'amour, que ce soit à l'égard du fils trop faible et choyé ou à l'égard du père — trente ans de vie commune ne s'effacent pas d'un trait. Jérôme, le comédien, l'homme des beaux gestes et des belles paroles, voudrait faire prononcer à sa mère ce qu'il appelle «les vrais mots», les mots de haine. Elle refuse:

> Non, je ne dirai rien. J'ai vécu toute ma vie en silence. Il n'a jamais réussi à me faire pleurer devant lui. Il aurait voulu me faire plier. Il me courbait comme ça, il me tenait le front par terre. Il inventait des choses à me dire, des besognes à me faire faire, des reproches à me crier, et jamais je n'ai pleuré. Jamais je n'ai élevé la voix, jamais je n'ai plié... J'ai été comme un roc... (p. 55)

Valérie emploie la même comparaison pour parler de son père: «Je me heurtais à la pierre, à du roc! Il ne voulait rien comprendre, et moi je ne comprenais rien non plus». (p. 94-95) Plus rugueux, plus coupant, plein d'aspérités, le roc paternel, mal stratifié, est moins solide, plus friable que la pierre maternelle.

Ce personnage redoutable, absent de la distribution, mais que l'on entend inlassablement marcher à l'étage supérieur, donne son titre à la pièce et en est réellement le protagoniste. Ce n'est pas une personne qui parle, ou à qui l'on parle, mais celui dont on parle, devant qui l'on parle, et, plus significatif, celui qui fait que l'on parle. Son absence, son mystère pèsent sur les acteurs plus sourdement que n'importe quelle présence. Son absence est une présence, la plus insidieuse, la plus irrécusable des présences. Elle obstrue les consciences, oriente ou désoriente les gestes, les paroles. Jérôme et Damien s'épient et se déchirent en frères ennemis à défaut d'avoir le courage d'affronter le vrai coupable. Valérie et sa mère marquent plus de «compréhension» à l'homme, mais une opposition plus effective aux «principes» paternels.

Les derniers mots du *Marcheur* reviendront à la mère, à son amour lucide. Car le dénouement de la pièce n'est pas celui (donné en variante) qu'une censure étroite et maladroite, avait imposé à Thériault le soir de la première[16]. La «presque confession» au curé, le pardon familial *in extremis* nous sont épargnés dans la version originale et définitive. Le seul geste permis aux enfant n'était pas «de partir et d'oublier», comme le soutien le curé (p. 109), ce *deus ex machina*, mais de dépasser leur rôle de victimes, de se juger eux-mêmes en jugeant le coupable, de se réconcilier non avec le mourant, mais avec la vérité, avec la vie et l'espoir.

Normand Leroux nous semble sévère lorsque, tout en reconnaissant l'opportunité de la récente édition du *Marcheur* — «un répertoire n'étant pas formé que de chefs-d'œuvre» — et son intérêt «pour les professionnels de la littérature, historiens, sociologues, critiques, qui l'exploreront selon diverses perspectives», il écrit: «Sans le petit scandale qui a entouré sa création en 1950 (l'auteur a dû, à la demande des jésuites, ajouter une fin «morale»), il est à parier que *le Marcheur* serait vite tombé dans l'oubli et que nul metteur en scène, aujourd'hui, n'aimerait courir le risque d'un échec en le ressuscitant[17]». On pourrait en dire autant de presque toutes les pièces du théâtre québécois. Très peu sont reprises; elles sombrent vite dans l'oubli ou l'obscurité. Mais est-ce toujours justice? Et est-ce toujours définitif? Il est vrai que *le Marcheur* n'a pas obtenu, au Gesù, en 1950, de succès populaire, malgré une remontée sensible à la fin des représentations. Mais la pièce a connu un réel succès d'estime et de critique — indépendamment du bruit fait autour de la censure. «*Le Marcheur* fera-t-il démarrer le théâtre canadien?» pouvait se demander André Roche dans *le Petit Journal*. Et les critiques dramatiques du *Devoir*, du *Canada*, de *la Patrie*, après la première, lui répondaient oui. «Du premier coup avec *le Marcheur*, Yves Thériault se hisse au premier rang de nos dramaturges», allait jusqu'à écrire Julia Richer dans *Notre Temps*[18]. Au premier rang, c'est-à-dire tout près de Gratien Gélinas, dont *Tit-Coq* a été créée deux ans plus tôt. Du premier coup? Pas exactement. Car si *le Marcheur* est la première pièce de Thériault à connaître les feux de la rampe, il faut tenir compte de la production et de l'expérience dramatiques de l'auteur de tant de sketches et de contes radiophoniques.

* * *

Les pas du *Marcheur* — motif sonore que seul peut-être un auteur rompu à la technique radiophonique pouvait utiliser avec autant de maîtrise — sont la respiration, le rythme, le cœur même de la pièce. L'action est située à un double niveau: dans la salle basse où la famille est réunie et à l'étage que le Père arpente interminablement. Entre les deux, l'escalier, espace interdit, dangereux, axe d'une communication impossible; l'escalier, lieu de toutes les violences, de tous les refus, dont le mur est taché de soupe grasse; l'escalier où seul «le Petit», l'infirme, se risquera — pour en être précipité brutalement, inerte comme un sac de blé, à la fin du deuxième acte.

Les pas sont la musique lancinante, la lourde mélopée, le destin de la pièce. En les entendant, réguliers, martelés, obsédants, puis tout à coup traînants, nerveux, hésitants, étouffés, lointains, ce sont les battements mêmes de la vie du père, de sa lutte, de son agonie, que nous entendons. Nous assistons à sa mort en même temps qu'au rez-de-chaussée, par le dialogue et le jeu des acteurs, nous participons à sa vie. Ce parallélisme, cette surimpression — passé-présent, vie-mort — est une trouvaille tant au plan dramatique qu'au plan symbolique. Pendant les longues pauses de l'acte III, l'action ne piétine pas, elle progresse, lentement, difficilement, à la cadence brisée des pas qui là-haut s'obstinent, doutent, se reprennent, s'alourdissent, et bientôt trébuchent. Les spectateurs, comme les cinq personnages de la pièce, sont suspendus à la marque sonore de cette présence-absence, à cette volonté têtue de mourir debout, «le cou tendu en avant à tirer, à hâler de la vie». (p. 51) «Non, mais, est-ce qu'il va finir par mourir!» s'écrie à bout de souffle Damien (p. 100) qui, par un mimétisme inconscient, arpente à son tour de long en large le plateau.

On sait l'importance de l'allure, du cheminement, de la démarche, du balancement, de la symétrie, chez les héros de Thériault, et, de Trifagne à Herôn, le malheur de claudiquer, de tituber, mutilation physique et morale qui annonce la chute. «Les jambes et les pieds sont le symbole de ce qui se rapporte au mouvement de la vie, à notre «marche», à ce qui avance. La signification phallique, c'est-à-dire sexuelle, que la psychanalyse attribue avec raison au symbole du pied, cède pourtant le pas à un symbolisme plus général qui se rapporte aux moyens avec lesquels nous avançons dans la vie[19]». Or, le héros du *Marcheur* n'a jamais «avancé» dans la vie; il recule, il régresse jusqu'à l'infantilisme, à l'impuissance, au néant. C'est un boiteux camouflé en fantassin, un paraplégique agité. Il fait du sur-place, pèse sur la tête de sa femme et de ses enfants, les écrase, les foule aux pieds. Ses allers retours mécaniques sont la négation même de la démarche, du mouvement. «L'immobilité, toujours accompagnée du silence, est synonyme d'inquiétude et de gravité, sinon de mort; elle précède les moments de drame, d'affrontement, et sert aussi à stigmatiser l'impuissance de certains personnages[20]».

Mourir debout, en faisant le geste de marcher, est une tentative chez Victor de repousser la mort, de la nier, comme il a nié la vie. «Seulement, cette fois, ces pas ne mènent nulle part...» fait remarquer la Mère. (p. 45) Le Père refuse encore de reconnaître ses limites, d'admettre sa faiblesse, sa déchéance. «Il meurt comme il a vécu. Il meurt en orgueil [...], à retenir la mort à force de muscles bandés, de volonté, de plein effort. C'est de la peur au fond.» (p. 51) La peur qu'il ressent est celle-là même qu'il inspirait. Sa domination était un masque, la défense d'un faible. Son apparent courage est une dernière lâcheté. Sa démarche apparaît finalement telle qu'elle a toujours été: l'articulation rigide d'un pitoyable pantin: «S'il plie un de ses muscles, s'il relâche l'autre, il tombera». (p. 101) Lui qui toute sa vie a travaillé comme une bête de somme, sans horizon, sans joie, se traîne maintenant «comme une bête blessée». (p. 48) Si le sang, la vie, l'amour n'ont pu venir à bout de sa résistance orgueilleuse et bornée, la mort le terrassera. Qu'il le veuille ou non, ce n'est pas contre la mort, c'est vers elle, et contre lui-même, comme toujours, qu'il marche.

Ce père qui porte le prénom dérisoire de Victor — prénom que Thériault réserve par antinomie à ses vaincus: songeons au Victor Debreux de *Cul-de-sac* — est la figure de l'autorité abusive et irresponsable, de l'autorité défaite.

Autorité conjugale et familiale d'abord: dès sa nuit de noces, il empoigne et possède sa femme comme une bête: «Le jour de ses noces, il a souri un peu... Ce fut la dernière fois, je crois». (p. 52) «Il a gloussé de joie à me voir si solide près de lui. Et dès ce moment, il a voulu me clouer là. Pas seulement me clouer le corps, Jérôme, en tout droit puisque j'étais à lui, mais me clouer l'âme, les pensées. Il a voulu me pétrir». (p. 51) Il pétrit, d'une main aussi dure, ses enfants. Il leur interdit les jeux, les poupées, plus tard le tabac, les sorties. Tout ce qui compte pour lui chez les siens, ce sont les muscles, «les bras», la puissance de travail, le rendement, la production. Il déteste celui que dans la pièce on appelle «le Petit», ce quatrième enfant, dont nous n'avons pas encore parlé, «né chétif, malingre, sans grand entendement», «né trop tard pour être utile» à la ferme (p. 85), et qui présente au Père une sorte de miroir grossissant, un reflet cruel de son caractère morbide, monstrueux, de sa propre mutilation intérieure.

L'infirme témoigne, malgré lui, d'un échec, d'une culpabilité, d'une agoisse. Plus que Jérôme, le pédéraste, il a hérité de «tout le mauvais» du sang paternel et de la chair maternelle, conçu, comme dit la Mère à Jérôme, «dans ma révolte contre ton père, alors que toute mon âme et tout mon corps haïssaient cet homme qui avait su m'attirer à lui pour que mieux je le serve». (p. 80) Le Petit, avec ses mouvements convulsifs, son rire inarticulé, inquiète, dérange les bien portants, les bien-pensants et leur porte-parole attitré, le Père. Il est comme un miracle à rebours, l'irruption par le bas d'un irrationnel, d'une terrible fantaisie de la génétique. À la mort du Père, le Petit se mettra tout à coup à chanter, comme ça, spontanément, naïvement. Car ce personnage marginal, anormal, n'est pas un idiot plat et vulgaire; il est, comme le Troublé des *Contes pour un homme seul*, une sorte de poète, de voyant, celui qui brise instinctivement les conventions de l'ordre établi. Cet enfant pitoyable et sans défense offre une résistance inexpugnable aux principes et à l'autorité paternels. Il est une revanche de la nature, de la liberté, et, paradoxalement, de la santé. On comprend que le père le haïsse, le «fouette comme un chien», dans un geste dément, désespéré: d'autres tyrans, d'autres barbares faisaient fouetter de verges la mer grecque, force cosmique qui osait leur résister.

Outre le pouvoir conjugal et familial qu'il exerce avec sadisme, le père manifeste dans son exploitation agricole la mentalité capitaliste du patron, d'un petit patron à la mode du XIX^e siècle. Il modèle la vie de chacun selon la perspective étroite et intéressée de «la besogne à faire». La mère résume ainsi cette existence de forçats: «Il n'a jamais ri, il n'a jamais laissé rire. La vie, c'était le travail, manger, procréer. Les enfants devaient apprendre les choses d'école, puis le travail. Venait le jour où vous aviez les bras utiles, alors au travail». (p. 55)

Il y a plus. Non seulement Victor est-il un père et un mari abusif, un patron inhumain, il est aussi la figure, particulièrement odieuse, d'une dictature intégrale, politico-religieuse, morale, philosophique: «Qui a fait la loi de cette maison? Qui a déterminé les actes, les vêtements, les façons? Qui a voulu même vous dire quoi penser et quand le penser? [...] C'est lui», rappelle la mère à ses enfants. (p. 80) À ce niveau de viol des consciences et de tyrannie absurde, c'est à Dieu évidemment, à une caricature de Dieu, que l'on pense. Le père confond son autorité avec toutes les autorités, tous les absolutismes.

Cette identification du père à Dieu et à une espèce de Christ à rebours — non plus sauveur mais damnateur — se dégage d'une lecture attentive du *Marcheur*. Dès le lever du rideau, nous apprenons que «le père marche depuis trois jours (il vit sa propre Passion?), depuis le moment où il a dit: «Je vais mourir» (cet homme, semble-t-il, peut déterminer d'avance le moment de sa propre mort)[21]».

Il est celui d'en haut, «*celui qui vous entend*», dit la mère — et la phrase est soulignée par Thériault (p. 79) — l'invisible, l'oreille, le regard, la colère et l'arbitraire du jugement. Valérie, sa fille, le voit sourd et dur comme le roc, haut et rigide comme un tronc d'arbre:

> J'ai vu le père, il était là... Damien, c'était horrible. Il est droit... Il est comme un arbre... Et il m'a regardée aussi... Je lui ai vu les yeux... Si vous saviez tout ce qu'il m'a dit dans un seul regard...

> [...] Il est apparu comme ça, comme je vous dis, droit, haut comme le plafond, effroyablement maigre. Et ses yeux. Il a les joues creuses... On ne le reconnaît plus. Il était beau. Vous le savez tous comme il était beau. Mais il est devenu horrible à voir. C'est une sorte de monstre décharné. Mère, je tremble encore. J'étais là... (p. 92)

Cette scène est émouvante qui nous montre Valérie, jeune femme équilibrée, tout à coup affolée, prise d'une admiration et d'une frayeur paniques devant l'apparition — c'est bien le mot — du spectre de son père: «ses joues tellement émaciées, profondes. On dirait des trous d'ombre dans la peau. Et ce mauvais au visage...» ajoutera-t-elle, tremblante, un peu plus tard. (p. 100) C'est ce fantasme ancien, profond, ce traumatisme inconscient, que Valérie, qui voulait tout à l'heure tout oublier du cauchemar de son passé, doit affronter lucidement pour se débarrasser de ce fantôme, de ce cadavre, de cet arbre qui fut sa croix.

Seule une lecture superficiellement réaliste du *Marcheur* pourrait nous faire croire que le personnage excessif, démesuré, du père est un personnage faux. Pour lui donner sa pleine stature, pour comprendre sa fonction mythique, ou plutôt démythifiante, replaçons-le, rapidement, dans le contexte littéraire québécois. Considérons, par exemple, que le père « historique» dessiné par Claire Martin dans ses Mémoires[22], usurpe, lui aussi, tous les pouvoirs, qu'il se prend à la fois pour un prêtre, un juge, un bourreau, et à la lettre pour Dieu le Père. *Le Marcheur*, un certain vernis en moins, est également apparenté au père d'*Angéline de Montbrun*, de Laure Conan, qui, lui non plus, ne trouvait pas indécent de sourire à peine et d'aller travailler aux champs le jour de ses noces[23]. Il est le cousin de Séraphin Poudrier et d'Euchariste Moisan, ces hommes de rigueur et de devoir, soi-disant, qui ont remplacé l'amour par le travail, et pour qui la seule vertu est l'économie ou l'avarice. Tous ces paysans irresponsables, qui se croient les fermes tenants d'une tradition, en sont les plus sûrs fossoyeurs. Ils ne parviennent pas à transmettre vivant l'héritage qu'ils ont reçu: leur grange ou leur maison brûle, leurs enfants désertent. Il y a des cas où la révolte, voire la révolution, est la seule façon de dégager l'avenir d'une tradition.

L.M.

## Références

1. Jouée par des amateurs au Théâtre de la Fenière, en banlieue de Québec, durant l'été 1965. Un chroniqueur dramatique compare cette pièce — que nous n'avons pas vue — à *Clochemerle*, et le personnage d'Hermine à la Justine Putet de Gabriel Chevallier, «mais entre les deux il y a un monde de nuances». «Fille de notaire, *douce, tendre et pure,* Bérangère écrit un roman en cachette et remporte le prix du Club du Plus Grand Livre. Scandale au village, machinations paroissiales pour neutraliser le mal, menaces au notaire dans son gagne-pain, tout y passe. Une charge très grosse, sans l'ombre d'une subtilité ou d'une finesse. Une caractérisation outrancière où

le ridicule finit par étouffer le comique.» La conclusion est plus positive: «Dramaturge, Thériault fait cependant des trouvailles et il a des verdeurs de langage qui font mouche à tout coup. Il aurait évidemment beaucoup de succès s'il décidait d'exploiter la veine du théâtre populaire...» (Jean O'Neil, «Vus du fauteuil, Audiberti et Yves Thériault», *La Presse*, 22 mai 1965, p. 16.)

2. Mises au programme de «Sur toutes les scènes du monde», des «Nouveautés dramatiques» ou de «Studio 13», à la radio; du «Théâtre populaire», d'«En première», du «Théâtre d'été» et de «Quatuor», à la télévision de Radio-Canada.

3. Claude Martineau, *La Nature chez Yves Thériault*, thèse de M.A., Université de Montréal, 1964, p. 2.

4. Yves Thériault, «Pourquoi j'ai écrit *Agaguk*». *Conférences*, saison artistique 1958-1959, Club musical et littéraire de Montréal, vol. C-4, p. 49-50.

5. Janine Girard, *Bio-bibliographie d'Yves Thériault*, préface de Jean Bruchési. École des Bibliothécaires de l'Université de Montréal, 1950, p. 3.

6. En témoigne cette note en marge de *la Grande Barque noire*, un des *Contes pour un homme seul*, dictée par l'auteur à Luc Lacourcière lors d'une visite aux Archives de Folklore de l'Université Laval, le 26 janvier 1960: «D'après un récit, entendu à Paspébiac, Gaspésie, vers 1938, de deux pêcheurs assis sur le quai. 'Chaque fois qu'il vient une grand'barque noire, câlisse, y en a qui périssent'». L'assonance *câlisse-périssent*, presque une rime, donne à l'expression orale un caractère indubitable d'authenticité: on ne s'étonne pas que les folkloristes l'aient enregistrée. Voir aussi *la Mort d'eau*. Montréal, éditions de l'Homme, 1968, p. 9.

7. Yves Thériault, *Textes et documents*, présentés par Renald Bérubé, Montréal, Leméac, 1969, p. 15.

8. Guy Beaulne, *Le théâtre radiophonique*, Introduction aux *Écrits du Canada français*, vol. 4, 1958, p. 10.

9. Gérard Bessette, *Une littérature en ébullition*, Montréal, éditions du Jour, 1968, p. 111. «Il a un langage personnel, fait non seulement de mots, mais surtout d'une grande virtuosité dans l'utilisation des moyens proprement radiophoniques: bruits, silences, transitions musicales et superposition des plans sonores. Il a le don d'assurer à ses émissions deux qualités extrêmement rares: le rêve et la profondeur. Encore une fois

l'auditeur ne sait pas bien où il va, mais il sait qu'on l'amène en un lieu plein de mystère et d'intérêt» (Gérard Pelletier, «Par la faute de monsieur Hertz. Yves Thériault: *Le plus grand reportage, Le Devoir*, 12 octobre 1948.)

10. Premier prix du Concours dramatique de Radio-Canada, créée à l'émission *Théâtre du Grand Prix*, le 21 septembre 1952, et publiée dans les *Écrits du Canada français*, vol. 4, 1958, auquel renvoient nos références.

11. Luc, 10: 29-37.

12. Jean, 4: 1-42.

13. Yves Thériault, *Contes pour un homme seul*, nouvelle édition, Montréal, HMH, «l'Arbre», 1965, p. 14.

14. Yves Thériault, *le Marcheur*, Montréal, Leméac, «Théâtre canadien», 1968. Créée sur la scène du Gesù, le 21 mars 1950, la pièce sera donnée à la radio, en 1953, et à la télévision de Radio-Canada, en 1956.

15. Renald Bérubé, «Yves Thériault ou la recherche de l'équilibre originel». *Europe*, n° 478-479, février-mars 1969, p. 51-52.

16. «Pièce violente, déchaînée, dont la dureté ne peut s'atténuer que dans un pardon final *qui n'est peut-être pas dans la bouche du prêtre qu'un leurre de paix...*» (Jean Béraud, *350 ans de théâtre au Canada français*, p. 275.) Il ne s'agit pas, dans la version retenue, d'«atténuer», mais de rendre bouleversante la violence.

17. Normand Leroux, «*Le Marcheur* d'Yves Thériault», *Livres et auteurs canadiens 1968*, p. 75.

18. Voir les «jugements critiques» donnés par Renald Bérubé dans sa présentation du *Marcheur*, p. 14-15, 31-34.

19. Ernest Æppli, *Les Rêves et leur interprétation*, Paris, Petite Bibliothèque Payot, 1951, p. 164.

20. André Brochu, «*Yves Thériault et la sexualité*», *Présence de la critique*, Montréal, HMH, p. 232.

21. Comme le souligne Renald Bérubé, dans sa présentation du *Marcheur*, p. 19.

22. «Mon père ne voyait dans le rire qu'un symptôme de lubricité [...] Mon père n'était rien, que force physique qu'il fallait éviter de déchaîner. Mais cela, il l'était bien. Je n'ai jamais, de toute ma vie, rencontré un être aussi unanimement rejeté par sa famille. Il semble qu'il ne le sentît pas. Comme il ne souhaitait pas s'imposer autrement que par la violence, comme il ne croyait pas que l'on puisse s'imposer autrement, il était

satisfait de la situation...» (Claire Martin, *Dans un gant de fer*, Montréal, Cercle du livre de France, 1965, p. 34 et 125.)

23. «Jamais elle [sa femme] n'avait entendu dire qu'un marié se fût conduit de la sorte; mais après y avoir songé, elle se dit qu'il est permis de ne pas agir en tout comme les autres, que l'amour du travail, même poussé à l'excès, est une garantie précieuse...» (Laure Conan, *Angéline de Montbrun*, Montréal, Fides, p. 29.)

# Chapitre 5
# Le Monde de Marcel Dubé:
## *mourir sa vie, vivre sa mort.*

En 1951, soit trois ans après *Tit-Coq*, Marcel Dubé fait jouer sa première pièce, sur la scène de l'Ermitage, à Montréal. Le début est plus que modeste; *le Bal triste* n'attire guère l'attention. Mais l'année suivante, sa deuxième pièce, *De l'autre côté du mur*, obtient un Grand Prix au Festival dramatique. «Le soir de la proclamation des vainqueurs, raconte-t-il dans un article écrit six ans plus tard, je connus le moment à la fois le plus beau et le plus triste de ma vie. En même temps que l'on me décernait le prix de la meilleure pièce canadienne du festival, je compris avec affolement qu'il me faudrait faire un immense sacrifice, si je voulais être joué encore et être compris[1].» À travers cet aveu, on reconnaît la sensibilité de cet auteur, conscient de ses capacités mais aussi de ses limites, capable de grandes tendresses mais par là même facilement écorché et affolé — il parle dans la phrase suivante d'une «panique affreuse» — par la vie et ses exigences.

L'univers qu'il décrivait alors était celui de l'adolescence, et il en sortait à peine. Ce soir de triomphe, il comprenait sans doute que commençait pour lui l'âge d'homme, en même temps que ce qu'Albert Millaire appelait «une certaine obligation d'être Marcel Dubé», dramaturge. En 1953, devant le succès que connaîtra *Zone* — raflant à peu près tous les prix du Festival dramatique national tenu à Victoria — cette obligation devenait impérieuse. Et pour au moins une autre bonne raison: la vie théâtrale, au moment où les Compagnons de Saint-Laurent disparaissaient, remplacés par le Théâtre du Nouveau-Monde, va bientôt connaître l'essor le plus spectaculaire de son histoire. L'obligation d'être Marcel Dubé, c'était aussi celle de constituer un répertoire québécois[2].

À propos de ses pièces, comme de celles de Gratien Gélinas, les critiques parlent volontiers, et avec raison, de «théâtre d'auteur»; mais Dubé est le seul à avoir fourni au monde du spectacle un répertoire aussi considérable. *Le Monde de Marcel Dubé*, tel est le titre que Radio-Canada a donné à une série de reprises de ses pièces, quatuors et séries télévisées; et le titre convient à toute son œuvre, comme il suggère que ce monde est également le nôtre et que nous nous y reconnaissons. Mais quel est cet univers? D'où vient-il? Comment s'est-il formé et a-t-il évolué?

La première source vive d'inspiration est certes *l'enfance*. «J'ai choisi, affirme Dubé, de recommencer à zéro et de retracer en moi les vertiges et les sortilèges de mon enfance[3].» L'enfance, ce sont les liens affectifs qui se créent au sein et autour de la famille: l'acceptation ou le rejet, la joie et la tristesse, le scandale des premiers mensonges découverts; ce sont les rêves que l'on fait, les héros qu'on imagine, les figures humaines découvertes autour de soi et qui se fixent dans une légende; surtout, peut-être, un climat toujours poétique, difficile à définir, et qu'on associe aux lieux de son enfance, à la configuration et aux odeurs du quartier où l'on a grandi, aux maisons que l'on a connues.

Rien d'étonnant, donc, à ce que les premières pièces de Dubé, qui est né et a grandi dans un quartier populaire de l'est de Montréal, aient pour cadre ce milieu, et pour personnages des figures pittoresques ou pathétiques qu'il a pu observer. La gamme des sentiments est large, depuis la sensibilité violente et tourmentée de Joseph Latour, jusqu'à la tendresse infiniment discrète de Blanche et Virgile dans *le Temps des lilas*. Mais toujours ces pièces sont empreintes d'une poésie simple: poésie fruste de *Florence*, d'*Un simple soldat*, de *Pour cinq sous d'amour*; poésie un peu mièvre, plus factice, du *Temps des lilas;* poésie plus intérieure de *Chambre à louer*. Mais le chef-d'œuvre de ce théâtre empreint d'une poésie profondément humaine demeure *Zone*. Et c'est, à n'en pas douter, la pièce ou l'on retrouve le plus nettement «les vertiges et les sortilèges» de l'enfance: ses rêves d'un monde plus beau que le vrai.

Depuis 1960 environ, Dubé s'éloigne progressivement de cet univers, pour décrire un milieu plus sophistiqué. *Florence* apparaît, de ce point de vue, comme une pièce de transition, car la jeune héroïne de cette pièce se trouve justement partagée entre sa famille et l'univers de son enfance d'une part, et l'évasion que représente son patron Eddy, lequel lui promet la vie facile et libre des bourgeois d'autre part. *Octobre, Au retour des oies blanches, les Beaux Dimanches, Bilan, Équation à deux inconnus* nous mettent en présence de personnages très différents, dans un décor nouveau et une ambiance aussi étrangère qu'il se peut aux pièces de la première période. Les liens de sympathie sont visiblement rompus entre l'auteur et ses personnages: il ne vibre plus autant à leurs souffrances. Ici, peu de fraîcheur et de poésie, mais la peinture franche, un peu brutale, des turpitudes de l'homme. Les personnages principaux ont vieilli, ou les jeunes — ceux d'*Octobre* ou d'*Équation à deux inconnus*, ceux de *Pauvre amour* — sont déjà compromis dans la fausseté et les artifices de la bourgeoisie; ils sont compliqués, égoïstes, calculateurs, ou déjà blasés. À la place des rêves, ils ont l'argent; au lieu des aspirations obscures et des illusions, une volonté terriblement lucide d'arriver à leurs fins.

Il y a donc, dans l'œuvre dramatique de Marcel Dubé, deux périodes bien nettes. Est-ce à dire que le dramaturge a pris, consciemment, un nouveau virage, ne concevant plus le théâtre de la même manière ou croyant refléter par là une évolution de la société québécoise? Il n'en est rien. Car l'évolution de la société vers la conquête d'un statut social plus élevé n'est certes pas encore un phénomène notable.

Quant à sa conception du théâtre, Marcel Dubé affirme qu'elle n'a guère varié, fondamentalement, depuis le début de sa carrière.

Mais quelle est, au juste, cette conception? Elle se résume en un mot: *émouvoir.* «L'important pour moi», confiait-il — et ce depuis les toutes premières pièces — «c'était d'arriver à émouvoir[4].» Entendons-le bien: émouvoir, comme chez les Classiques, signifie ici «provoquer l'émotion tragique». Aussi, quand on reproche à Dubé de faire constamment des pièces noires, de se complaire dans la peinture d'un univers bloqué, il répond simplement: «Je ne voulais pas être noir et pessimiste. Je cherchais à découvrir la tragédie chez mes personnages.» Découvrir et exprimer cette tragédie parmi les hommes de son milieu, non plus, précise-t-il, selon l'obsédant schéma dualiste du bien et du mal, de la chair et de l'esprit, mais dans une perspective existentielle, celle d'un «être malheureux dans sa chair, un être de compassion qui demande sa part de soleil, sa pitance de bonheur[5]». Et il est vrai qu'en ce sens, la conception du théâtre chez Dubé n'a jamais varié: dans les premières pièces comme dans les plus récentes, à travers le réalisme populaire comme par la peinture d'une certaine élite bourgeoise, il recherche toujours l'émotion tragique. Ce qui ne signifie pas que chacune de ses pièces soit, au sens strict, une tragédie. Je ne vois, quant à moi, qu'*Un simple soldat* et *Zone* qui atteignent à cette intensité dramatique liée à la fatalité des grandes tragédies. Les autres se situent toutes au niveau du drame au sens où on l'a entendu depuis Diderot et Hugo, ou peut-être chez Tchékhov et chez les dramaturges américains du vingtième siècle: une action dramatique où voisinent volontiers éléments comiques et tragiques, liés de près au quotidien de la vie, et mettant en lumière le pathétique de certaines situations humaines. Cela peut aller du mélodrame — *le Temps des lilas* n'y échappe pas — jusqu'aux fresques tragi-comiques, au drame psychologiques et social très voisin de l'authentique tragédie: c'est le cas de *Bilan*, de *Florence*, d'*Au retour des oies blanches*, entre autres.

Mais ce n'est pas de ce côté qu'il faut chercher l'explication de l'évolution, que nous avons esquissée, du théâtre de Dubé. Il n'y a pas eu de virage brusque, de remise en question fondamentale; simplement, l'élargissement normal de l'horizon d'un dramaturge, en fonction d'une expérience acquise et d'influences nouvelles qui ont joué. Or, il est bon de rappeler ici d'où est parti Dubé. J'ai parlé tout à l'heure du rôle de l'enfance: c'est là un réservoir où l'imagination créatrice a puisé. Mais quels auteurs ont influencé le dramaturge à cette époque? Il n'en a jamais fait mystère; et les noms qu'il cite le plus volontiers sont, d'une part, Gabrielle Roy et Roger Lemelin, d'autre part Jean Anouilh[6]. Influences diverses, et complémentaires: les deux romanciers québécois lui font découvrir son propre milieu géographique et humain, alors qu'il trouve chez Anouilh un moyen d'expression du sentiment. Autre chose aussi, je pense, et qu'il ne précise pas: un certain type de personnages, surtout féminins, qui semble l'avoir hanté longtemps, et qui rappelle *la Sauvage*[7] ou *Antigone*: Ciboulette, Florence, par exemple, et même la Fleurette d'*Un simple soldat* ou Dominique, dans *les Beaux Dimanches*.

Ce sont là les premières influences. Anouilh, qui en somme lui fait découvrir le théâtre; Lemelin et Gabrielle Roy, qui ont exprimé un milieu qu'il connaît bien et où, tout naturellement, il situera ses premiers drames et ses personnages. Si, plus tard, il cherche à explorer un autre milieu, l'explication est simple: possédant désormais son métier, il éprouve le besoin de décrire d'autres aspects de notre société. Après les quartiers populaires des villes, son élite bourgeoise. Mais à ces considérations sur l'élargissement normal de l'exploration d'une société donnée, je crois qu'il faut quand même ajouter certaines influences nouvelles. Après Anouilh et Gabrielle Roy, ces influences sont surtout américaines: les dramaturges Miller, MacShoub, Irving Shaw, Gibson, qu'il a traduits ou adaptés, Steinbeck ou Caldwell chez les romanciers[8]. Il est difficile de préciser l'importance exacte de ces influences[9]. Il me paraît certain toutefois qu'elles ont joué un rôle dans cette évolution — comme, sans doute, d'autres influences encore inconnues. À un critique qui lui demandait: «Quel est votre dramaturge préféré?» il répondait sans hésiter: «Tchekhov: c'est l'inventeur du théâtre moderne.» L'inventaire complet reste donc à faire; mais il paraît évident déjà que les influences marquantes ne sont plus françaises ou québécoises, et que l'ambiance même de ces salons où l'on boit et où l'on s'ennuie de vivre, ressemble à celle à laquelle nous a habitués, en particulier, la littérature américaine.

Enfin, et surtout, le passage du réalisme populaire à un réalisme psychologique et bourgeois tient en définitive, mais par le biais du langage, à une option politique. Je ne crois pas que, dans ses premières pièces, Marcel Dubé ait eu sur la question du langage des exigences bien définies. Il tâchait simplement d'en arriver à une transposition acceptable du langage parlé, en évitant les excès du «joual». Mais vers la fin des années cinquante — c'est lui-même qui le précise, dans un article daté de 1968 — il en est venu à des exigences plus précises et (si l'on me permet l'expression) à une véritable politique du langage. Il écrit en effet:

> Vers la fin des années cinquante, les problèmes politiques, culturels, éducatifs, ceux-là même de notre survie, prirent une telle acuité au Canada français, qui pour moi s'identifie au Québec, que j'optai pour une orientation nouvelle. Je pris conscience tout à coup de l'importance de la langue française comme condition déterminante, primordiale, indissociable de notre survivance. Autour de cette langue, autour de notre culture particulière en Amérique du Nord commencèrent à se grouper les éléments de base de ce que nous convenons d'appeler de plein droit aujourd'hui: la nation canadienne-française[10].

Une telle prise de conscience, laquelle implique une option politique, modifiera considérablement son utilisation du langage, parce qu'elle lui fera voir dans une lumière nouvelle le rôle du dramaturge. Celui-ci n'a pas en effet un rôle directement politique à jouer dans la société; mais s'il est conscient des problèmes qui l'entourent, si la situation politique de la société à laquelle il appartient ne le laisse pas indifférent, il se sent responsable vis-à-vis de cette société. Responsabilité qui se traduira, chez Dubé, par le refus d'une langue appauvrie qui dessert l'élan libérateur d'un peuple, et par le souci de contribuer, pour sa part, à lui donner une langue qui, sans être celle de Paris, soit acceptable. Le dramaturge n'a pas, pour autant, renoncé au réalisme sociologique, ni à sa préoccupation première qui est d'émouvoir le spectateur. Il cherche cependant un équilibre nouveau, en fonction d'une option politique qui est la sienne, et dont découle une conception nouvelle du rôle social du dramaturge. Pour y arriver, le moyen le plus naturel était d'abord de décrire un milieu social où la correction du langage fût plus vraisemblable, celui où évoluent des personnages plus cultivés et plus riches. Mais il n'est pas exclu qu'on puisse trouver un équilibre tout aussi acceptable entre la correction de la langue écrite et le langage parlé dans les quartiers moins favorisés. L'essentiel, dirait encore le dramaturge, c'est «qu'il y ait entre les écrivains et la collectivité qu'ils expriment une communion d'esprit».

Dans l'évolution générale du théâtre de Marcel Dubé, il est encore un problème important à considérer: celui de la technique et des structures dramatiques. Or, dans ce domaine, l'influence la plus marquante est sans contredit celle de la télévision. Dubé y est arrivé presque en même temps qu'au théâtre puisque, déjà en 1952, *De l'autre côté du mur*, présenté en circuit fermé, sera la première œuvre dramatique jouée à la télévision canadienne. Presque toutes ses pièces ont été soit écrites, soit adaptées pour la télévision, ce qui suppose, évidemment, un jeu d'influences réciproques... Sans doute l'influence des techniques télévisuelles sur son théâtre n'est-elle pas constante; mais il faut reconnaître que, dans certaine pièces tout au moins, la familiarité du dramaturge avec la télévision lui a permis d'introduire au théâtre des techniques cinématographiques. C'est là, en ce qui nous concerne — puisque nous nous intéressons seulement à son théâtre — l'apport le plus significatif. Dubé a acquis très tôt une grande souplesse, et jamais il ne semble avoir eu à se débarrasser d'une structure figée — en trois ou cinq actes — ou d'une technique traditionnelle; au contraire, il construit plus spontanément ses pièces en tableaux, et plutôt qu'à la pyramide classique, ses pièces ressembleraient davantage à une série de cercles concentriques ou de spirales autour d'un noyau central. Mais la structure variera constamment, selon les exigences propres de chaque pièce, sans dessein préconçu[11].

On le verra facilement, du reste, à l'examen des trois pièces étudiées dans ce chapitre. *Zone, Un simple soldat* et *Bilan* illustrent bien la grande facilité du dramaturge à manier la machine théâtrale, à varier la formule. Et si elles ne présentent pas toute la gamme des possibilités dramatiques ni une image complète des thèmes traités dans l'ensemble de l'œuvre, ces pièces permettent de saisir les grands jalons d'une évolution, et les thèmes majeurs qui hantent «le monde de Marcel Dubé».

## Zone

Dans ses monologues, Fridolin aimait parler des «gars de sa gang» et c'était, à chaque fois, avec l'accent de la fierté, et pour signifier que lui, Fridolin, le jeune gavroche, pitoyable dans sa solitude, il n'avait besoin de rien ni de personne lorsqu'il était avec «sa *gang*». Aveu d'autant plus touchant que, ces groupes se constituant essentiellement à partir d'une identité, le jeune homme qui aime s'y retrouver pour se sentir fort ne fait que multiplier autour de lui des images de lui-même; et chacune de ces images demeure faible et pitoyable.

Cette image de l'homme dépourvu puisant une force magique dans le regroupement serré et un peu clandestin de ses semblables s'est-elle imposée, spontanément, comme l'image du Canadien français faible, isolé, incapable d'assumer seul son destin et ne se retrouvant fort que dans le rassemblement illusoire de ses faiblesses? Je ne suis pas sûr qu'il faille pousser trop loin cette interprétation: après tout, ce phénomène des *gangs* est universel. On peut considérer, toutefois, qu'il prend une signification particulière lorsqu'il s'agit de groupes minoritaires[12]; aussi, l'image d'un groupe d'individus ne vivant que par et pour le groupe, sous l'autorité quasi sacrée d'un chef, me paraît révélatrice du milieu canadien-français.

Ce n'est donc pas un simple hasard si, après Gélinas, Marcel Dubé exploite cette image, inspirée d'une réalité urbaine avant tout, et qu'il faut situer plus particulièrement dans les quartiers de l'est et du centre-ouest montréalais. Marcel Dubé en fera le sujet de ses deuxième et troisième pièces: *De l'autre côté du mur* et *Zone*. Deux pièces si semblables l'une à l'autre, du reste, qu'on peut les considérer comme une, *De l'autre côté du mur*, pièce en un acte, constituant la première version et l'ébauche de *Zone*. On sait le succès qu'a remporté cette dernière pièce, et la place privilégiée qu'elle occupe dans la carrière de Marcel Dubé. Mais doit-on se contenter de la considérer comme un moment important, une étape à signaler, sans plus, dans l'histoire de notre théâtre? Je crois, au contraire, que *Zone*, malgré d'évidentes imperfections, demeure l'une des pièces les plus valables de notre théâtre.

L'intrigue de *Zone* est très simple. Trois garçons et une fille, groupés sous l'autorité d'un chef, font la contrebande de cigarettes américaines. Tarzan, le chef, assume lui-même les plus grands risques en allant chercher les cigarettes aux États-Unis et en franchissant illégalement la frontière, chaque semaine. Puis les choses tournent mal; Tarzan tue un douanier qui l'a surpris, le jour même où le réseau est découvert. Dénoncé par l'un des membres du groupe, il devra avouer. Après trois jours de détention il s'enfuit, pour mourir presque aussitôt sous les balles des policiers. Le canevas est donc simple, banal même, comme la structure de la pièce: un premier acte d'exposition qui se termine par l'arrestation des jeunes gens; l'interrogatoire, aux bureaux de la police, occupe tout le deuxième acte; enfin le troisième acte est celui du dénouement. On ne changera qu'une fois de décor, pour le deuxième acte; le premier et le dernier se joueront dans le même décor: une arrière-cour sur fond de maisons abandonnées. À l'avant-plan, «une caisse de bois renversée» qui sert de trône au chef; à l'arrière-plan, des cordes à linge «accrochées à un poteau croche planté derrière et dont le travers du haut, précise l'auteur dans ses indications scéniques, donne l'impression d'une pauvre croix toute maigre, sans larron ni Christ dessus». Et les perspectives qu'ouvrent ces indications sur un monde symbolique nous font comprendre que, sur un banal canevas de mélodrame et dans une structure apparemment linéaire et d'une extrême simplicité, Marcel Dubé a voulu peindre un drame humain complexe et profond; dans un décor quasi réaliste, c'est un drame poétique — d'une «poésie discrète[13]», dit encore l'auteur — qu'il faut voir en *Zone*.

Cette «poésie discrète», c'est moins — comme chez Giraudoux par exemple — au lyrisme de certains dialogues, ou à l'expression particulièrement nuancée et imagée du sentiment et du rêve qu'il faut l'attribuer, qu'à l'atmosphère générale de la pièce: ambiance de jeux interdits, créée dès le lever du rideau par «le son grêle de l'harmonica» (p. 36) dont joue Moineau — ce personnage maladroit, bon enfant, au visage plein de rêve et qui fait la contrebande non pas, comme les autres, pour s'acheter un jour une belle maison et une grosse voiture, comme les gens riches, mais «pour apprendre la musique», pour s'acheter «une autre musique à bouche»... «une vraie, une plus longue avec beaucoup de clés et beaucoup de notes». (p. 88-89) L'harmonica de Moineau, comme la boîte renversée servant de trône à Tarzan ou la foi naïve et totale des personnages, nous situent d'entrée de jeu dans un univers d'enfants jouant au paradis: univers fermé et clandestin, à l'image de cette cache bien gardée qui sert d'entrepôt aux cigarettes, et de banque pour les profits réalisés et mis en commun. Univers délimité par les hangars et par la ruelle: y pénétrer, c'est franchir une frontière, passer de la vie réelle à celle du rêve.

C'est pourquoi, du reste, ces adolescents jouent tous double jeu. Chacun — et le chef y insiste — travaille de son côté, comme tout le monde: employé d'usine ou livreur, chacun a un emploi dans la vie et dans le système anonymes des adultes. Mais cela sert simplement à mieux protéger leur vie secrète: celle où ils cessent même de s'appeler Arsène Larue, François Boudreau ou René Langlois, pour devenir Tit-Noir, Tarzan, Passe-Partout et Ciboulette. Agacé par ces noms qui le font passer de l'ornithologie au jardinage ou au cinéma, l'un des policiers dira: «Vous êtes pas capables de vous appeler comme du monde?» (p. 115) Et il montre bien par là qu'il n'a rien compris et que, par conséquent, l'univers du rêve demeure inviolé. On aura beau condamner à mort un dénommé François Boudreau, on ne pourra rien contre Tarzan.

Ou plutôt si, Tarzan mourra. Mais pas en prison: dans le paradis qu'il avait créé, et entre les bras de Ciboulette. Ciboulette qui, penchée sur le corps inanimé de Tarzan, dira: «Dors avec mon image dans ta tête. Dors, c'est moi Ciboulette, c'est un peu moi ta mort... Je pouvais seulement te tuer et ce que je pouvais, je l'ai fait...» (p. 178) Paroles étonnantes, énigmatiques, et d'une extrême justesse: Ciboulette incarne pleinement le rêve, et c'est par et dans son rêve que Tarzan meurt.

Ce monologue de Ciboulette marque en quelque sorte un double aboutissement. Nous sommes toujours dans cet univers de «poésie discrète», dans ce monde poétique de l'enfance; et la mort de Tarzan signifie l'impossibilité du rêve, la victoire définitive et fatale du réel sur le rêve. «Je vous avais promis un paradis», dit Tarzan aux autres avant de mourir, «j'ai pas pu vous le donner et si j'ai raté mon coup c'est seulement de ma faute». C'est en pensant à Passe-Partout qu'il dit cela, à celui qui a trahi[14]. «Si Passe-Partout m'avait pas trahi, précise-t-il, ils m'auraient eu autrement, je le sais». (p. 172) Et la raison en est simple: les paradis ne sont pas de ce monde. Il fallait à la fatalité un instrument pour le détruire, et Passe-Partout, le seul qui n'ait pas cru pleinement au rêve, le seul à briser les conventions en ne travaillant pas à l'usine et en «volant pour vrai» l'a été. Mais comme *tous* les paradis, celui-là était de toute manière voué à l'échec.

Ce qui rend plus tragique, cependant, le dénouement de la pièce et qui explique en même temps le ton, nettement plus lyrique, du troisième acte et du monologue final, c'est qu'il signifie également l'impossibilité de l'amour. Ce thème, le plus discret peut-être dans cette pièce, en est pourtant l'un des plus importants. Il évolue lentement d'abord, comme en contrepoint de l'action dramatique. On le devine, à la manière dont Ciboulette admire et défend Tarzan contre Passe-Partout; et déjà se dessine cette force du destin qui, en Passe-Partout, détruira à la fois le rêve et l'amour. Un autre personnage, Tit-Noir, ayant compris la beauté et la fragilité de cet amour, pressent ce drame. «Un jour», dit-il à Ciboulette, «tu voudras lui avouer ton amour, et il sera trop tard, ça sera plus possible...» (p. 48) L'aveu ne viendra, justement, que ce jour où il est trop tard. Il reste que, dès la fin du premier acte, ce thème de l'amour impossible entre Tarzan et Ciboulette est devenu le ressort secret de la pièce. À son retour, les paroles que Tarzan échangera avec les autres, et surtout avec Ciboulette et Passe-Partout, seront chargées d'une double signification. Au-delà des ordres qu'il donne, des consignes qu'il lance, on entendra ces «mots d'amour», qu'il ne dit pas, qu'il cache, avait dit Tit-Noir, «dans le fond de sa gorge». Et de ce réseau de jeunes contrebandiers, dont le centre et le chef demeure Tarzan, on peut déjà détacher un second groupe, une sorte de triangle amoureux conçu selon une tradition établie par l'épopée, où l'on retrouve le héros et le traître, amoureux rivaux; cette fois le centre de ce groupe n'est plus le chef, mais la jeune fille qui fait l'enjeu de cette rivalité: Ciboulette, jeune héroïne à part entière de ce drame. Si Tarzan construit ce paradis du rêve où l'enfance cherche à se perpétuer, Ciboulette y introduit l'amour et, par conséquent, le rêve d'un bonheur pleinement adulte.

Voilà qui élargit considérablement la signification de la pièce: *Zone* est plus que ce drame d'adolescents vivant, écrit l'auteur, «la triste agonie de leur adolescence» (p. 185), c'est l'évocation, à travers ce drame, de Tristan et Iseult. Mais l'unité exige que ces deux aspects du drame soient intimement liés: ils le sont, à partir du deuxième acte. Le «procès» — c'est le titre que l'auteur a lui-même donné à l'interrogatoire que les policiers font subir aux membres du groupe, à tour de rôle — doit permettre aux policiers de faire la lumière sur le réseau de contrebande et sur le meurtre du douanier. L'interrogatoire se déroule d'abord selon les techniques policières habituelles; mais tout converge progressivement vers la comparution de Ciboulette. La première, elle apprendra qu'un douanier a été tué et elle se rappellera tout à coup les paroles de Tarzan, à son retour de la frontière: «On n'est pas des assassins nous autres... on n'est pas des criminels... on n'a jamais tué personne.» (p. 64) Dès ce moment, c'est visiblement en amoureuse qu'elle témoigne, cherchant à protéger moins le groupe que Tarzan; c'est pourquoi elle tentera de mettre les policiers sur une fausse piste, en racontant que quelqu'un venait leur livrer les cigarettes. À son tour, lorsque Tarzan entrera en scène, ce sera en amoureux se portant farouchement à la défense de Ciboulette. L'un et l'autre demeurant isolé, ne s'étant pas encore avoué mutuellement leur amour; mais déjà c'est l'amour qu'ils se portent l'un à l'autre qui est le grand ressort dramatique de la pièce, et non plus l'appartenance secrète et magique au groupe.

Au troisième acte, d'ailleurs, le groupe lui-même a perdu son âme. Passe-Partout tente de combler le vide en s'imposant comme chef. Mais la foi est perdue: même Moineau, avec une sorte de cynisme involontaire, reconnaît la fin de son rêve. Chacun vient à tour de rôle partager l'attente de Ciboulette, laquelle s'obstine à demeurer au «paradis», s'accrochant à la fois à son rêve et à son amour. Pour elle seule Tarzan demeure un héros invincible. Or lorsqu'il reviendra, s'étant enfui de prison dans le seul dessein de revoir Ciboulette pour lui avouer son amour, Tarzan lui-même cherchera à ébranler sa foi:«Réveille-toi, Ciboulette, c'est fini tout ça... je m'appelle François Boudreau, j'ai tué un homme, je me suis sauvé de prison et je suis certain qu'on va me descendre.» (p. 171) Renoncer à son nom de contrebandier, retrouver son «vrai nom», c'est avouer l'échec du paradis, se «réveiller» d'un rêve soigneusement construit, et qui ne survit que dans le regard et l'étrange sourire illumimé de Ciboulette. Mais si Tarzan redevient François Boudreau, non plus pour l'ordre judiciaire mais pour Ciboulette, c'est que le moment était venu, pour lui, de quitter l'enfance et ses jeux interdits pour accéder à l'âge de l'amour, d'abandonner le cercle des amitiés magiques, pour former, ne serait-ce qu'un instant, un couple d'amoureux: «Je suis pas venu ici, dit-il à Ciboulette, pour trouver de l'argent, je suis venu pour t'embrasser et te dire que je t'aimais». (p. 171)

L'action dramatique de ce dernier acte ne repose donc plus sur le groupe d'adolescents rassemblés dans un paradis magique, mais sur l'amour romantique de deux êtres qui ne se retrouvent qu'au seuil de la mort. Et l'on ne s'étonne pas qu'à la fin Ciboulette, comme Iseult à la mort de Tristan, se couche sur le corps inanimé de Tarzan: c'est là le couronnement et l'expression mythique de l'amour romantique, l'amour impossible que la mort vient grandir et rendre éternel. «Y'a qu'une Ciboulette, avait dit Tarzan, qui est à deux endroits en même temps: devant moi et dans ma tête. Devant moi pour une minute et dans ma tête pour toujours.» (p. 167) Image étonnamment juste à la fois d'un amour qui meurt sans mourir, et de la pièce elle-même qui, construite au départ sur le seul groupe dirigé par Tarzan, se prolonge à la fin dans cette seconde action dramatique qui a fini par dominer la première: et si la petite contrebandière Ciboulette meurt symboliquement, avec son chef, Ciboulette l'amoureuse lui survit, à travers sa mort.

Tout ceci nous démontre assez clairement, je pense, que *Zone* ne se résume pas à une simple histoire mélodramatique de jeunes contrebandiers, non plus qu'à l'histoire d'une amourette. *Zone* est le drame poétique du rêve et de l'amour. Tarzan et Ciboulette, personnages identifiés, par le langage et l'anecdote, à un milieu sociologique, s'en détachent comme d'authentiques figures mythiques. Surtout Ciboulette, peut-être, dont je n'hésiterais pas à faire le personnage axial de cette œuvre: mieux campée que Tarzan, plus que lui nécessaire à l'unité dramatique de cette pièce, elle a la dureté et l'obstination, la fidélité indéfectible qui font les grandes héroïnes. De tous les personnages qu'a créés Dubé, Ciboulette est sans aucun doute celui qui ressemble le plus aux personnages d'Anouilh: on dirait une Antigone ayant juré fidélité au rêve, et n'acceptant d'y mêler l'amour qu'au moment où l'un ne saurait se prolonger sans l'autre — où, en fait, l'un et l'autre sont emportés par une même fatalité. Il faut noter que seuls Ciboulette et Moineau — et Moineau c'est la musique, c'est la poésie elle-même — ne divulgueront jamais leur «vrai nom»: symboliquement, Ciboulette demeurera donc celle qui refuse tout compromis avec la «vie réelle».

Il ressort également de l'analyse qui précède que la structure de cette pièce n'est pas aussi simple et banale qu'il y paraît au premier regard. Avec une grande économie de moyens, il est vrai, et un rare sens de la technique dramatique, le jeune auteur a su manier tous les éléments de l'intrigue — l'affaire de la contrebande et la naissance de l'amour tragique — et les faire évoluer selon une progression discrète, mais nette. Grâce au personnage de Ciboulette, ce thème de l'amour malheureux, comme en attente au premier acte, s'intègre peu à peu si fortement à l'action dramatique qu'à la fin il la domine. De la sorte, cette pièce — sa division en trois actes, mais sans découpage en scènes ou tableaux offrait le danger d'une évolution trop linéaire et monotone — ne connaît à peu près pas de temps faible, le rythme dramatique imposé par la progression de l'intrigue policière se trouvant toujours repris et doublé par le thème de l'amour malheureux. En somme, structure semblable à celle de la fugue musicale où deux thèmes alternent d'abord, et se rejoignent dans la mélodie finale. Chacun des trois actes de la pièce, du reste, porte un titre dont il ne faut pas négliger l'importance: «le Jeu», «le Procès», et finalement «la Mort» sont à chaque fois comme un signe à la clé, précisant le rythme mélodique, dégageant l'évolution de la pièce et sa signification essentielle.

L'intérêt de la pièce, bien évidemment, ne saurait donc tenir à son réalisme sociologique. On sait que le titre a été suggéré à Dubé par un quartier particulièrement pauvre de Montréal qu'on appelait «la zone». Et voilà bien le milieu sociologique, plus désespéré et moins structuré que le Saint-Henri de *Bonheur d'occasion*, qui sert de lieu géographique et de toile de fond réaliste à la pièce. Mais à cela, ou presque, se limite la part du réalisme sociologique dans la pièce. À preuve, ces mots du chef de police, à la fin du deuxième acte: Tarzan, dit-il, est «surtout un pauvre être qu'on a voulu étouffer un jour et qui s'est révolté... Il a voulu sortir d'une certaine zone de la société où le bonheur humain est presque impossible.» (p. 138) Zone de misère et de malheur, rêve de bonheur humain: voilà où se situe le drame, lequel pourrait sans difficulté s'imaginer ailleurs, dans un autre milieu historique ou géographique. L'on a si souvent parlé du théâtre réaliste de Dubé qu'il importait, ici, de dissiper tout malentendu possible au sujet de *Zone*[15].

C'est pourquoi, s'il est un reproche qu'on peut adresser à l'auteur, c'est de n'avoir pas assez soigné le langage. Il se peut qu'à l'époque de la création, en 1953, on ait davantage senti l'accord du langage et du milieu, ou que le jeu des comédiens ait su créer le juste équilibre désiré. À la lecture de la pièce, cependant, il devient évident que, loin d'être nécessaire à l'expression poétique du drame, le langage le dessert souvent. Entendons-nous bien! ce n'est pas que le langage soit incorrect ni que le langage populaire soit incompatible avec la poésie. C'est que Dubé n'a pas su conserver partout les mêmes normes, créant ainsi des écarts regrettables. Dans une même réplique, par exemple, Ciboulette dira: «*Y* ont dit qu'ils feraient vite. *Ils* savent que tu t'es évadé.» (p. 162) Détail sans grande importance? Oui, s'il s'agissait de refléter le langage souvent approximatif que nous parlons tous les jours. Il fallait au contraire créer un langage à la fois simple, populaire, et recherché, qui ne détruise jamais l'atmosphère poétique. Or, l'accumulation de semblables incohérences, infimes en soi, fait que le charme est souvent rompu, que le ton juste de la pièce n'est pas soutenu. Autant il importe que les personnages demeurent ce qu'ils sont (des adolescents issus d'un milieu populaire et parlant sa langue), autant il importe aussi qu'ils ne cessent pas un seul instant de projeter l'image de jeunes héros exemplaires dont le drame transcende le milieu. Cela suppose, au niveau du langage, un équilibre assez difficile à atteindre, une sorte de stylisation du langage, spontané et populaire, de sa syntaxe, de ses images. Stylisation dont le monologue final de Ciboulette offre l'exemple d'une belle réussite: «Dors mon beau chef, dors mon beau garçon, coureur de rues et sauteur de toits, dors, je veille sur toi, je suis restée pour te bercer...» (p. 178) Il suffirait de peu de chose pour que toute la pièce atteigne à cet équilibre, à cette sorte de raffinement du langage sobre et rudimentaire, mais riche en évocation poétique[16].

### Un simple soldat

De conception et d'inspiration fort différentes, *Un simple soldat* pose autant que *Zone* le problème du langage. Peut-être cependant est-ce affaire de goût plus que de cohérence, de bienséance plus que de vraisemblance. Trivial, dru et coloré, truffé de jurons, ce langage semble parfaitement adapté au milieu populaire qu'on nous présente et, surtout, au personnage truculent et pathétique qui domine cette pièce. Aussi, qu'on en soit ou non choqué, il faut convenir qu'il apparaît comme la transposition vraisemblable, et acceptable sur scène, de la langue que l'on parle tous les jours dans un quartier défavorisé. À condition, toutefois, que le metteur en scène et les comédiens ne misent pas trop sur la «couleur locale» ou la fresque populaire, au détriment du drame intérieur du héros[17].

Ce drame est l'un des plus profondément émouvants du répertoire québécois: celui de Joseph Latour, simple soldat. Dans la vie de tous les jours, jamais content de rien, ni de personne. Il est de ceux-là qui veulent tout, ou rien: il n'a rien ou qu'une suite d'échecs plus ou moins recherchés et cultivés. Pourtant si, autre chose: dans cette vie où la tendresse se déguise en violence et la quête d'amour en un cynisme agressif, une amitié fruste — celle d'Émile, le fidèle compagnon d'infortune — et l'amitié émouvante — et équivoque — d'un frère pour sa sœur, comme d'un père pour une fille, mais aussi, paradoxalement, comme d'un fils à sa mère. Un seul rêve, un seul idéal, quand il est sobre et lucide: «Faire quelque chose de mes mains. Faire quelqu'un de Joseph Latour». «Ou bien, ajoute-t-il, aller crever quelque part dans un pays que je connais pas[18]».

S'il meurt effectivement dans un pays lointain, en simple soldat, ce n'est donc pas par simple goût du risque et de l'aventure, mais parce qu'il constate un échec:

> Regarde-moi, Émile, regarde-moi! J'ai jamais rien fait de bon dans ma vie. J'ai jamais été autre chose qu'un voyou. J'avais une chance devant moi tout à coup, ma première chance, je l'ai manquée. Je suis resté ce que j'étais: un voyou, un bon-à-rien. (p. 43)

Fainéant, malotru, bon-à-rien, voyou: autant de qualificatifs qui lui conviennent. Quand on les lui lance comme des injures, il encaisse et fait semblant d'en rire: seuls Fleurette et son père — son ami Émile aussi, peut-être — devineront la sensibilité meurtrie qu'il cache derrière ce rire froid et dur. Mais si on le traite de «soldat manqué», il bondit, piqué à vif, offensé dans sa seule fierté et son honneur. Il n'y a pas lieu de s'étonner de cet apparent paradoxe. Joseph Latour, fils d'Édouard et beau-fils de Bertha, jeune désœuvré d'un quartier pauvre de l'est montréalais, est déjà marqué irrémédiablement par son passé, un passé que l'on peut dater de manière précise: «À l'école, rappelle son père, il arrivait pas le premier mais ses rangs étaient bons... Et puis, tout à coup, crac! en quatrième année, quand sa mère est morte.» (p. 116) Tout à coup, une brisure, une fatalité qui s'acharne sur un enfant dépossédé: voilà ce qui fait de Joseph Latour un «bon-à-rien», mais un bon-à-rien pathétique provoquant, plutôt que le mépris, la pitié réservée aux âmes d'enfants. Or ce passé est irrécupérable: voilà pourquoi Joseph ne s'indigne pas lorsqu'on le traite de vaurien, parce que cette vie de raté n'est pour lui que l'envers d'une médaille dont l'avers porte le portrait d'une mère morte, et l'image d'une famille détruite. Joseph Latour, simple soldat, c'est au contraire la vie telle qu'elle peut se réaliser dans le présent et l'avenir, mais dans une sorte de sublimation héroïque de son drame. Devenir soldat c'est, comme il le dit lui-même, «marcher dans le rang» (p. 24), mais par un choix délibéré: le choix d'un homme seul qui cherche à «faire quelque chose» de lui-même, à se réaliser comme individu, à l'intérieur d'une famille retrouvée.

Voilà ce qu'il laisse entendre, du reste, à son ami Émile, lequel ne comprend pas que, opposé à la conscription, il se soit quant même enrôlé:

> J'étais contre la conscription, Émile, parce que le Québec avait voté contre au plébiscite. Puis après, quand je me suis enrôlé, c'est pas pour le roi d'Angleterre que je serais allé me battre, c'est pour moi-même, pour moi tout seul. Mais depuis que je suis haut comme ça, je sais pas ce qui joue contre moi, je réussis jamais rien. (p. 44)

Se battre « pour lui tout seul»: donc vivre intensément son destin à lui, en prendre possession pleinement. C'est le seul idéal qui compte pour lui, la seule grandeur possible;

c'est aussi le seul échec qu'il redoute vraiment. Rater sa vie? C'est déjà fait, et il n'y est pour rien. Mais devenir un «soldat manqué», alors que cette vie est la seule à laquelle il veut s'identifier — au point de s'attacher par exemple, comme à un fétiche, à sa vareuse de soldat — ce serait le seul échec dont il se sente responsable, et l'écroulement total de son unique rêve d'homme.

On peut cependant se demander quelle est la signification de ce combat. Se battre «pour lui tout seul» est-ce pour Joseph Latour un moyen de se prouver à lui-même sa valeur humaine: se prouver qu'il est pas vraiment un «vaurien» et un «voyou», se donner une identité propre et qui ne soit pas celle du fils d'Édouard et beau-fils de la grosse Bertha? Oui, sans doute. Comme cette vie représente, pour lui, l'ouverture sur le «vaste monde» et le moyen d'échapper à l'univers fermé et stagnant du quartier natal. Mais la signification de ce combat est, je crois, plus complexe et plus profonde. Car il s'agit non pas d'échapper à son drame d'enfant dépossédé, mais de le vivre en intensité, de le transposer et de le sublimer. En somme, j'y vois le symbole d'un corps à corps avec la fatalité, avec Dieu peut-être. Cette signification nous est très nettement suggérée dans un dialogue avec Émile. Nous sommes au quatrième acte, et Joseph se saoûle, buvant l'argent de sa première paie qu'il devait remettre à son père. Il le fait, dirait-on, avec une sorte de délectation, en y appliquant une détermination consciente. Émile ne comprend pas, tant ce manque à une promesse formelle à son père lui paraît grave autant qu'absurde. Joseph lui explique, justement, qu'il se révolte contre un destin, une force dont il est victime, comme son père:

> ...Je me sacre de mes dettes, je me sacre de tout le monde... Mais lui, lui le père, avec son grand visage de chien battu... Y a quelqu'un qui a triché quelque part, y'a quelqu'un qui fait que la vie maltraite toujours les mêmes! Y'a quelqu'un qui a mêlé les cartes, Émile, va falloir le trouver. Va falloir le battre à mort, Émile... Ça

fait assez longtemps que je le cherche! Je vais le trouver! Je vais le trouver! J'en ai assez de traîner l'enfer derrière moi. (p. 119)

«Quelqu'un» qui a mêlé des cartes, et qu'il va falloir trouver. Quelqu'un qui a triché, qui a porté sur lui une malédiction à laquelle il ne peut échapper. Mais qui, sinon une fatalité, une force inconnue, insaisissable, et qui lui fait «traîner l'enfer» derrière lui? À cette fatalité, il sait qu'il ne saurait échapper; son tempérament le porte, du reste, à engager le combat, quitte à en finir au plus tôt. C'est le sens, symbolique, de cet engagement dans l'armée, «pour lui tout seul». Il a choisi lui-même les armes et le terrain, comme il provoquera le corps à corps fatal. «Pour un gars comme Joseph, dira son ami Émile, il va toujours y avoir une guerre à courir, un coin de pays du bout du monde pour risquer sa peau.» (p. 140) Et Fleurette, en apprenant la mort de Joseph: «Y est mort comme y a voulu... Comme un simple soldat. Tant mieux pour lui.» (p. 141) Tant mieux en effet, car il cesse enfin, ainsi, de traîner l'enfer derrière lui, ayant enfin trouvé celui qui a triché.

Le «simple soldat» meurt, mais *après* Joseph Latour. Car Joseph, fils d'Édouard, est mort déjà depuis que son père lui a dit: «pour moi, t'es plus personne.» (p. 131) Cela compte, car cette pièce pourrait, à l'instar de la pièce d'Éloi de Grandmont, porter en sous-titre «Un fils à tuer». Qu'on songe seulement à la tendresse douloureuse de Joseph pensant au père, «avec son grand visage de chien battu...» Le drame de Joseph, c'est aussi celui d'un fils s'identifiant au père. Cette identification devrait être exaltante, car le père recherché est toujours un héros. Tout au contraire, ici, le père est un vaincu, victime lui aussi, à sa manière, d'une fatalité. Aussi, à la tragédie que représente dans la vie de Joseph la perte de sa mère, s'ajoute celle de l'impossible identification à l'image du père. Armand reprochera à Joseph de provoquer, par ses incartades répétées et sa dureté, la mort de son père. Ce n'est pas tout à fait juste: symboliquement encore, Joseph ne fait que *constater* la mort du père ; en même temps, il comprend que cette mort est un peu la sienne. «Ce que t'attendais de moi, dit-il devant le cercueil de son père, j'étais pas capable de te le donner.» (p. 136) Et cela est juste; mais c'est aussi parce qu'il ne l'avait pas reçu de celui-là seul qui pouvait l'en rendre capable: son père. Cercle tragique de la vie impossible, que la mort ne fait que prolonger.

On aura reconnu, dans ce thème de la recherche du père, l'un des grands thèmes de la littérature américaine contemporaine. Et tout particulièrement l'influence du dramaturge Arthur Miller, dont Marcel Dubé avait du reste adapté, pour la télévision, *la Mort d'un commis-voyageur*[19]. Au-delà des intrigues, très différentes l'une de l'autre, les ressemblances sont nombreuses entre les deux pièces: même tourment émotif et presque muet dans la recherche obscure d'un père qui soit un héros et un dieu; même démystification, aussi, de cette figure du père. Dans les deux cas, il est évident que cette quête d'identification reflète une société dominée par la mère, où le père ne joue pas au sein de la famille le rôle du chef, où il n'est même pas «présent». À la différence de la pièce de Miller, toutefois, le père représente lui-même, ici, un groupe culturel: la collectivité canadienne-française. Édouard représente l'ouvrier canadien-français dominé par une autorité anglophone, et soumis à son sort[20].On lui enlève son camion et, au lieu de lui confier des responsabilités, on lui demande de coller des étiquettes. «Je me compte encore chanceux», dira-t-il à Joseph, parce qu'après tout, un travail humiliant vaut mieux que la vie de chômeur. Mais Joseph ne voit pas les choses du même œil: «T'avais tout ce qu'il faut pour être un chef; c'est parce que c'est une maudite compagnie d'Anglais.» (p. 23) Ne demandons pas à Joseph Latour de nuancer son jugement, de comprendre que, sans être un chef peut-être, son père aurait eu droit au simple respect dû aux hommes. Là comme ailleurs, il est entier. Autant son père est soumis, acceptant l'échec et l'humiliation, autant Joseph se révolte, avec violence toujours, et sans respect des convenances, sans se soucier des lendemains. Avec les grévistes d'Alberta, avec ceux d'Albestos, il se battra. Mais la révolte qu'il voudrait provoquer, c'est celle de son père: contre Bertha, d'abord, parce qu'elle a usurpé la place de sa mère au sein de la famille; contre ses employeurs anglais, surtout, parce qu'ils ont asservi un peuple. Joseph Latour est donc, plus qu'un révolté, une sorte de révolutionnaire; et son drame, plus qu'un drame personnel, est celui d'une société. La fatalité, qui pèse sur son père et sur lui, écrase une collectivité tout entière.

Voilà la juste et totale perspective dans laquelle il fallait situer *Un simple soldat,* avant de s'interroger sur sa structure, laquelle ne se justifie, bien sûr, que par rapport à la signification totale de la pièce.

Au lendemain de la première de la pièce, en 1958, un critique reprochait à l'auteur «d'éparpiller» l'étude du héros, de sa «passion à travers trop d'épisodes, trop de tableaux[21]». Et s'il s'agissait seulement de décrire la tragédie d'un personnage, le reproche serait fondé. Mais si l'on se rappelle que Joseph Latour incarne également ce qu'un autre critique appelait «la colère de l'homme conscient d'une humiliation socialement congénitale[22]», le découpage de la pièce en quatre actes et en vingt-trois tableaux, de même que le prolongement de l'action dramatique sur une durée de six ans, s'expliquent par la nécessité de situer ce personnage dans une sorte de fresque sociale, et réaliste. La présence de certains personnages secondaires — Tournevis et Pitou, voyous du quartier, la mère Brochu, commère tout occupée au soin de ses chats — ne se justifie que dans cette optique: ils n'ont aucune part à ce que l'on pourrait appeler l'action dramatique, mais ils accentuent le réalisme, la peinture d'époque, où il importait de situer Joseph Latour. Ainsi, par la mère Brochu, une critique des attitudes religieuses de l'époque est amorcée, alors que la petite pègre de quartier est représentée par Tit-Mine, Marguerite et Dolorès. Le bar que fréquente Joseph et le salon de la famille Latour — les deux lieux dramatiques importants de la pièce — représentent, eux, les deux pôles d'attraction d'une société repliée sur elle-même: la maison, lieu de l'intimité familiale, mais réduit à un lieu de passage où l'on ne vit plus; le grill, lieu où l'on se donne l'impression de vivre, d'une vie luxueuse et factice, en buvant un scotch qu'on a commandé en anglais au *waiter*. Sont attirés par le pôle familial, Bertha et Armand[23]: ceux qui passent leur vie, dirait Joseph, «à étouffer dans le même p'tit coin», et qui vieillissent «sans rien apprendre». (p. 83) Attirés par l'autre pôle, Marguerite et Dolorès, les prostituées, Joseph et Émile (ceux qui refusent d'étouffer, mais qui ne débouchent pas vraiment sur la vie) et Édouard qui, lui, retrouve ses amis à la taverne pour oublier qu'il a cessé de vivre. Entre les deux, Fleurette et son ami Ronald: la génération montante, dont on sent bien qu'elle sera un jour happée par l'un des deux pôles. Donc, un univers partout bloqué, stagnant. Tableau partiel, mais véridique, d'un «quartier prolétarien de l'est de Montréal», au lendemain de la deuxième guerre mondiale. Et au milieu de cette fresque, lui donnant une certaine cohérence, un seul personnage dont le drame personnel se joue à l'intérieur de ce milieu: Joseph Latour.

En fait, il n'y a pas que la peinture qui soit réaliste; la structure elle-même l'est. On ne trouve pas, en effet, dans cette pièce, une action dramatique et cohérente qui réunisse en un faisceau tous les éléments, tous les personnages. Il s'agit bien, selon l'idéal proposé jadis par Zola, d'une «tranche de vie». De son retour à la vie civile en 1945, à sa mort en Corée six ou sept ans plus tard, on nous décrit dans leur ordre de succession les péripéties de la vie de Joseph Latour: problèmes familiaux, travail comme vendeur d'autos usagées chez Tit-Mine, séjour à Hamilton, aventure d'Asbestos, l'accident, l'emprunt, son travail à la station-service, la mort de son père, son départ pour la Corée, sa mort. On apprendra en même temps, bien qu'avec moins de détails, ce qui arrive à Émile, à Marguerite, à Fleurette, et même à la mère Brochu qui a perdu un chat. Autant de considérations ou d'événements reliés d'assez loin au drame intérieur que vit Joseph et qui montrent la vie réelle, dans toute sa trivialité et sa banalité[24].

De par cette construction particulière, *Un simple soldat* est sans doute la pièce la plus pleinement réaliste de Marcel Dubé. Mais au centre de cette fresque grouillante et mobile[25] se détache, forte et émouvante, la figure de ce héros tragique qu'est Joseph Latour. Schématiquement, on pourrait représenter cette situation de Joseph dans la pièce par trois cercles concentriques. À la périphérie, c'est le milieu, le quartier — les scènes parallèles et secondaires de la fresque. Le second cercle, plus intime et nécessaire, celui de la famille Latour et de l'ami Émile, seuls personnages absolument nécessaires à la pièce. Enfin, au cœur et au sommet, Joseph Latour, seul porteur du drame et seul facteur d'unité dramatique de la pièce. Il est évident, d'ailleurs, que si la pièce conserve un intérêt, plusieurs années après sa création, c'est grâce à l'extraordinaire présence dramatique de Joseph Latour, à ce héros pathétique, victime, précisément, d'un destin représenté à la fois par la famille et par le milieu qui l'entourent.

### Bilan

Avec *Un simple soldat*, et bien que l'on n'ait pu le soupçonner à l'époque de sa création, un nouveau thème et une nouvelle technique dramatique pénétraient dans le monde de Marcel Dubé. Joseph crie son indignation, sa souffrance, son désespoir. À travers tout cela, cependant, il cherche surtout à faire éclater la vérité, à dévoiler le vrai visage des hommes: quête passionnée d'authenticité qui se transformera bientôt, dans les pièces suivantes, en un *jeu de la vérité* tantôt systématique — c'est le cas évident d'*Au retour des oies blanches* — tantôt plus discret, intégré plus secrètement aux rouages de l'intrigue, comme dans *les Beaux Dimanches* et *Bilan*.

Nous nous éloignons, avec ces pièces, du théâtre poétique et nous quittons le réalisme des quartiers populaires. Nous sommes ici en milieu bourgeois, dans une luxueuse maison avec grand jardin. Que s'y passe-t-il? On y discute affaires, femmes, voitures, argent. Les jeunes affichent leurs liaisons et semblent occupés à jouir de la vie, plutôt que de la «gagner», comme on dit; les moins jeunes ont, ou ont eu leurs liaisons, mais ils se soucient davantage de n'en rien laisser voir: ils sont trop occupés, du reste, à regretter les beaux jours passés, à tromper leur ennui, à se convaincre que leur vie a été glorieuse, sinon sans tache. Voilà l'univers dont Marcel Dubé dresse un *bilan*. Ici encore, les gens ne sont pas heureux. Mais entre les misères des bas-quartiers et celles des gens riches, l'on s'aperçoit que l'auteur a mis une énorme distance: celle de la pitié, de la sympathie ardente. Aux premiers il l'accorde, sans doute parce que le maheur est chez eux une fatalité endémique et que, peut-être, il leur ressemble. Les bourgeois, il les peint avec une grande froideur, presque avec dureté: peut-être parce qu'ils ne savent pas aimer.

Différence d'attitude envers les personnages qui se traduit également par une conception nouvelle de la fin tragique: les bourgeois ne sont pas condamnés à mourir, mais à vivre. Le dramaturge le précise lui-même, dans un paragraphe d'introduction à *Bilan*:

> La mort purifie. Elle est comme le feu. Ciboulette n'étreint plus que des braises et de la cendre lorsqu'elle se couche sur le corps de Tarzan à la fin de *Zone*. Chez William, la tragédie s'accomplit dans une toute autre situation: celle qui le condamne à vivre. Parmi des tricheurs. Dans la peau boursouflée d'un raté qui n'a pas pris conscience à temps de sa déchéance morale[26].

Si l'on ajoute que Dubé a conçu le personnage de William comme un personnage «à la fois burlesque et tragi-comique», il devient évident que ce tragique-là se rapproche du courant contemporain dont nous avons parlé au début de ce livre, celui d'Ionesco ou de *Qui a peur de Virginia Woolf*. La vie est elle-même la plus grande des tragédies, la mort serait une libération ou une purification, pour qui se retrouve prisonnier d'un destin médiocre qu'il a lui-même préparé.

Une sorte d'enfer, mais l'enfer, c'est à la fois les autres et soi-même. Joseph Latour le traînait derrière lui. William Larose et les autres bourgeois l'aperçoivent un jour devant eux: ils y sont entraînés implacablement, et condamnés à y vivre [27]. Sauf, s'il y en a, les purs, ceux qui refusent d'entrer dans la société bourgeoise. C'est le cas, dans *Bilan*, d'Étienne et Élise: figures poétiques et fraîches encore intactes et refusant la fausseté bourgeoise. Ils meurent ensemble, alors même qu'ils fuient cet univers. Étienne, dira William, «est parti trop jeune... j'ai pas eu la chance de le ramener à la réalité». (p. 139) Et c'est bien la preuve que la mort représente ici le salut, la libération: car la «réalité» dont parle William, il apprendra lui-même qu'elle n'apporte que l'échec, la haine, l'ennui.

Dans cette perspective, nouvelle dans l'œuvre de Dubé, que représentent *Bilan*, *les Beaux Dimanches* et, dans une certaine mesure, quelques autres pièces ou téléséries — je pense par exemple à *Virginie* — l'intérêt dramatique tient essentiellement à la provocation progressive, chez le personnage central, d'une prise de conscience. Il s'agit en quelque sorte de le cerner, de le forcer dans ses derniers retranchements. Ainsi, dans *les Beaux Dimanches*, Victor perdra progressivement sa tranquille et inconsciente assurance à mesure que les amis réunis lui révéleront la laideur du monde où il vit; alors seulement il prendra conscience de sa solitude, comprenant tout à coup que sa femme Hélène et sa fille Dominique sont pour lui des étrangères, et que ce qu'il prenait pour de l'amour n'était que de la haine ou de l'indifférence.

C'est dans *Bilan*, toutefois, qu'on trouve la montée la plus nette, la plus progressive, vers cette prise de conscience finale et tragique. William Larose est un riche industriel, au sommet de sa puissance. Il a le sentiment d'avoir réussi sa vie. À tous ceux qui l'entourent, au bureau comme à la maison, il commande, presque convaincu qu'on lui obéit avec plaisir. Même lorsqu'il organise chez lui une grande fête, il ordonne qu'on s'amuse. «Si quelqu'un part d'ici en disant que Joseph Arthur William Larose reçoit mal son monde» dit-il à son serviteur Albert, «je te mets à la retraite demain» (p. 52). Devant les juges et les députés, mais devant ceux-là seuls, il joue à l'humble bourgeois que de si distingués visiteurs honorent: même là, c'est un jeu, car on célèbre justement son entrée en politique, et il se vante déjà de réussir là où d'autres ont échoué, et de redonner le pouvoir au parti dont il devient l'organisateur.

En tout, donc, William Larose respire la confiance en soi, la suffisance, la toute-puissance. C'est en cela qu'il est, comme le précisait l'auteur, «à la fois burlesque et tragicomique». Dubé s'est visiblement amusé, du reste, à truffer son discours de ces formules ronflantes et bêtes auxquelles nous ont habitués les politiciens: «Ce sont les besoins du peuple qui font les grands hommes», «Faut donner un coup de barre à droite, dans le sens des traditions et de l'entreprise privée» (p. 54), «On aura beau dire, notre système, s'il n'est pas parfait, c'est encore le meilleur du monde[28].» (p. 56) Sans oublier cette bourde qui rappelle certaines sottises classiques de nos hommes politiques: «...si j'ai fait honneur aux miens par mes réussites, je peux rendre encore de plus grands services à ma province, à ma patrie, au Canada tout entier, d'un Atlantique à l'autre... » (p. 57) Que le même homme proclame encore: «Ce qui nous manque c'est la jeunesse. Moi, j'en ai à revendre» (p. 54), et il devient en effet un personnage tragi-comique. Comique, tant il est évident que cette *jeunesse* est aussi vieille que la tradition des dépouilles électorales; tragique, simplement parce qu'il se prend au sérieux, qu'il est encore seul à ignorer sa sottise, et que les vraies valeurs, l'amour, le bonheur, lui échappent[20].

Le mouvement d'encerclement commence au premier acte, dès le lever du rideau. Sa fille Suzie, au vu et au su de tous les invités, quitte son mari et part avec son amant: c'est le scandale, qui risque de ternir son image publique. Puis Étienne, le plus jeune de ses fils, quitte la maison en claquant les portes, en déclarant qu'il préfère se débrouiller seul dans la vie plutôt que de se plier aux volontés de son père. Un coup dur porté à son orgueil, sans doute: mais dans cette petite guerre, William garde espoir de gagner la dernière bataille... et le benjamin compte moins que l'aîné, Guillaume, appelé à lui succéder à la direction des ses affaires. Seule la mort d'Étienne, sur laquelle se termine le premier acte, pourra vraiment l'ébranler, lui faire soupçonner qu'il y a, dans la vie, des forces plus grandes que l'argent.

À peine... car lorsque sa femme lui reprochera de n'avoir pas su «regarder» sa famille, trop occupé à faire de l'argent, il ne comprendra pas. «Tu t'imaginais que c'était ça, l'essentiel, que c'était uniquement ça», dit-elle. Et tout ce qu'il trouve à répondre, c'est: «Tu aurais peut-être préféré rester pauvre?» (p. 116) De même, une fois encaissé le premier choc, après la mort d'Étienne, c'est à l'argent qu'il recourt pour régler les problèmes familiaux. Pour éviter, d'abord, que la mort d'Étienne et d'Élise ne fasse trop de bruit et ne nuise à sa réputation. Ensuite, pour régler du même coup les deux problèmes qui subsistent: le mariage de Guillaume qu'il faut empêcher, celui de Suzie qu'il faut «replâtrer». Pour cela, convaincre à coup d'argent l'amant de Suzie de la quitter pour faire la cour à la fiancée de Guillaume. Dans les deux cas il échoue, et son échec est d'autant plus lamentable qu'on le bat avec ses propres armes. Suzie, apprenant les démarches de son père auprès de son mari, décidera de demander la séparation définitive. Quant à Guillaume, il saisit au moins cette occasion-là de suivre l'exemple de son père. Si l'argent est une arme si efficace, il s'en servira lui aussi et fera de la surenchère, détournant 25 000 $ des fonds de la compagnie. Il ne se fera pas de scrupule pour si peu: «Moi, j'ai joué le jeu, le père, le jeu de l'argent. Celui que vous avez inventé, Gaston et toi. Celui que tu as essayé d'apprendre à mon p'tit copain Raymond.» (p. 181) Même l'arrogance de Guillaume, à ce moment, rappelle à William qu'il a lui-même préparé son échec, tant son fils lui ressemble. Ils portent d'ailleurs le même nom — William se traduit par Guillaume — et le père, qui prend plaisir et fierté à appeler son fils «junior», ne croit pas si bien dire. «Tel père, tel fils», en effet, c'est bien ainsi que William l'avait voulu; mais il n'avait pas prévu que son fils lui renverrait l'image de sa turpitude. Guillaume, plus précoce et plus lucide, a le courage de jouer plus ouvertement, et plus durement, le jeu inventé par William et Gaston.

William n'est pas au bout de sa désillusion et de sa solitude. Déçu d'abord par Étienne et Suzie, déjoué et trompé par Guillaume, il ne peut plus se leurrer sur le «bonheur d'être père» et sur la satisfaction escomptée de voir ses enfants reprendre et prolonger ses rêves, ses réussites, ses honneurs. Il lui reste deux appuis, qu'il croit inébranlables: sa femme, qu'il appelle «la vieille», et à qui il se proclame volontiers redevable de la moitié de son bonheur; son homme de confiance et meilleur ami, Gaston, à qui il doit, répète-t-il, la moitié de son succès et de sa fortune. En quatre répliques brèves, Guillaume se chargera pourtant de donner à ces deux affirmations une signification lourde d'une terrible ironie: car c'est Gaston que Margot aime, non William.

Le mouvement d'encerclement est complet, tous les appuis de William jusqu'au dernier, se sont écroulés. Il venait de demander à Gaston de préparer le bilan de ses affaires: c'est le bilan de sa vie qu'il découvre. «Je m'aperçois, dit-il, que je l'ai gaspillée pour une famille de tricheurs...» (p. 182) Cet homme apparemment heureux qu'on nous présentait, dans les deux premiers tableaux de la pièce, entouré, applaudi, célébré, parlant de ses succès passés et de ses triomphes à venir, il occupe seul la scène, à la fin du dernier acte: seul, accablé, démuni.

La révélation subite et brutale que fait Guillaume de la liaison entre Margot et Gaston, a pour effet de modifier sensiblement la signification du drame, et l'attitude du spectateur envers William. Car dans l'irrespect de l'homme, comme au jeu de l'argent, Guillaume fait de la surenchère. Et en révélant, simplement parce que cela sert ses fins à lui, le seul amour authentique et durable qui nous soit montré dans cette pièce, en détruisant Gaston, le seul personnage qui conserve le sens de sa dignité et qui soit prêt à sacrifier lucidement son bonheur et son amour à l'amitié d'un homme, il pose un geste si méprisable qu'il reporte sur lui-même toute la turpitude de son père, et l'antipathie, sinon le mépris, que le spectateur réservait jusque-là à William. Du coup, celui-ci devient simplement un personnage pitoyable; c'est-à-dire digne, tant sa chute est totale et vertigineuse, de la pitié des hommes. En ce sens aussi il cesse d'être un personnage tragi-comique ou burlesque, pour passer au rang de ces héros tragiques condamnés à vivre, «au milieu des tricheurs».

Dans l'évolution de William vers cette prise de conscience tragique, la révélation finale constitue la troisième et dernière étape de ce mouvement d'encerclement qui caractérise la structure dramatique de la pièce. L'image qu'elle évoque est essentiellement celle d'un homme traqué, enfermé progressivement dans un univers qui se referme et se rétrécit constamment. Qu'on nous présente William, au lever du rideau, à un carrefour décisif, cela est déjà symbolique. Il apparaît alors tel qu'il a voulu être et qu'il se voit: l'homme du rayonnement, de l'ouverture vers l'extérieur et vers le haut, celui-là même qui ne trouve pas ridicule de proclamer: «Ma devise a toujours été: «Excelsior» Plus haut, toujours plus haut. Vers les sommets!» (p. 57) Le déplacement géographique vers la capitale représente l'élargissement de son influence et l'orientation nouvelle de sa vie, des affaires à la politique reflète la disponibilité d'un homme aux multiples ressources. Même ceux qui l'entourent — les membres de sa famille et Gaston — sont en quelque sorte des projections et des prolongements de lui-même: telle est d'ailleurs, à ses yeux, leur seule raison d'être. C'est pourquoi il ne peut accepter que ses enfants ne lui ressemblent pas, ni comprendre que sa femme ne soit pas satisfaite de son sort. En somme, William multiplie autour de lui des images qui lui ressemblent, en lesquelles il cherche naïvement à s'admirer. Rien d'étonnant, alors, à ce que le mouvement de fermeture s'amorce dans ce cercle restreint des intimes, à partir du moment où ceux-ci rejettent cette ressemblance, ou au contraire lui ressemblent très fidèlement, mais autrement qu'il n'avait prévu. Dans le premier cas, c'est Étienne rejetant l'identification narcissique du père dans son fils; dans le second, Guillaume présentant à ce Narcisse non plus l'image de sa beauté, mais de sa laideur cachée et insupportable. Refoulé en lui-même et incapable de rayonner vers ce premier cercle qui l'entoure, il sera également incapable, on le devine, de rayonner au-delà. Voilà ce qu'exprime l'image finale: William, debout, seul au milieu de ce grand salon vide dont il vient de chasser toute sa famille. «Laissez-moi vous regarder, laissez-moi regarder vos visages... C'est la première fois que je vois vraiment vos visages», (p. 181) leur dit-il avant de les chasser, et il dit vrai: pour la première fois, il voit autre chose en eux que sa propre image, ses propres rêves et ambitions. Bien sûr, William continuera à vivre, à ambitionner le succès, les honneurs, la fortune; mais il sait désormais que cela ne changera jamais rien à son indigence profonde. Il continuera simplement à «réussir» sa vie de *raté*: voilà ce qui en fait un personnage tragique «condamné à vivre».

On a dit de cette pièce qu'elle était fondée sur le conflit des générations. Je ne le crois pas, pour la simple raison que, si l'on fait exception d'Étienne — et celui-ci meurt à la fin du premier acte — il y a peu de différence entre la génération de Guillaume et Suzie, et celle de William: simplement un durcissement de l'âme et du cœur, une utilisation plus systématique des procédés bourgeois. Le véritable conflit naît au contraire au sein d'une même génération, entre deux systèmes des *valeurs*. C'est pourquoi l'action dramatique repose, en dernier ressort, sur un triangle amoureux d'un type un peu particulier, qui réunit Margot, Gaston et William. Les valeurs sont l'argent d'une part, l'amour et l'amitié d'autre part. Seul Gaston semble réussir à harmoniser les trois, puisqu'il aime Margot mais préfère renoncer à cet amour plutôt que de sacrifier l'amitié de William, sur laquelle repose leur association en affaires. Margot jouit du luxe que procure l'argent, mais compterait pour infiniment plus le bonheur de vivre avec celui qu'elle aime: «Nous pourrions partir ensemble, toi et moi, et vivre enfin! Vivre sans étouffer!» (p. 180) Sans cet aveu de Margot, la dénonciation de Guillaume aurait été vaine; on ne l'aurait pas cru. Parce que Margot ignore la force d'une longue amitié, mais connaît plus que tous les autres celle de l'amour, la fin tragique ne sera pas évitée. Car William, lui, reconnaît la valeur de l'amitié et l'estime au même prix que l'argent, alors que l'amour lui est à peu près inconnu. «William voulait faire de la lumière, elle s'est faite» (p. 180), dira Margot. La lumière, pleine et implacable, sur une situation qui durait, déjà, depuis longtemps et qui devait fatalement réduire chacun de ces trois personnages à l'extrême solitude.

Bien sûr, cela ne signifie pas que, dans la pièce, Margot et Gaston occupent une place aussi importante que William. Celui-ci demeure, d'un point de vue dramatique, le personnage principal. S'il me paraît nécessaire de bien voir également la solitude des deux autres — et l'on pourrait ajouter celles de Guillaume et de Suzie — c'est que nous avons là une constante, dans ces quelques pièces de Dubé qui nous situent dans un univers bourgeois: être «condamné à vivre», cela veut dire aussi vivre seul, et cela vaut pour tous les personnages[30]. À la fin de *Pauvre amour*, par exemple, Françoise, qui va quitter son mari, lui dit: «Tu verras: quand la solitude est intolérable, on parvient quand même à la supporter. Et c'est de cette façon seulement que l'on change vraiment.» À quoi son mari répond: «Mais c'est une situation effroyable! — Mais non, dit-elle. Un sujet de roman un peu banal, rien de plus[31].» Rares sont les personnages capables d'assumer avec tant de froideur leur solitude. Mais tous y sont entraînés, forcés de franchir le cap de la lucidité. Au-delà, la vie continue; mais chaque moment est lourd à porter, l'illusion — celle que procurent l'alcool et le mensonge — n'étant plus possible. Le mot de la fin des

*Beaux Dimanches*, par exemple, en dit long sur cette vie. En pensant à sa femme et à sa fille, Victor dira en effet: «Qu'est-ce qu'elles ont à vouloir me tuer tranquillement[32]?» Mourir à petit feu — ou, comme le dirait Jean-Pierre Ferland, «vivre sa mort». Les pauvres aussi, ceux d'*Un simple soldat* ou de *Florence*, sont en un sens condamnés à vivre leur mort. La différence, c'est qu'ils sont moins lucides, ou qu'ils s'en remettrent plus volontiers à une sorte de fatalisme. Les bourgeois eux, n'échappent pas à la lucidité.

Ce théâtre «bourgeois» est encore réaliste, même si l'on est passé des quartiers populaires aux quartiers huppés de la ville; mais la technique ne l'est pas. Une pièce comme *les Beaux Dimanches* ressemble beaucoup, sans doute, à une fresque sans grande cohérence, et si Victor et Hélène dominent la pièce, c'est bien faiblement. Dans *Bilan* au contraire, la structure est nette, l'intrigue tissée selon une constante progression dramatique, et dominée avec force, du début à la fin, par le figure de William. Mais pourquoi lui, et non Margot? Victor, et non Hélène? Dans l'une et l'autre pièce, pourtant, il s'en faut de peu que la femme ne devienne la figure centrale[33].

Simplement, me semble-t-il, parce que Marcel Dubé est visiblement fasciné par deux figures d'hommes qui n'en font souvent qu'une: la figure du *père* et celle de l'homme de quarante ans. Il y a là une constante importante, dans son œuvre. Constante d'autant plus significative qu'on s'est souvent plu à répéter que la littérature québécoise privilégie la figure de la mère, négligeant celle du père. Chez Dubé, rien de tel. Au contraire, la mère n'existe presque pas; c'est plutôt l'épouse ou la maîtresse que Dubé nous présente. Margot, par exemple, se soucie plus de Gaston que de ses enfants. William ne se préoccupe pas du tout de sa femme, et beaucoup de ses enfants. Être un mari aimant et tendre? L'idée ne semble pas l'avoir effleuré... Et s'il n'est pas non plus un père très tendre, il tient au respect et à l'amour de ses enfants. De même, dans *les Beaux Dimanches*, Victor souffre d'avoir perdu l'amour de sa fille; mais l'abandon de sa femme, son indifférence, ne le blessent que dans son amour-propre.

Victor, William, Édouard (le père de Joseph Latour), Gaston (le père de Florence): autant de figures plus ou moins fortes ou pitoyables, toujours touchantes, du père. Même dans *Zone*, d'où la famille est notablement absente, quelqu'un représente le père que ces adolescents n'ont pas eu. Le chef de police, toujours soucieux d'atténuer la dureté de ses lieutenants envers Tarzan, dira: «J'espérais que ce soit pas lui... Je pensais à mon garçon qui a son âge et qui trouve la vie facile... Ça me fait drôle.» (p. 138) Pour les autres, Tarzan est un assassin à condamner; pour lui, un fils à aimer. Maladroitement, imparfaitement sans doute, comme tous les autres; le lien de tendresse n'en est pas moins là.

L'image du père, ou de l'homme arrivé à sa maturité et qui s'interroge sur son destin, traverse donc toute l'œuvre de Dubé, depuis *Zone* jusqu'aux pièces les plus récentes. Il ne s'agit pas d'une image associée à un milieu social particulier, puisqu'on la trouve autant dans le réalisme bourgeois que dans le réalisme populaire; elle n'est même pas liée, de manière nécessaire et naturelle, à la seule peinture du milieu familial, puisqu'on la trouve là où la famille n'existe pas. Le père représente toujours, comme je l'ai déjà signalé à propos d'*Un simple soldat*, la collectivité tout entière. Là-dessus un texte de l'auteur, écrit en 1958, me paraît éclairant. À l'école, y rappelle-t-il, on nous a tracé du Canadien français une image belle et folklorique. «C'est-à-dire: un brave homme, gai luron, simple et heureux, fervent catholique vivant prospère dans sa province de Québec.» Au lieu de cette image d'Épinal, la réalité lui a montré un homme pauvre et dominé, incapable de «crier ni sa révolte ni sa souffrance». Et il ajoute alors: «Ce sont ses passions, sa souffrance que j'apprends à nommer avec lui[34].» Voilà, je pense, l'explication de cette prédilection que montre Dubé pour le personnage du père: à travers lui, c'est l'image d'un peuple, de ses passions et de ses souffrances, qu'il cherche à exprimer.

Du même coup, nous avons là l'explication d'une sorte d'hiatus, souvent noté, entre les convictions politiques de Marcel Dubé et son œuvre. Car si l'on excepte quelques allusions à des événements politiques contemporains, l'on ne peut parler d'une œuvre «engagée», politisée. «Écrire sur les convictions politiques ou religieuses du Canadien français, précise-t-il lui-même, pour le moment ne m'intéresse pas du tout[35].» Mais tout son théâtre, et particulièrement les pièces dominées par la figure du père, nous révèlent un peuple au destin pathétique et aspirant obscurément à une libération: ce n'est certes pas la manière la moins efficace de proclamer ses idées politiques.

J.C-G.

### Références

1. «La tragédie est un acte de foi». *Textes et documents*, Montréal, Leméac, «Théâtre canadien D-1», 1968, p. 24.
2. Le seul «répertoire Dubé» ne compte aujourd'hui pas moins de 20 pièces de théâtre, 17 téléthéâtres, 4 téléromans, 7 adaptations et traductions, 8 pièces radiophoniques. Et ceci, en moins de vingt ans: avouons que le bilan est impressionnant.
3. «La tragédie est un acte de foi». *Loc. cit.*, p. 25.
4. Interview accordée à l'auteur en septembre 1969.
5. «La tragédie est un acte de foi». *Loc. cit.*, p. 28.
6. Cf.«Discours de réception à la Société Royale» et «La tragédie est un acte de foi». *Textes et documents*, p. 21-36.
7. Hamblet propose un rapprochement entre Florence et Thérèse, la protagoniste de *la Sauvage*, mais la justification qu'il en donne me paraît très superficielle: «Thérèse... is reminiscent of Dubé's Florence, for she too has been formed by the poverty of her past life and finds that she cannot marry Florent, who comes from a socially prominent family.» (Edwin C. Hamblet, *Marcel Dubé and French-Canadian Drama*. New-York, Exposition Press, 1970, p. 83.) Cette seule similitude ne justifierait pas le rapprochement: c'est par leur tempérament, leur exigence de pureté et d'authenticité, que ces héroïnes se ressemblent.

8. Hamblet souligne, de son côté, la ressemblance entre *le Temps des lilas* et *Picnic* de William Inge. (*Op. cit.,* p. 66.)

9. Selon Maximilien Laroche, Dubé aurait «d'abord trouvé dans la littérature américaine et notamment dans les œuvres d'Arthur Miller, de John Steinbeck et d'Erskine Caldwell, la confirmation de la validité de son inspiration sociale et réaliste». (*Marcel Dubé.* Montréal, Fides, «Écrivains canadiens d'aujourd'hui», 1970, p. 121). Influence d'autant plus difficile à mesurer qu'il s'agit, effectivement, d'une «communauté d'inspiration» et qu'elle se manifeste surtout «dans la forme des œuvres, dans un certain agencement et un type de développement des situations» autant (sinon «bien plus», comme le voudrait ce critique), que «dans des thèmes ou des idées précises». (*Ibid.*, p. 115).

10. «Problème du langage pour le dramaturge canadien-français». *Textes et documents*, p. 46.

11. À quelques exceptions près, cependant, celles où Marcel Dubé a consciemment tenté une expérience nouvelle. Tel est le cas de *Pauvre amour* et de *Hold-up*. Dans le premier cas, il s'agissait de faire se rencontrer, quelque part, des personnages ne se connaissant pas; dans le second, (à partir d'un scénario de Louis-Georges Carrier), il a voulu transposer au théâtre la technique du photo-roman. Les deux expériences, il faut l'avouer, furent des échecs; peut-être est-ce dû, justement, au fait que la technique et la structure étaient préconçues?

12. L'exemple le plus probant en est certainement *West Side Story*, cette œuvre de la scène et du cinéma américain racontant les rivalités entre deux groupes de Portoricains vivant à New York.

13. «Les êtres que nous voyons évoluer dans ce triste paysage réaliste font ressortir parfois des choses qui les entourent, de leurs paroles et de leurs gestes, une poésie discrète.» *Zone.* Montréal, Leméac, «Théâtre canadien», 1968, p. 36.

14. Dans ce décor où se profile l'ombre d'une «pauvre croix... sans larron ni Christ dessus», il est certain que Passe-Partout rappelle le disciple qui a trahi son chef, Judas.

15. La «poésie discrète» de *Zone* traverse d'ailleurs toute l'œuvre «réaliste» de Dubé.

16. Le troisième acte se tient presque tout entier à ce niveau; dans les deux premiers un réexamen du langage s'imposerait, les écarts y étant plus nombreux.

17. Champfleury disait du réalisme qu'il ne supportait pas la médiocrité. On le sent bien au théâtre, le langage «réaliste» et populiste y étant plus que tout autre fragile: s'il est trop accentué ou si le jeu des comédiens n'y est pas parfaitement adapté, on en percevra surtout la laideur, donc la fausseté. L'on sait, par ailleurs, que la langue populaire évolue rapidement: si on ne l'adapte pas constamment, elle paraîtra également vieillie, démodée — donc médiocre.

18. *Un simple soldat*, version nouvelle. Montréal, éditions de l'Homme, 1967, p. 21-22.

19. «Le genre de tragédie moderne que j'aime le mieux, que je trouve le plus beau, c'est *la Mort d'un commis-voyageur*, de l'américain Arthur Miller, qui, lui, montre la tragédie dans la vie quotidienne.» James Bamber, «Marcel Dubé raconte à la télé la tragédie quotidienne du collet-blanc». *Le Magazine Maclean*, août 1964, p. 49.

20. Tout comme Gaston, dans *Florence*: «Sur les bancs de l'école, Toinette, à l'église le dimanche, aux campagnes électorales, dans les manufactures, dans les bureaux, partout, on nous a appris à avoir peur.» *Florence*. Québec, Institut littéraire du Québec, 1960, p. 96.

21. Jean Vallerand, «*Un simple soldat* de Dubé à la Comédie-Canadienne». *Le Devoir*, 2 juin 1958, p. 7. On trouve le même reproche dans la Chronique de Georges-Henri d'Auteuil, qui parle d'un «émiettement de l'action». «La scène ou le studio?». *Relations*, vol. 18, n° 214, octobre 1958, p. 271.

22. R. de Repentigny, «Humour, tragédie et colère dans *Un simple soldat* de Marcel Dubé». *La Presse*, 2 juin 1958, p. 28.

23. Ce qui, il me semble, ne justifie pas l'interprétation de Hamblet, qui voit entre Armand et sa mère «a strong suggestion of incest»! *Op. cit.*, p. 52.

24. «Ma pièce», écrit l'auteur dans ses indications générales, «est construite un peu comme un scénario de cinéma.» Une sorte de cinéma-vérité, où le cinéaste s'efforce de respecter le rythme normal de la rue, sans procéder à une sélection sévère des images. Il y a choix: mais il est fait de manière à suggérer la succession désordonnée de la vie.

25. Mobile et souple, elle l'est peut-être trop. D'abord écrite pour la télévision en 1957, adaptée pour la scène en 1958, elle connaîtra encore deux nouvelles versions: en 1967, et en 1969. Le découpage lui-même sera modifié. On passera de quatre

actes et vingt-trois tableaux à cinq actes et quinze tableaux, dans la nouvelle version: c'est dire avec quelle facilité cette pièce se prête aux changements.

26. *Bilan*. Montréal, Leméac, «Théâtre canadien», 1968, p. 31.

27. Hamblet a raison de faire le rapprochement entre le jeu de la vérité de *Qui a peur de Virginia Woolf* et celui d'*Au retour des oies blanches*. L'on peut étendre ce rapprochement à plusieurs autres pièces: Maximilien Laroche voit même, dans le procès de *Zone*, «une sorte de jeu de la vérité que jouent non pas deux couples, comme c'est d'ordinaire le cas, mais deux clans de la société». *Op. cit.*, p. 116. Il est cependant difficile, à partir de ces rapprochements, d'en conclure à une influence directe, le jeu de la vérité constituant un thème contemporain universel, exploité particulièrement au cinéma.

28. Allusion évidente à l'appréciation que faisait Maurice Duplessis du système d'éducation de la province de Québec, dans les années cinquante. Le contexte nous indique clairement, du reste, que William Larose est membre de l'Union nationale, à qui il s'engage à redonner le pouvoir (perdu en 1960). *Au retour des oies blanches*, créée à l'automne 1966, se situe après la reprise du pouvoir ce qui permet à Achille de Lacroix, «victime» du gouvernement libéral, de «réclamer justice» auprès du successeur de Duplessis à la direction de l'Union nationale.

29. C'est pourquoi je ne pargage pas l'opinion de Maximilien Laroche, pour qui le drame, au contraire de la tragédie, «laisse toujours percer une mince lueur d'espoir» (*op. cit.*, p. 128), et qui trouve cette lueur dans *Bilan* comme dans *Pauvre amour*, voire dans *Au retour des oies blanches*. Il me semble au contraire que nous assistons simplement à un déplacement du tragique, sans plus.

30. On le voit mieux encore dans *Au retour des oies blanches* que dans *Bilan*. Tom, personnage-clé, mais absent, est depuis long-temps «condamné» à la solitude. Et si le jeu de la vérité inventé par Geneviève isole, chacun dans son indigence, tous les autres personnages, c'est elle-même qui sera réduite à la solitude la plus profonde, puisqu'elle apprend que le seul homme qu'elle a aimé était son père. «Il te faudra tout quitter Geneviève, lui dira Richard. Il te faudra renoncer à te souvenir même de son nom et de son visage.» *Au retour des oies blanches*. Montréal, Leméac, «Théâtre canadien», 1969, p. 161.

31. *Pauvre amour*. Montréal, Leméac, «Théâtre canadien», 1969, p. 158.

32. *Les Beaux Dimanches*. Montréal, Leméac, «Théâtre canadien», 1968, p. 182.

33. *Au retour des oies blanches* semble faire exception. Mais l'héroïne tragique est Geneviève, non Élizabeth: la jeune fille dure, qui ressemble aux jeunes héroïnes des premières pièces— Ciboulette, Florence. Quant à Achille, il demeure imperméable à toute pénétration du tragique, tant il est replié sur lui-même et habité par sa mauvaise foi.

34. «La tragédie est un acte de foi». *Loc. cit.*, p. 26-27.

35. *Ibid.*

# Chapitre 6
# Françoise Loranger
# ou la maison éclatée

*Être là tout entière*
*Présente à cet instant*
*À ce moment de vie.*
*Tu es là, tu es toi*

*...........................*

*Tu es le cœur du monde*
*Centre de l'univers.*

Chant de la jeune fille,
DOUBLE JEU

*«Peu m'importe le système philosophique le mieux construit s'il ne correspond pas à mon expérience de la vie[1].»* Extraite de la première œuvre de Françoise Loranger, cette phrase résume assez justement le grand thème qui parcourt et domine l'œuvre tout entière, depuis cet unique roman jusqu'à *Double jeu* et *Medium saignant:* la vie, pleinement reconnue et assumée par l'individu, et n'obéissant à d'autre principe ou loi que la recherche du bonheur, du plein épanouissement de l'homme, de l'amour. Parodiant la formule, on peut dire aussi que peu importe à Françoise Loranger «le système dramatique le mieux construit», s'il ne lui paraît pas approprié, s'il ne coïncide pas avec la vie dramatique qu'elle croit nécessaire. Comme chaque pièce a sa vie et ses exigences propres, la technique du dramaturge n'est jamais fixée. Ainsi Françoise Loranger offre-t-elle l'exemple d'une évolution exceptionnellement rapide et constante; mais cette incessante transformation, plutôt que d'une recherche infructueuse ou désordonnée, est la rançon et la preuve d'une fidélité indéfectible à la vie. Par-delà la diversité des

manières et le renouvellement de la technique, cette œuvre dramatique évolue donc avec une remarquable cohérence, présentant une rare unité thématique, tout entière sous le signe de la vie.

On sait cependant que cette évolution s'est faite essentiellement en deux temps, et que *le Chemin du Roy* (écrit en collaboration avec Claude Levac) a marqué le début d'une «seconde manière» apparentée au grand courant universel du *living theatre*. Pour caractériser ces deux manières, Mme Loranger évoque elle-même volontiers une première période qui est celle du théâtre «bourgeois», et parle du théâtre-spectacle, théâtre de participation, à propos de la seconde: la terminologie est sans doute discutable mais il n'y a pas lieu, ici, de la modifier.

*  *  *

La première pièce écrite pour la scène s'intitule *Une maison... un jour* et ce titre suggère admirablement les situations, les drames de cette période, laquelle se termine avec *Encore cinq minutes*[2]. Une maison, c'est-à-dire un lieu humain, enraciné et enveloppant, microcosme social où l'individu définit son existence profonde au sein d'une communauté physique et humaine qui l'a modelé; un milieu familial et, chez Françoise Loranger, cette famille est toujours bourgeoise, avec ses conventions, ses attitudes morales, son assurance et sa stabilité. Mais *Une maison... un jour* suggère une opposition: entre la permanence du *lieu* et la fluidité du *temps*. L'un menace l'autre. Aussi le drame des deux premières pièces de M$^{me}$ Loranger, de la première surtout, a-t-il pu apparaître comme un conflit social, ou un conflit de générations, les jeunes liquidant, en quelque sorte, le passé et ses vestiges. En ce sens l'action dramatique d'*Une maison... un jour* est fondée sur le symbole parfait — et par trop clair — de cette opposition: le fils a vendu, pour démolition, la maison ancestrale où son vieux père vit encore, impotent mais se raccrochant au seuil de cette maison comme à son dernier souffle.

Il faut prendre garde, toutefois, que cette impression est trompeuse; le symbole de la maison vendue et démolie, si on y réfléchit bien, est quand même plus complexe qu'il ne paraît. La seule description du décor de cette «vieille maison bourgeoise qui n'est pas loin de tomber en ruine» suggère une vie menacée: plus que la maison, ce sont les hommes qui risquent de se faner, de se refermer sur eux-mêmes, entre les bibelots démodés et les lourdes tentures. Là se situe le drame essentiel: celui d'êtres humains liés si étroitement à leur maison — c'est-à-dire au milieu social qui les a formés — qu'ils n'arriveront peut-être jamais à vivre de leur vie propre, autonome et libre. Semblables aux «beaux meubles, mais fatigués» qui les entourent, ils s'étiolent. Dans *Une maison... un jour*, on croyait trouver le drame des générations qui s'affrontent, au sein de la famille, l'opposition des jeunes aux forces de la tradition, centrée sur le personnage du grand-père dont on dispose comme d'un meuble abandonné aux regrattiers. On trouve au contraire une action dramatique dominée par Dominique, mais fragmentée autant de fois qu'il y a de personnages: la vente de la maison n'est qu'un prétexte, entre d'autres que l'auteur aurait pu imaginer, pour provoquer chez ces personnages un bouleversement intérieur, une sorte de minute de vérité. Et la maison ancestrale, vouée à la destruction, ne symbolise pas seulement le drame d'*un* homme et d'*une* génération: c'est l'éclatement de la cellule familiale tout entière, qu'elle représente.

Ce symbolisme de la maison, toutefois, n'est pas immédiatement perceptible; il ne semble pas, non plus, essentiel à l'intrigue véritable. *Une maison... un jour*, c'est un lieu et un temps, et ces deux unités sont parfaitement respectées. On ne saurait en dire autant de l'unité d'action, pourtant la plus importante. La véritable tension dramatique naît en effet d'une épreuve de lucidité et d'authenticité à laquelle chacun des personnages, y compris le grand-père, se trouve soumis; mais chacun selon sa situation, et celle de Nathalie et de

Daniel par exemple (la plus dramatique, peut-être), n'a qu'un lien bien ténu avec la démolition de la maison. La tension dramatique et l'intrigue initiale ne coïncident pas et, faute d'avoir bien structuré la pièce autour d'un noyau central, la dramaturge n'a pas su lui donner la force et l'unité sans lesquelles une œuvre, au théâtre, lasse ou distrait le spectateur[3].

Il est clair, cependant, que la pièce éclate de par la force même de cette obsédante interrogation sur l'identité de l'homme qui traverse l'œuvre. C'est en commentant *Double jeu*, je pense, que Mme Loranger déclarait: «Pour moi, *une* chose importante: la nécessité de reconnaître, de savoir ce qu'il y a au fond de lui[4]». Mais toute l'œuvre jaillit de ce problème fondamental: autant *Une maison... un jour* que *Mathieu*, et *Encore cinq minutes* que *Double jeu*. Les conflits essentiels ne naissent jamais de situations sociales, ni de l'affrontement entre les générations; ce sont d'abord des conflits intérieurs à la conscience qui s'éveille. C'est pourquoi les pièces de Françoise Loranger, axées sur la quête d'une identité profonde et sur la prise de possession, par l'homme, de sa destinée, sont en quelque sorte des maïeutiques tendant à faire sortir l'homme de sa torpeur et de son brouillard intérieur, à le faire renaître.

\* \* \*

Plus clairement encore que dans *Une maison... un jour*, cela ressort d'*Encore cinq minutes*. Cette fois, cependant, avec une rare vigueur, une action dramatique parfaitement concentrée. Il est en effet difficile d'imaginer une pièce plus nettement et intensément identifiée à un personnage que celle-ci. Gertrude, pendant les deux actes que dure la pièce, ne sort de scène qu'une fois; et pendant ce court moment où, retirée dans sa chambre, elle prépare ses valises, les personnages restés sur scène — son mari, sa fille et son fils — ne cessent de parler d'elle. C'est dire que, de la première à la dernière réplique (l'une et l'autre lui étant d'ailleurs

158

réservées), elle est contamment présente, d'une présence intense, angoissée, chargée d'émotions vives.

Nous sommes toujours, ici, dans un décor et un milieu bourgeois. Mais le décor, la maison, cette pièce où se situe toute la pièce, sont de véritables personnages, ou comme le prolongement du personnage central:

> Une pièce blanche et vide où Gertrude tourne en rond. Sur la surface lisse d'un mur, une lézarde se creuse, s'allonge, pousse des rameaux, petites fissures quasi imperceptibles qui bientôt envahiront tout le mur[5]...

À cela, ajoutons cette «invraisemblable robe de chambre» (p. 7) dont Gertrude ne se départit jamais. Et tout est symbole, suggérant le cercle étroit, mais vide, où un être humain s'est laissé enfermer. Le mur, la lézarde dans le mur, le peignoir confortable et défraîchi, c'est Gertrude: et tout ce qui semble vivant, ici, ce sont les fissures qui s'élargisent et qui «bientôt envahiront tout le mur...» Le rideau se lève donc sur un moment de crise, sur une agonie morale: Gertrude, au seuil de la démence, est un être anéanti, vivant en quelque sorte à l'état parasitaire dans cette pièce vide qu'elle hante, et qui la hante. Au sein même de sa famille, mais surtout vis-à-vis de ses enfants, Geneviève et Renaud, elle vit pas procuration, au gré d'un confort affectif et intellectuel dont elle s'est entourée, mais qui est à l'image de son «invraisemblable robe de chambre»: fixée à jamais dans un passé factice qui lui tient lieu de vie. Et lorsque son mari, au bout de multiples et vains efforts pour la ramener à la réalité, lui démontre à l'évidence que son fils s'est détaché, affectivement, d'elle, qu'il a depuis longtemps, quant à lui, cessé d'être le «Boubou» enfant que sa mère surprotégeait, elle a l'impression qu'un abîme s'ouvre sous elle: car toute sa sécurité affective s'évanouit du coup, comme cet univers intérieur qu'elle s'était créé et où elle vivait presque tranquille, en soumettant ses goûts à ceux qu'elle imaginait à son fils: ceci plaira, cela ne plaira pas à Boubou. Plus tard, quand Geneviève reviendra à la maison, c'est comme si l'autre moitié de son univers intérieur s'écroulait. Cette fois, on arrive plus difficilement à comprendre. Mais en voyant avec quelle assurance, quelle violence même, elle répète constamment, malgré les affirmations de son mari, que «Geneviève ne reviendra jamais» (p. 21), on finit par saisir sa pensée secrète, et comprendre quel choc terrible lui apportera le retour de Geneviève. Celle-ci partie, en effet, et sans espoir de retour, ce n'est plus Gertrude qui emprunte à un autre être — son fils — les ressorts et les motivations de son existence, mais c'est, dans son esprit, Geneviève réalisant pour elle le destin auquel elle a renoncé, et dont elle avait rêvé dans sa jeunesse: sortir, et pour ne plus y rentrer, du cercle étroit et vide de la famille et de la maison.

Aussi ces deux moments apparemment banals — celui où elle comprend que son fils, et depuis longtemps, vit de sa vie autonome et libre, et celui du retour de sa fille — sont-ils les deux moments décisifs de la pièce: ceux-là même autour desquels sont structurés les deux actes. Et ce sont autant d'étapes marquantes dans l'évolution intérieure que suivra Gertrude.

Cette évolution commence par les choses: les meubles (tous anciens et de prix) dont elle encombre la maison, et qu'elle choisit toujours au goût des autres: selon ce que son décorateur a suggéré, selon la mode qui prévaut ou les goûts de son fils. Elle se contente de les déplacer. Les meubles font la ronde, comme elle-même: l'armoire bleue de l'île d'Orléans prendra la place du fauteuil Louis XV ou du pupitre Chippendale, tandis qu'un fauteuil se trouvera relégué, temporairement et sans explication, dans un placard. À son mari qui cherche à comprendre, elle répond de manière énigmatique, ne sachant pas elle-même clairement, du reste, les motivations profondes de ses actes: «C'est mon champ de bataille! Je place mes batteries, je les déplace, je les remplace...» (p. 53) Mais ce symbole emprunté comme le faisait Baudelaire dans ses poèmes les plus désespérés, à l'imagerie militaire, exprime bien à la fois l'isolement de Gertrude, et son désarroi extrême. Enfermée en elle-même comme dans cette maison, incapable de se préoccuper des autres et, comme le lui reproche son fils, «de faire abstraction de [sa] précieuse personne» (p. 72), elle ne peut également percevoir les autres autrement que comme des êtres qui la prolongent, à qui elle a, dans son for intérieur, attribué une identité conforme à ses désirs avoués ou secrets. Or elle sait, malgré tout, que tout cela est fragile, et elle ne peut considérer ouvertement ses enfants comme ses créatures, ses objets. Mais les meubles, elle peut les déplacer à sa guise, faire et refaire sans cesse son univers de personnages-choses.

L'image de la batterie militaire suggère autre chose encore: un affrontement auquel elle pressent qu'elle doit se préparer. Le moment viendra, elle le sait, où toute cette panoplie ne lui servira de rien, où elle devra elle-même combattre. C'est le sens de sa brusque décision, à la fin de la pièce, de quitter cette maison pour *vivre*, et pour vivre *seule*. Harcelée de tous côtés, perdant ses appuis affectifs, elle ouvre enfin les yeux sur le vide de la maison, sur son inexistence. L'alternative est nette: ou rester prisonnière du cercle vide où elle ne fait que végéter (au sens très strict du terme), ou s'en échapper et vivre — difficilement sans doute, et dans l'insécurité des lendemains — mais avec la détermination de prendre en mains, enfin, sa destinée de femme libre. Ironiquement, au moment où elle pose ce geste définitif, ce sont ses enfants et son mari — ceux-là même qui ont provoqué en elle l'éveil de la conscience qui l'amène à poser un tel geste — qui feront cercle autour d'elle, comme «pour l'encercler, la reprendre». Mais Gertrude partira, en implorant seulement: «Laissez-moi... Il faut que je le fasse!» (p. 81)

Ce ton soudain net et dur, mais presque dégagé d'agressivité (comme si elle touchait déjà à la sérénité), cette fermeté dans la détermination: tout cela étonne chez ce personnage qui, au lever du rideau et pendant le premier acte, apparaît essentiellement comme un être aux humeurs brusques et changeantes, terriblement instable, et incapable de poser un acte réfléchi et durable. Pourtant, ce n'est là que le terme de cette longue évolution qui la transforme tout au long de cette pièce. Dans cette évolution, je l'ai dit, les deux moments déterminants sont, le premier, celui où elle cesse enfin de s'illusionner sur les liens affectifs qui l'attachent à Boubou, et l'autre, le retour de Geneviève. Mais d'autres jalons importants marquent cette transformation. Chacun mériterait une longue analyse, pour en montrer dans la pièce entière les ramifications; contentons-nous, ici, d'en dégager l'essentiel.

C'est d'abord par le *langage* que se dessinent en Gertrude sa lucidité et sa détermination nouvelles. Car le langage, en ce milieu bourgeois, est le vernis qu'il faut à tout prix protéger et conserver. On se rappelle à ce propos le quiproquo cocasse entre Renaud et sa mère lorsque, celle-ci le reprenant avec indignation sur un barbarisme — Renaud avait affirmé: «si c'est humain, c'est *corrigeable!*» (p. 18) — il croit qu'elle en a au *sens* de son affirmation. Ce sera bientôt au tour d'Henri, le père, de s'indigner des propos de Renaud; et cette fois, il établira très clairement les principes qui le guident.

> Non, Renaud! Non! Je veux bien te permettre les idées les plus révolutionnaires, mais énonce-les correctement! Ce ne sont pas les idées qui déclassent un homme, mon garçon, c'est le langage! (p. 22-23)

Peut-on plus nettement définir l'une des conventions sacrées de la «classe» à laquelle appartient cette famille, conventions que respecte encore Gertrude: c'est justement ce qui l'étouffe et l'empêche de vivre. Or, au grand scandale de son mari d'abord, de Renaud ensuite, elle rejettera elle-même cette convention, en utilisant certaines expressions, parmi les plus vulgaires, qu'elle avait sans doute plus d'une fois reprochées à son fils. Dans son évolution, cela correspond à un premier moment important: le besoin exaspéré, comme elle le dira elle-même à la fin du premier acte, de «hurler à pleins poumons». Le *cri*[6], c'est-à-dire l'expression

élémentaire et globale d'une souffrance longtemps contenue, est la première manifestation certaine de la révolte
qui transformera Gertrude.

Après le langage, son attitude vis-à-vis des choses
exprimera sa révolte. C'est l'épisode du deuxième acte
précédant immédiatement sa décision de partir. Scène d'une
violence quasi hystérique provoquée, du reste, par une
remarque de Renaud, et dont celui-ci ne mesure absolument
pas la portée. Il dit simplement à sa mère: «Je ne renonce pas
à l'idée de te changer». (p. 72) Elle en suffoque, ébranlée
profondément. Et comme si l'idée d'un *changement*, émise
à ce moment précis de son évolution intérieure, faisait tout à
coup jaillir la pleine lumière, sa détermination est aussitôt
prise d'abattre tous les murs de sa prison, de se débarrasser
de tous les fantômes qui hantent son univers clos. Or, on le
sait, ces fantômes, ce sont les choses, les meubles qu'elle a
accumulés autour d'elle et qu'elle se contentait, jusque-là,
de déplacer. Cette fois, dans un accès de rage folle, elle les
*détruit*: le pétrin de Boubou, les fauteuils, les candélabres, le
bilboquet que lui a donné Geneviève, la pendule: «Aux
ordures avec le reste! Tout ce qui vient de vous! Tout ce qui
vient des autres!» (p. 73) Elle «nettoie la place», détruisant
cet univers qui lui rappelle *les autres*, ces autres auxquels
elle s'est trop identifiée, et qui lui dictaient — mais c'est
elle-même qui, au fond, le désirait — leurs volontés, leurs
désirs, leurs goûts. Tout cela est fini: «Jamais plus personne
ne me dira ce que j'ai à faire... comment je dois être!» (p. 79)
À partir de ce moment, il est clair que la transformation de
Gertrude est complète. Elle a donné une dernière fois raison
à Renaud: elle changera; mais c'est *elle-même*, non les
autres, qui s'en occupera. Son départ ne fera ensuite que
traduire concrètement sa détermination lucide, et, cette fois,
inébranlable.

Renaud croira l'ébranler en lui disant que «c'est trop
tard». Et sa réponse, d'une éclatante vérité, justifie le titre de
la pièce: «Il doit bien me rester encore cinq minutes, non?»
(p. 78) Cinq minutes de vérité et de liberté, cinq minutes de

*vie* authentique, vécue dans une lucidité pleine sur soi-même — en recherchant enfin, ou en connaissant «ce qu'il y a au fond de soi», dirait Françoise Loranger — cela compte plus qu'une vie entière de servitude et d'illusions: il n'est jamais trop tard pour rompre avec le mensonge, surtout lorsqu'on se ment à soi-même.

Nous retrouvons ici, bien sûr, ce thème de la fuite du temps déjà évoqué dans *Une maison... un jour*, et toujours saisi dans la brièveté et l'urgence d'un *moment* critique. Un jour, cinq minutes, à la fin comme au milieu de la vie, c'est l'expression sensible, éminemment dramatique, d'un délai toujours trop court, d'une échéance pressante et inévitable. Il ne s'agit pas de partir à la recherche du temps perdu, mais de gagner celui qui est encore devant soi, avant qu'il ne soit vraiment trop tard. C'est pourquoi l'œuvre de Françoise Loranger n'est pas une œuvre noire et tragique: elle est au contraire un immense chant de la vie.

Dans *Double jeu*, on retrouve ce thème du temps qui fuit, du délai précis et impérieux, de la vie qui échappera à jamais si on ne la saisit au *moment* où elle s'offre à l'homme: la jeune fiancée sait que, si elle ne réussit pas à rejoindre avant la tombée de la nuit l'homme qu'elle a aperçu, il sera peut-être trop tard pour songer au bonheur. Tel est même, en quelque sorte, son rôle unique: «Être là tout entière / Présente à cet instant / À ce moment de vie[7]», comme on le précise dans la chanson-thème. Et capter un «moment de vie», une chance de bonheur, c'est ce que tentent de faire les personnages d'*Une maison... un jour*, et ce que fait Gertrude.

Là n'est pas, malgré tout, la constante la plus remarquable entre les pièces de la première période et celles de la seconde, car il n'est que le corollaire de cette quête de l'identité profonde dont on a déjà parlé. Mais alors que Françoise Loranger en faisait autrefois l'objet d'un drame vécu par l'individu, elle l'élargit désormais aux dimensions d'une collectivité. Conscience d'une collectivité nationale, dans *le Chemin du Roy* et *Medium saignant*; recherche d'une identité secrète, profonde et individuelle, mais à travers une expérience collective, dans *Double jeu*. En suivant cette évolution, on comprend cependant que cet élargissement de la thématique remettait en cause la nature même du théâtre et qu'il appelait, par conséquent, un renouvellement radical de la technique dramatique. En franchissant le seuil de la maison bourgeoise pour se situer dans la foule et dans la collectivité, le dramaturge se devait d'accepter le jeu des multiples interactions, des influences réciproques et souvent imprévisibles entre l'auteur, le metteur en scène, les comédiens et les spectateurs.

La création elle-même, d'une certaine manière, devient «collective». Ainsi *Double jeu*, dont M^{me} Loranger a évidemment écrit le texte, s'est constamment modifié en cours de route, pendant les deux mois de répétition, et même une fois la pièce à l'affiche. Le témoignage de l'auteur la-dessus, donné en postface à l'édition de sa pièce, est particulièrement éclairant:

> Il y aurait beaucoup à dire sur les deux mois de répétitions qui ont précédé la pièce, sur la part énorme d'invention apportée par André Brassard, sur la collaboration des comédiens au niveau de leurs personnages, sur la transformation qu'a subie le texte au cours de ce brassage intensif, ainsi que sur les changements opérés au cours même des représentations par le metteur en scène afin d'éviter que l'équipe ne s'installe trop confortablement dans un spectacle déjà rodé. (p. 205)

Autant, dans le théâtre «bourgeois» — et l'on sait avec quelle précision *Encore cinq minutes* répondait à cette exigence — une pièce doit être minutieusement réglée, autant cette nouvelle forme d'expression dramatique suppose qu'on laisse sa place à une certaine improvisation. On pourrait même presque dire que la seule chose absolument essentielle et immuable est la nécessité de prévoir et d'organiser le changement. En ce sens, oui, il y a une rupture, une rupture spectaculaire dans l'évolution dramatique de Françoise Loranger[8]. C'est même d'une dramaturgie entièrement nouvelle qu'il faut parler; et si elle est inspirée des principes du *living theatre* pratiqué depuis quelques années déjà à New-York et à Paris, c'est avec *le Chemin du Roy* et *Double jeu* qu'elle s'est imposée ici, en s'insérant dans un contexte socio-politique qui lui confère une signification particulière.

L'œuvre, dans cette perspective, est construite sur le modèle d'un jeu d'échecs, et il faut à l'auteur et au metteur en scène l'intelligence, l'astuce et la souplesse du joueur d'échecs pour prévoir toutes les démarches possibles à l'intérieur des règles du jeu — lesquelles sont précises — en évitant surtout que l'un des joueurs puisse, trop tôt, faire «échec et mat». Pour «passer la rampe», on ne compte plus sur le seul talent du comédien et la puissance dramatique du texte; il faut encore favoriser par tous les moyens la spontanéité de l'expression et la *participation*[9] du spectateur.

D'où ce canevas[10], élémentaire mais suffisant, qui sert de tremplin et de point d'envol au véritable jeu dramatique, dans *Double jeu*. Des adultes, inscrits à un cours du soir, se retrouvent à l'heure et au jour habituels. Au cours précédent, le professeur leur avait proposé une expérience, un «test» psychologique où il s'agissait, pour chacun, de s'identifier à l'un des personnages d'un récit également schématique, incomplet, de le faire sien au point d'en arriver à dire comment, à sa place, il aurait réagi, quelles solutions il aurait trouvées aux problèmes auxquels il est confronté. Mais personne, chacun prétextant qu'il n'a pas compris le texte, n'a osé jouer le jeu; c'est donc ensemble que, sous l'impulsion du professeur, ils tenteront l'expérience.

Le récit proposé tend évidemment à provoquer une réaction vive, parce qu'il met en cause des comportements moraux et fait appel à de très anciens symboles et schèmes mythiques de l'imaginaire, tels le cheminement à travers la forêt ou le passage d'une rivière, l'obstacle à franchir, le tribut à payer, l'homme sauvage et solitaire et enfin, bien sûr, le couple humain, dans une sorte d'état premier et édénique. Une jeune fille, ayant aperçu de l'autre côté de la rivière un jeune inconnu, part à sa recherche mais doit, pour cela, franchir une forêt, une rivière et un marais. Pour obtenir du passeur qu'il la transporte sur l'autre rive, elle devra se montrer nue devant lui; un arpenteur acceptera de la guider à travers le marais; mais à la condition qu'elle *se donne* à lui. Et j'emploie à dessein cette expression de préférence à «faire l'amour» qui se trouve dans le récit, parce qu'elle confère à cet acte son sens véritable et explique, par là-même, l'attitude du jeune homme lorsque la jeune fille l'aura enfin rejoint. Car s'il la repousse, c'est précisément parce qu'elle ne peut lui appartenir, s'étant déjà «donnée» à un autre homme.

Voilà le canevas — ou plutôt les deux canevas: la fiction qui réunit des étudiants au cours du soir, et le test psychologique — de cette pièce ou, comme l'auteur trouve préférable de la nommer, ce psychodrame. Double canevas ou, si l'on veut, un premier niveau du *Double jeu*. Mais dès le début, l'on sent nettement que, d'une autre manière aussi, il y aura double jeu, et cela se voit justement à l'ambiguïté du mot «jeu». Pour convaincre ses élèves de se prêter à cette expérience qui, dit-il lui-même, doit les aider à mieux se connaître, le professeur leur suggère: «Prenez-le comme un jeu! Faites-en une sorte de psychodrame». (p. 25) Et l'on saisit la nuance: on fera *comme si* c'était un jeu, avec ce que cela suggère de gratuité, de non-engagement, mais ce n'en est pas un: ce sera plutôt une «expérience personnelle intéressante», (p. 25) voire capitale, car elle permettra à certains des personnages de se compromettre et de réorienter leur vie.

L'auteur n'a pas voulu que cela se fasse selon une progression ininterrompue, une montée presque linéaire vers le succès de l'épreuve. Il y aura, comme dans la vie, des échecs, des demi-réussites, des fautes d'aiguillage; les uns après les autres tentent l'expérience, la font avancer tant qu'ils peuvent, puis abandonnent: mais ce ne sont pas de véritables reculs puisque, insensiblement, c'est le groupe qui chemine ainsi lentement — et, ne l'oublions pas, ce groupe s'étend aux spectateurs qui ont déjà commencé leur «participation», se demandant tout doucement et sans trop se l'avouer, comment eux-mêmes se comporteraient s'ils avaient à s'exprimer. Insensiblement aussi, ces personnages qui sont montés sur la scène en tant qu'étudiants adultes — «les tard-venus de l'instruction» (p. 13), comme le dit en guise de présentation l'un des personnages — se sont transformés en comédiens qui vont tenter de «jouer», c'est-à-dire d'entrer dans la peau de personnages autres que le leur. Il reste une troisième étape à franchir: celle où, sans brusquer l'évolution, en tirant seulement profit de ce qu'on pourrait appeler un conditionnement à la vraisemblance de l'acte dramatique, certains des étudiants *deviendront*, véritablement, les personnages qui figurent dans le test psychologique.

Cela se produira à la fin du premier acte, alors qu'enfin, dans chacun des trois groupes qui se sont formés sur la scène, les personnages-étudiants se sont transformés en ces personnages qu'ils incarnent. La mère de famille jouant le rôle de la jeune fille, avec comme partenaire le petit commis de banque timoré, avouera: «Vous savez j'étais tellement partie que... c'était plus vous, c'était plus moi...» (p. 139) Le professeur lui-même, jouant le rôle du passeur, interrompra le jeu parce qu'il comprend qu'il s'y est trop engagé, qu'il révèle trop de lui-même. Le signe le plus sûr de cette identification profonde et totale, c'est l'esclandre que provoque l'un des étudiants, l'instituteur fiancé à la jeune institutrice qui incarne le rôle de la jeune fille. Il a refusé d'entrer dans le jeu, mais il n'est pas loin de voir dans le jeune homme du récit un rival; surtout, ce jeu lui a permis de comprendre que sa fiancée n'était pas telle qu'il le croyait, et cela provoque entre les deux un affrontement qui aboutira, à la fin de la pièce, à la rupture. Car, compromis malgré lui dans ce jeu, l'instituteur a décidé de jouer, à la fin, le rôle qui lui convient spontanément et qui le met à nu, celui du jeune homme repoussant avec mépris la jeune fille. Mais ce qui a également changé depuis le début, c'est l'attitude de la jeune fille (ou de l'institutrice, puisque les deux ne font désormais qu'une personne). Et c'est autant elle, déçue de trouver son fiancé tel qu'il est et non tel qu'elle l'imaginait, qui rejettera celui-ci, car entretemps elle a découvert la *vie*:

Je suis la vie
La vie pour qui ne compte
Pas plus demain qu'hier
Mais seul l'instant qui est
Ici et maintenant
Ici et maintenant. (p. 203)

*Double jeu*, en effet, où la vie «réelle» et le jeu se rencontrent, à la fin, et se recouvrent. Et ce jeu n'est pas moins sérieux que la vie elle-même. Il y a interaction, complémentarité: le jeu permet aux personnages de découvrir leur propre vie, ou celle qu'ils auraient pu vivre. Il s'agit donc, effectivement, d'un psychodrame, c'est-à-dire d'une improvisation, mais dirigée, permettant à l'homme de se libérer de certaines inhibitions, et de se connaître mieux tel qu'il est.

Mais le *spectateur*, dans tout cela: comment le fait-on participer? Réussit-on à lui attribuer un rôle véritablement actif dans la pièce? Est-ce à cela que tient la nouveauté de ce spectacle? Eh bien, je dirais qu'ici aussi, le jeu est *double*, car la participation opère à la fois inconsciemment et consciemment, secrètement et ouvertement. Et la plus efficace, il faut bien le dire, me paraît être celle que l'on devrait retrouver dans toute pièce et dont Aristote, déjà, avait dégagé la nécessité: cette identification du spectateur au personnage et qui produit chez le spectateur la «catharsis», la «purification». À la différence, toutefois, de la pièce traditionnelle — et il y a là une réelle nouveauté — l'identification ne se fait pas du tout, au départ, à ce niveau de la *fiction* dramatique déjà en place au lever du rideau, et avec des personnages déjà définis et souvent, du moins dans la tragédie antique, avec des êtres d'exception. Ici au contraire, l'identification se fait au départ avec une *diversité* de personnages, un *groupe* dont chacun des membres est défini par son métier, sa profession, sa place dans la vie de tous les jours: un instituteur, un employé municipal, un commis de banque, une secrétaire, une mère de famille, une coiffeuse, un travailleur social... Et cette diversité crée une sorte d'anonymat où le spectateur se sent immédiatement à l'aise; il a lui aussi l'impression d'être du nombre, de fréquenter l'école du soir. La mise en scène n'a fait que compléter l'illusion: aucun rideau ne sépare la scène de la salle et les comédiens, venus un à un de la salle comme des spectateurs ayant simplement décidé d'occuper un autre fauteuil, sont montés tout naturellement sur la scène, en causant par petits groupes comme le font des étudiants à l'école, et comme le font les spectateurs dans la salle. Les comédiens se présentant comme des gens ordinaires, en tout semblables à ceux qui sont dans la salle, ceux-ci suivent avec d'autant plus de facilité l'évolution de ces adultes, entrant avec eux dans le jeu du «test». Et c'est à mon avis la plus grande réussite de cette expérience, que d'amener à leur insu les spectateurs à se transformer progressivement, au même rythme que les comédiens sur scène. Je crois bien qu'ils partagent même le mécontentement des élèves lorsque le professeur décide d'interrompre le jeu, à la fin du premier acte. Eux qui avaient tant hésité à la tenter, ils insistent maintenant pour «continuer», pour «poursuivre l'expérience».

C'est pourquoi, lorsqu'au début du deuxième acte quelques spectateurs improvisent sur le même thème, l'on est malgré tout déçu. En apparence, c'est là la forme de participation la plus active et la plus nouvelle des spectateurs; et l'idée en soi, est intéressante. En fait, cette improvisation ne profite, je crois, qu'à ceux qui la font, ce qui limite, au contraire, la participation de l'ensemble des spectateurs. Cela me paraît tenir à ce qu'une improvisation n'est valable que si elle est pleinement spontanée; autrement on n'entre pas dans le jeu, car le mensonge, le *semblant* de vérité est trop apparent. Or, on n'entre pas dans un jeu auquel on ne croit pas, un jeu qui ne soit pas *vraisemblable*.

Ce qui contribue au contraire à créer sur scène cette

vraisemblance — et, du même coup, à entraîner l'adhésion totale des spectateurs — c'est non seulement que les personnages se présentent au point de départ comme des êtres sortis de la vie ordinaire, mais qu'ils ont eux-mêmes décidé, pour reprendre une phrase clé de la présentation, de «faire quelque chose de leur vie», c'est-à-dire de chercher des avenues nouvelles et de se transformer. Il suffit, pour s'en convaincre, de relire la scène des présentations et de suivre ensuite l'évolution de chacun des personnages. Plus qu'à ces cheminements parallèles cependant, il importe de prêter attention aux divers chants qui scandent la pièce: chant de la jeune fille et du passeur, du jeune homme, de l'arpenteur ou du solitaire. En vérité, et c'est pourquoi ils sont efficaces, ils ne sont que des variations sur un seul thème, un seul chant: celui de la *vie*. Or il est clair, bien que cela ne soit pas explicite, qu'à chacun des personnages correspond l'une de ces variations; de même, dans son for intérieur, à chacun des spectateurs.

C'est pourquoi il importait, dans la seconde partie de cette pièce, que l'emprise de la fiction dramatique fût rompue, de manière que le contact avec la «vie réelle» ne soit pas perdu. Tel est le sens de cet éclatement du groupe des comédiens se présentant les uns aux autres par leur vrai nom (celui de comédien, non du personnage incarné) et se dispersant dans la salle en se nommant, invitant par là les spectateurs à les imiter. «On pourra alors assister, précise l'auteur dans la mise en scène, à une explosion de noms à travers le théâtre.» (p. 178) Or, ceci se produit au moment sans doute le plus spectaculaire du récit fictif, celui où la jeune fille se donne à l'arpenteur. Ce moment n'est certes pas choisi au hasard: il faut bien faire saisir au spectateur qu'il s'agit de sa vie, et que la fiction sert seulement de catalyseur, à titre exemplaire. C'est juste après cet épisode, du reste, que se situe le retour de l'instituteur, annonçant avec force agressivité qu'il jouera le rôle du jeune homme: sur scène aussi, par conséquent, la réalité et la fiction seront réunies. Cet épisode de la proclamation des noms, l'une des techniques imaginées pour faire participer le spectateur — et peut-être la plus simple — me paraît donc très efficace[11]. Car seule compte la vie, que l'on chante tout au long de cette pièce. Mais celle qui importe le plus est celle, encore secrète mais qu'on suppose un peu modifiée par ce psychodrame, du spectateur.

On hésite à qualifier de «théâtre vivant» cette pièce de Françoise Loranger, tant l'appellation paraît tautologique ou ambiguë. Car s'il s'agit du chant de la vie, c'est précisément ce qui n'est pas neuf et par où se manifeste, depuis *Une maison... un jour,* l'obsédante continuité de cette œuvre dramatique. Par ailleurs, peut-on vraiment imaginer une bonne pièce qui ne soit pas du «théâtre vivant»? Que l'on désigne par là une dramaturgie nouvelle, soit: *Double jeu,* comme *le Chemin du Roy* et *Medium saignant,* participe alors à ce courant contemporain du théâtre universel qui cherche une médiation nouvelle.

Cela suffirait à signaler l'importance de ces pièces dans l'évolution de notre théâtre. Montréal est peut-être même l'une des rares métropoles où l'on ait tenté de telles expériences sur une grande scène et non dans un petit théâtre d'essai. Françoise Loranger, en acceptant ce pari, se prétend «en accord avec l'inconscient collectif québécois»[12]. On a l'impression qu'avec *Double jeu,* à tout le moins, elle a commencé à en faire la preuve; mais cet accord n'est-il pas le fait de tout créateur authentique, et ne peut-on également l'affirmer d'un Gratien Gélinas? Et comme Gélinas a été à l'origine du théâtre québécois contemporain, il se peut que Françoise Loranger trace la voie de l'avenir en proposant une dramaturgie nouvelle. «C'est finalement au niveau de sa dramaturgie, écrivait récemment Jean-Louis Roux, que s'affirmera la personnalité du Théâtre au Québec[13].» L'évolution du théâtre se poursuit; mais avec Françoise Loranger et de nombreux jeunes dramaturges, peut-être assistons-nous seulement à la naissance d'une «dramaturgie nationale»[14].

J.-C.G.

## Références

1. *Mathieu.* Montréal, Cercle du livre de France, 1949, p. 62.
2. Cela comprend aussi les téléséries. *À moitié sage* et *Sous le signe du lion* (celui-ci, un téléroman d'une exceptionnelle qualité), et surtout le téléthéâtre *Georges... oh! Georges!* (présenté en 1958 sous le titre de *Jour après jour*), dont l'ambiance et le décor rappellent tout particulièrement *Une maison... un jour. Un cri qui vient de loin* occupe cependant une place à part: on y retrouve les thèmes des œuvres de cette époque, mais sa présentation essentiellement visuelle en fait une œuvre «nouvelle».
3. Critique lucide de ses propres pièces, Françoise Loranger a bien vu cette faiblesse: «Dans *Une maison... un jour*, dit-elle, j'avais essayé de faire une pièce qui n'était pas centrée sur un personnage, mais sur le groupe, la famille. Mais après j'ai eu l'impression que c'était mauvais, que l'attention n'était pas retenue suffisamment sur un personnage et que, ce qui serait bon dans un roman, ne soutenait pas l'intérêt, était faible sur une scène.» (Interview accordée à l'auteur, août 1969.)
4. Même interview. Ailleurs encore, elle affirme: «La recherche de l'identité pour un être humain m'a toujours paru une des choses les plus importantes». (Interview accordée à un groupe d'étudiants de la faculté des Lettres de l'Université de Montréal, le 18 décembre 1968.)
5. *Encore cinq minutes*, suivi de *Un cri qui vient de loin.* Montréal, Cercle du livre de France, 1967, p. 7.
6. En ce sens, certes, *Encore cinq minutes* est bien une sorte de «cri qui vient de loin». Mais il y a d'autres similitudes entre les deux pièces. Bien que, au contraire de Gertrude, la transformation du héros d'*Un cri qui vient de loin* se traduise par le refus du départ (lequel, pour lui, a toujours signifié la fuite), son geste a la même signification, comme le montre bien le mot de la fin: «Est-il trop tard?... Est-il trop tard pour nous deux? Trop tard pour être heureux?» (*Un cri qui vient de loin*, p. 131).
7. *Double jeu.* Montréal, Leméac, «Théâtre canadien», 1969, p. 53.
8. Présentant *le Chemin du Roy*, elle écrit: «Sur le plan de ma carrière, je n'ai jamais déployé autant d'énergie à vouloir qu'une chose se fasse. Je le voulais d'autant plus que j'y trouvais l'occasion d'une rupture avec les formes conventionnelles de

théâtre et la possibilité de collaborer avec un auteur super-conscient des nouveaux problèmes de la scène.» *Le Chemin du Roy*. Montréal, Leméac, «Théâtre canadien», 1969, p. 8. Cette collaboration, «épineuse au début» mais finalement «fructueuse» avec Claude Levac, a été capitale. Sans doute est-il difficile de mesurer la part de l'un et de l'autre dans cette expérience; il importe, de toute manière, de reconnaître à Levac le mérite qui lui revient — ce que certains journalistes ont trop facilement omis de faire.

9. «*Double jeu* se voulait un spectacle de participation, une main tendue au public pour l'amener à sortir de son rôle passif, et le public a répondu à notre attente au-delà de nos espérances.» (*Double jeu*, p. 206)

10. *Canevas*, et non «une 'pièce' de théâtre», écrit Claude Levac à propos du *Chemin du Roy*. Et il précise: «Sauf chez les littérateurs, il ne saurait être question de la prédominance du texte écrit dans une production théâtrale. [...] Un canevas n'est pas fait pour être respecté, mais pour orienter, guider, et il s'attend à être modifié.» (*Le Chemin du Roy*, p. 14-15). Il est certain — c'est en quelque sorte un corollaire de cette nouvelle dramaturgie — que le texte immuable et définitif, tel qu'on le conçoit traditionnellement, tend un peu partout à être remplacé par le «canevas».

11. Cette efficacité ne tient-elle pas à la magie du nom, que le monde sémitique a de tous temps reconnue en établissant une «identification du mot et de la chose»? Naïm Kattan, *le Réel et le théâtral*. Montréal, HMH, 1970, p. 17. Dans la Bible, on le sait, *nommer* quelqu'un, c'est le posséder; *dire* son nom, c'est donc, au sens strict, se faire connaître et se donner.

12. Interview citée, août 1969.

13. «Le Théâtre québécois». *Europe — Littérature du Québec*, février-mars 1969, p. 225.

14. C'est encore à Jean-Louis Roux que j'emprunte cette expression. *Art. cit.*, p. 228.

# Chapitre 7
## Anne Hébert
## ou le temps dépaysé

Le théâtre est, avec les contes, le premier genre littéraire auquel s'est adonnée Anne Hébert. Avant même la poésie, qu'elle s'était juré, très jeune, de ne jamais pratiquer: «Ridicule la poésie, Ridicule et artificiel. Ce n'est pas sérieux[1]», pensait-elle — et on la comprend — en lisant les poèmes que publiaient les magazines féminins. Ce qui était sérieux alors, pour le futur auteur des *Songes en équilibre*, c'était les contes pour enfants, les contes de fées, les pièces de théâtre. Anne Hébert compare ainsi ses récits en prose et sa création poétique: «Il y a une espèce de tension, d'exigence qui est la même. Mais cela ne joue pas sur la même longueur de temps. Le poème produit une impression très forte mais rapide. Pour la nouvelle ou le roman, c'est long, il faut batailler plus longtemps. Il s'y ajoute aussi le plaisir de raconter une histoire[2]». Le plaisir d'écouter et de raconter des histoires — histoires vraies, comme celle de la nouvelle *Un grand mariage* que lui raconte un ami, ou celle du fait divers qui inspire *le Torrent*; histoires mythiques, comme *Don Quichotte* ou *Maria Chapdelaine* que lui lisait son père, le critique Maurice Hébert — se double chez la jeune Anne du plaisir de les jouer, de les mimer. «Le cadeau de Noël que traditionnellement les enfants Hébert offraient à leurs parents c'était une pièce d'Anne qu'ils montaient. Sans décor, ni costume [...] On prévenait les spectateurs que la table était une chaise, la chaise une horloge; le tapis le ciel et le reste à l'avenant[3]». Un tel décor et une telle mise en scène sont déjà des métaphores, presque une écriture.

Plus tard, à la salle paroissiale de Sainte-Catherine-de-Fossambault, l'été, Anne Hébert monte sur les planches aux côtés de son cousin Saint-Denys Garneau et des amis de celui-ci, et tient, par exemple, le rôle d'Angéline dans *le Malade imaginaire*. «...La jeune fille, alors d'une timidité insurmontable, qui la laissait sans parole et sans voix dans un salon, perdait toute inhibition dès qu'il s'agissait du théâtre.'Je n'ai jamais compris cela', dit-elle[3].» Le conte et le théâtre ne permirent pas seulement à Anne Hébert de parler, de s'exprimer socialement, en empruntant le masque de divers personnages, ils lui permirent lentement, par une sorte de maturation naturelle, de découvrir sa profession d'écrivain. Anne Hébert conserve ainsi dans ses cartons, à côté «d'innombrables contes pour enfants demeurés iné-dits» parce qu'elle les trouve «désuets», plus proches des contes de Perrault et de la comtesse de Ségur que de Tintin, quatre ou cinq pièces de théâtre dont elle dit: «elles étaient trop pleines de rêves, elles n'avaient pas assez de prise sur le réel. C'était trop littéraire pour être joué[4]». Trop littéraires peut-être, ces pièces préludaient tout de même à la naissance du poète.

Le théâtre[5] d'Anne Hébert, sans avoir toujours l'origi-nalité et la force de sa poésie, tient une place importante dans son œuvre, à côté du *Torrent*, des *Chambres de bois* et des nouvelles. Parmi les écrivains québécois qui ne sont pas d'abord ou exclusivement dramaturges — Thériault, Lange-vin, Savard, Simard, Filiatrault, Laurendeau, Élie, Jasmin, Blais, Maillet... — Anne Hébert est certainement de ceux qui manient avec le plus d'aisance et de maîtrise person-nages, intrigue, dialogues, écriture dramatiques. Son pas-sage à l'O.N.F. en 1953-54, son expérience de scripteur[6], a apporté à Anne Hébert, qui aimait déjà raconter et jouer, une connaissance directe et technique des problèmes et des arts de la communication.

La première pièce connue d'Anne Hébert, *les Invités au procès*, de 1952, conte radiophonique auquel sa destination et son genre permettent une multiplicité de lieux, d'actions, de personnages, ou de voix, difficile, sans adaptation, à représenter sur la scène, offre la même atmosphère violente et sulfureuse (de culpabilité, de cauchemar, de désolation et de mort), les mêmes thèmes, les mêmes images (l'étang, la noyade, les ossements, les chambres de débarras, la lourde maison trapue, la fleur au parfum magique, «fleur immense, morte et lisse, avec au centre un stigmate de sang» que ses premiers poèmes. Mais, alors que *les Songes en équilibre* et surtout *le Tombeau des Rois* sont d'une sobriété, d'une nudité lapidaires, *les Invités au procès* est une sorte de forêt vierge dense, riche, mais touffue, aussi fantasque que fantastique, plus romantique que surréaliste, plus symboliste que symbolique. Cette légende, ce conte polyphonique, n'a pas la rigueur et l'efficacité du *Torrent*, ni les qualités dramatiques de *la Mercière assassinée* et du *Temps sauvage*.

## La Mercière assassinée

> Je joue avec les petites villes.
> Je les renverse,
> Pas un homme ne s'en échappe
> Ni une fleur ni un enfant.
> ...
> J'écoute, l'oreille contre les portes
> J'approche une à une toutes les portes,
> De mon oreille.

> ANNE HÉBERT, LES PETITES VILLES[7]

*La Mercière assassinée* est une pièce divisée en quatre épisodes — quatre actes, si l'on veut — que l'on pourrait sous-intituler à peu près comme suit: 1. L'arrivée de Jean dans la ville et la nouvelle de l'assassinat de la mercière; 2. Les débuts de l'enquête et la première visite au château; 3. Le journal d'Adélaïde et la deuxième visite au château;

4. La liste des cinq noms, la troisième visite au château et la confession d'Olivier. L'intrigue, les policiers, les juges, les témoins et les coupables d'Anne Hébert ne sont pas ceux, trop logiques et trop secs, d'Agatha Christie ou de Boileau-Narcejac. Le centre de *la Mercière assassinée* est, plutôt qu'un meurtre, une morte, Adélaïde Menthe, modeste mercière, mystérieusement assassinée d'un coup de couteau entre les omoplates, victime qui se révèle à son tour coupable d'une série de meurtres, et un coupable qui a agi en état d'illégitime défense, Olivier de Beau-Bassin, victime quant à lui de la décadence de sa race. Victime-coupable et coupable-victime, morte-vivante et vivant-mort, se répondent symétriquement d'un bout de la pièce à l'autre, d'une extrémité à l'autre de l'échelle sociale.

Mais prenons l'intrigue à son début. L'assaillant de la mercière est-il le voyageur de commerce qui l'a découverte gisant derrière son comptoir, sur les carreaux du magasin? Ou Achille, le vagabond, le simple d'esprit qui sait trop de choses et compose d'inquiétantes chansons? Ou des voisins ou des étrangers, ou les habitants du château? Remarquons qu'à la surprise générale, la vieille dame, cette «petite créature... blanche», a laissé une grande mare de sang, qu'elle avait donc, indice sigificatif, plus de vitalité et de passion qu'on ne lui en supposait. Mais pourquoi s'attaquait-elle systématiquement à l'ancienne bande des jeunes châtelains?

L'enquête, très mal menée par un juge d'instruction courtelinesque, est aussitôt prise en mains par un jeune journaliste canadien en vacances en France, Jean Rivière. Un petit cahier vert, le journal d'Adélaïde, dont les derniers feuillets ne seront retrouvés qu'à la fin, sert de fil d'Ariane à notre policier amateur. Adélaïde Menthe, vieille fille sèche et droite, ordonnée et paisible, superstitieuse et honnête, a été une enfant, une jeune fille très pauvre, bafouée, humiliée, dépossédée. Contrairement à ce que pense le juge, c'est bien «en rêvant sur l'enfance de la mercière» que Jean parviendra à éclaircir le drame de sa mort et de sa vie. «Vieux château, vieille enfance», chante Achille. On reconnaît ici un double thème parmi les plus constants et les plus riches de l'œuvre d'Anne Hébert:

> Ce mirage de château
> À la droite
> De notre enfance,
> ...
> Les pas des morts
> Les pas des morts
> Nous accompagnent.
> ...
> Et, vieille image
> Château village
> Croulant au soleil
> Sous le poids léger
> D'un seul pendu[8]

«Adélaïde, en face de l'existence, se trouve dans une situation d'infériorité et d'aliénation, contre laquelle elle se révolte. Son rapport avec la société est exactement le prolongement de celui de François avec sa mère, dans *le Torrent*, d'Aline avec le seigneur dans *les Chambres de bois* [...] de Stella avec la société, dans *la Mort de Stella*», comme le note Pierre Pagé[9]. La vie «sclérosée et dépourvue de signification d'une vieille fille qui n'a jamais connu l'amour», Mademoiselle de Bichette, dans *la Maison de l'Esplanade*, est semblable à l'existence apparente de notre mercière. Plus proches de la véritable Adélaïde, préfigurant sa révolte, sont le visage dur et ravagé de la Métisse Délia, prise à seize ans puis trahie et abandonnée par le bourgeois Augustin Berthelot, dans *Un grand mariage*, et le geste de revanche contre la vie d'une autre servante désespérée, «la Catherine, la Puce», qui plante un couteau dans la gorge du beau soldat ivre qui l'a aimée sans voir son visage et dont elle veut conserver intact le souvenir. «Dans cet œil bleu qui se fige pour toujours, un instant elle a vu luire je ne sais quelle enfance, jardin d'où elle demeure à tout jamais chassée[10].» Que serait le printemps de Catherine sans son hiver, le jardin de Catherine sans son désert?[11]

Les parents de la mercière assassinée, comme ceux de Catherine, de Délia, et des autres servantes pauvres, quasi orphelines, d'Anne Hébert, étaient de «drôles de gens», chiffonniers venus d'ailleurs, de nulle part, qui ne parlaient à personne et «travaillaient, les dents serrées, comme des enragés...» Ils faisaient les travaux les plus durs, les plus répugnants, ceux qu'on réserve maintenant en France aux prolétaires étrangers, nord-africains ou ibériques. Encore enfant, Adélaïde est domestique, manœuvre, comme ses parents. Elle leur ressemble, sauf sur deux points: la propreté («tirée à quatre épingles») et l'ambition.

Elle poursuit seule ses études élémentaires: ses carnets sont pleins d'opérations arithmétiques et de règles de grammaire copiées et recopiées. Adélaïde a un but dans la vie, une discipline. La force de caractère qu'il a fallu à l'ancienne domestique ignare et «pauvre comme la gale» pour acheter et gérer un commerce indépendant, ne cache-t-elle pas une motivation plus profonde que l'argent et la respectabilité petite-bourgeoise? L'amour, par exemple, ou la haine, la vengeance? Jean Rivière interroge à ce sujet tous ceux qui ont connu la mercière. Mais tous l'ont connue très peu, sauf Achille, qui a tout deviné, et Olivier, qui a tout déclenché.

Un jour — elle a quinze ans — qu'Adélaïde fait le ménage, comme d'habitude, dans les vastes pièces du château de Beau-Bassin, à deux pas de la ville, une petite bande de jeunes filles en fleurs, parentes ou invitées des châtelains, s'amuse à parer l'adolescente aux gros bas noirs de vêtements élégants, à lui prêter des bijoux pour la fête qui doit marquer le retour du jeune marquis, héritier du titre, Olivier. Dans une des séquences rétrospectives, et une des plus télévisuelles, de *la Mercière assassinée*, le jeune homme de 1914, séduit par sa beauté, danse «un peu comme en rêve» avec la domestique déguisée, et veut l'entraîner au jardin pour une promenade sentimentale. Alors, sa sœur, Véronique de Beau-Bassin, et les amies de celle-ci, prises à leur propre piège, jalouses, dénoncent la jeune domestique

180

comme une intrigante, une voleuse. Olivier essaie de déganter sa partenaire pour examiner ces mains qu'on dit rouges et sèches:

> — Enlevez-lui son corsage de soie, elle me l'a pris!
> — Enlevez-lui sa jupe de velours et ses souliers fins!
> — Enlevez-lui ses bas!
> — Enlevez-lui son collier de perles; elle me l'a volé!
> — En chemise! En chemise! (p. 144-145)

se mettent à crier et à harceler en chœur, «comme des guêpes furieuses», les demoiselles de la bande. Olivier obéit à leurs ordres, hausse les épaules et laisse retourner chez elle, chez ses parents qui la fouettent, «en chemise et pieds nus» dans la nuit, l'adolescente qu'il s'apprêtait à aimer. Voici l'explication qu'il donne à Jean de son geste:

> Quant à moi, je ne sais pas au juste ce qui m'a pris, outre ma lâcheté naturelle dont je vous ai déjà parlé. Mais cela a été plus fort que moi. Je la désirais pourtant cette petite avec ses traits courts, ses beaux cheveux, ses yeux inquiets. Mais dès que ces demoiselles ont commencé à l'injurier, son visage s'est durci comme la pierre. Et j'ai alors éprouvé jusqu'au fond des os l'envie irrésistible de voir ce visage d'enfant s'achever sous mes yeux, perdre toute douceur, toute innocence, se sécher comme du sable. J'ai été exaucé au-delà de toute espérance, et lorsque après l'avoir déshabillée, j'ai tenté de lui enlever le collier, elle m'a regardé avec une telle haine dans les yeux que j'ai été comblé à l'instant même[12]...

Cette mort brusque et brutale de l'enfance, ce déroulement de la mémoire, ces assassinat de l'innocence et de la joie, ce renversement absolu de la grâce à la disgrâce, de la fraîcheur à la révolte et à la haine, est sans doute le thème essentiel de *la Mercière assassinée*. Olivier, comme sa sœur et ses amies, «descendants abâtardis d'une race dont la vigueur et la noblesse ne sont plus que des souvenirs», tels ceux des

*Chambres de bois* et d'*Un Grand Mariage*[13], Olivier est jaloux de l'intégrité et de la force immobile d'Adélaïde, jaloux de son enfance. Il tue cette enfance, et cherche à se l'incorporer, en déshabillant et humiliant l'adolescente. Jean, le journaliste canadien, réussit en quelque sorte l'opération inverse: il revêt Adélaïde de son passé, de son enfance, et dépouille Olivier de ses attitudes, de son hypocrisie, de sa lâcheté.

La vengeance, longuement mûrie et soigneusement camouflée, de la mercière contre les aristocrates, est à la fois une lutte de classes et une défense de sa dignité personnelle:

> Je jure sur mon âme perdue et se perdant volontairement, par résolution consciente et réfléchie, que pas un des témoins de mon humiliation au château de Beau-Bassin qui ne sera détruit par moi, en temps et aux lieux propices, cela dût-il me coûter la vie. Signé: Adélaïde Menthe[14], Juillet 1914.

Olivier était au courant depuis longtemps des sombres activités de la mercière, qui venait rôder comme une ombre, déguisée et masquée, dans le parc du château. Mais le spectacle l'intéressait, le passionnait, lui, veule et pleutre, vieux viveur oisif, d'une volonté aussi tendue, d'une détermination aussi farouche: «C'est si rare, monsieur, dit-il au journaliste, quelqu'un qui pousse sa propre damnation jusqu'au bout. Adélaïde, elle, en était capable, et je voulais voir comment elle s'y prendrait, bien résolu toutefois à intervenir dès que ma vie serait en danger». (p. 149) Sa vie est en danger dès le premier jour; il se prend au spectacle et interviendra trop tard.

Olivier se sent jusqu'à un certain point complice d'Adélaïde. Par curiosité, désœuvrement, ennui, il rêve que c'est lui le maître du cirque, le dompteur qui a lâché dans la ville cette «bête malfaisante». Et il est «heureux, inexplicablement heureux». Lui qui affectionne les miroirs[15], les maquillages, les coups de dés, il reconnaît en la mercière une actrice de premier ordre, une actrice tragique, qui n'a qu'un rôle, mais le tient jusqu'au bout, jusqu'à la mort, tandis qu'il doit se contenter, lui, de jouer au noble et à l'homme encore jeune, de figurer, impassible, aux côtés de sa mère, dans les cérémonies officielles du canton. À la marquise qui le félicite de sa tenue lors des obsèques de la mercière il répond: «Un jour, j'ai été très beau, presque majestueux, l'apogée de ma race je crois. Cela n'a pas duré très longtemps, à peine le temps d'une guerre, l'espace du matin. Mais j'ai de la mémoire, je m'en souviens...» (p. 126)

Il existe un lien subtil — Achille le souligne dans ses chansons — entre la guerre et le bal du château: «Un jour il y a eu une fête au château... c'était en juillet, je crois... C'est cela, une grande fête cruelle... Le lendemain c'était la guerre. J'ai eu très peur et je me suis caché le visage dans les mains.» (p. 105) Comme il a su éviter le service militaire — il a passé les quatre ans de guerre, de la guerre de 14, «à manger des fromages délicieux et à écouter le tic-tac impeccable des saisons suisses» (p. 146) — Olivier a tenté de laisser quelqu'un d'autre se souvenir à sa place, compromettre sa vie et sa maturité. Mais bientôt il ne peut supporter «ce fixe et dur regard d'oiseau»... d'Adélaïde. Il fuit «comme un enfant que l'on menace du fond de la nuit». (p. 149) Faux enfant, vieil enfant, maniaque et taré, Olivier se sent à la fin jugé, condamné par la mercière. Cet œil de Caïn le poursuivra jusque dans la tombe s'il ne tente pas un geste désespéré.

Olivier, qui, à la suite du meurtre de la mercière erre dans les bois, échevelé, hagard, en loques, comme Caligula après la mort de sa sœur, ressemble par bien des aspects au héros de *la Chute* d'Albert Camus, récit paru en 1956, deux ans avant la pièce d'Anne Hébert. Même rhétorique, même fièvre, même ironie amère, double face, double jeu, auquel le protagoniste se prend lui-même et voudrait entraîner son interlocuteur. Olivier propose à Jean, au cours d'une partie de dés généreusement arrosée:

Imaginons que je vous ai rencontré dans un bar vers cinq heures du matin [...]. C'est pour l'ambiance, les fausses confidences, la complicité du petit matin. Vous l'innocent, vous devez avoir envie de tout cela, comme d'un fruit défendu? Encore un petit verre et vous y serez. Vous verrez c'est une sorte d'osmose, un miracle de la série noire. À la longue plus d'innocent du tout! Tous frères, tous à table, à se faire des aveux sordides, entre deux verres. Tiens, j'encore gagné! (p. 128-129)

Le hasard est la seule machine imaginée par Olivier pour bloquer et contrecarrer le destin. Il s'en remet à la chance de corriger la nature, l'hérédité et l'éducation. Le marquis de Beau-Bassin est une espèce de juge-pénitent, empêtré dans sa culpabilité, tourmenté à la fois par son goût de la mise en scène et un certain besoin d'authenticité. La culpabilité de tous, c'était également la solution trouvée par Jean-Baptiste Clamence à sa mauvaise conscience. «Nous ne pouvons affirmer l'innocence de personne, tandis que nous pouvons affirmer à coup sûr la culpabilité de tous. Chaque homme témoigne du crime de tous les autres, voilà ma foi, et mon espérance», proclamait le héros de Camus[16]. Celui d'Anne Hébert est plus modeste. Il est plutôt spectateur — on pourrait même dire voyeur — qu'acteur. La mercière vit à sa place l'aventure cruelle du justicier. Olivier la tue sans doute pour des raisons morales ou métaphysiques, mais aussi par déchéance biologique et psychologique, par crainte physique de mourir lui-même assassiné. Il ressemble encore ici à Clamence, qui, par peur de l'eau froide, refusa de plonger d'un pont de la Seine pour porter secours à une jeune femme qui se noyait.

La dernière réplique d'Olivier, épuisé, qui ne songe qu'à dormir, fût-ce du sommeil de la prison et de la guillotine, est un hommage à l'intransigeance, à la fidélité, à la noblesse de la mercière assassinée: «Bon, je crois que le serment de la petite Adélaïde s'accomplira jusqu'au bout à présent. Me voilà fait. La mercière à gagné. La mercière est morte! Vive la mercière!» (p. 153)

* * *

L'accent même de ce dénouement nous ramène à d'autres aspects, non moins importants, de la pièce d'Anne Hébert. Le cri final d'Olivier, même ivre d'alcool, d'émotions et de fatigue, n'est pas du tout un cri tragique, un sommet bouleversant. C'est un cri tragi-comique, absolument fidèle au rythme général, à la couleur et au ton de la pièce. *La Mercière assassinée* est-elle un drame policier, psychologique? Une comédie de mœurs? Une scène de la vie de province et de la décadence d'une grande famille? Un peu tout cela, avec différents accents suivant les lieux et les épisodes. On y perçoit un rythme vif, allègre, un ton souvent léger, un regard amusé et amusant, qui rapproche *la Mercière* de la veine «réaliste» de quelques nouvelles de l'auteur: *Shannon, Un grand mariage, la Mort de Stella*. Mais *la Mercière assassinée* n'est pas seulement plus élaborée, plus complexe que ces assez courtes nouvelles, elle est plus variée, plus souple, passant de la description objective au lyrisme, des mouvements de foule aux conversations de salon, de l'interrogatoire quasi judiciaire au mélodrame, de l'analyse à la fable, avec beaucoup de liberté, de fantaisie et de justesse.

Malgré le château mystérieux, la «fête étrange», la venue d'ailleurs des parents d'Adélaïde, la marquise vêtue pour un bal du début du siècle, ce n'est pas au *Grand Meaulnes* — comme *les Chambres de bois* — que fait surtout songer *la Mercière assassinée*. On pourrait évoquer Cocteau, peut-être, ses *Enfants terribles* et sa désinvolture intelligente à moderniser les mythes; *le Bal des voleurs* aussi, mais sans la cadence, l'acuité et la méchanceté d'Anouilh. Anne Hébert nous montre, dès la première scène de sa pièce, la maquette d'une petite ville de France, tout ordinaire, de celles qu'on traverse habituellement sans s'y arrêter[17]»; place de la mairie, monument aux morts, rue de la République, Abbaye Sainte-Odile, Hôtel de l'Image, parc et château... «Hôtel de l'Image» est un nom très peu provincial, trop sophistiqué, trop poétique, mais pour le reste,

185

ce pourrait être Bellac ou Châteauroux, ou encore le Saint-Sauveur-en-Puisaye de Colette, ou Guéret, la Chaminadour de Marcel Jouhandeau.

Nous sommes, avec *la Mercière assassinée*, dans les provinces les plus provinciales de France, les plus belles peut-être, les plus françaises en tout cas: celles du Centre, ces provinces qui ont servi de cadre à Balzac et à Georges Sand, à Alain-Fournier et à Genevoix, à Colette et à Giraudoux. Mais la Sologne d'Alain-Fournier est trop désolée, la Bourgogne de Colette trop grasse, trop odorante, c'est au Giraudoux d'*Intermezzo* et de l'*Apollon de Bellac* qu'il convient de se référer. Même si *la Mercière assassinée* est assez précisément située, à une cinquantaine de kilomètres de Reims, dans la Marne champenoise, où Jean Rivière descend de sa vespa sur la grand-place, un beau soir de juin, après avoir roulé toute la journée à travers «les hautes futaies de Sainte-Odile», c'est, imaginativement et littérairement, près du Limousin que nous sommes, près de Jean Giraudoux, de ses qualités d'écriture, de son charme faussement paisible, de sa connaissance profonde des paysages, des mœurs et de la vie de province, de son attendrissement, légèrement ironique, sur les boutiquiers, commerçants et petits fonctionnaires de sous-préfectures.

*La Mercière assassinée* exclut ces paysages excentriques et tourmentés, grandioses et exceptionnels, qu'offrent la Bretagne ou l'Alsace, les Alpes ou les Landes, les Pyrénées ou la Provence. Nous ne sommes pas en face de l'Angleterre ou de l'Italie, à deux pas de l'Allemagne ou de l'Espagne; nous ne sommes pas à la montagne ou à la mer, mais à la campagne, la vraie, onduleuse et fraîche, routinière et mystérieuse; la campagne française typique, avec ses chemins creux, ses rivières, ses coteaux modérés, ses allées de gravier, ses vergers, ses confitures aux mirabelles. Anne Hébert insiste dans ses indications scéniques sur le caractère pas exactement pittoresque, mais typiquement provincial, conservateur, désuet, inébranlable et séduisant, de la petite ville anonyme de *la Mercière*. On s'y couche tôt, la vie s'y écoule lente et monotone entre les étalages vieillots, parmi les meubles d'époque, derrière les volets clos. Les personnages y sont étiquetés d'après leur fonction, leur famille, leurs opinions politiques, leurs croyances, leurs manies. Il y a la dame de la messe de cinq heures — cinq heures du matin, bien entendu — le couple sourd de rentiers, le voyageur de commerce cocu et hargneux, qui y va de son petit couplet sur «leur justice», le clochard philosophe, le garagiste désinvolte et artisanal, l'agent «très province» qui «crie sans conviction», à intervalles réguliers: «Circulez! Circulez, nom de nom!» aux badauds rassemblés devant la mercerie.

Les noms mêmes sont savoureusement provinciaux: près de la nature, on s'affuble de noms d'oiseaux: Pinsonnet, Lamouette; «Philippe Floche, mon nom, che comme cheval...», précise le juge d'instruction en se présentant au journaliste. On s'appelle encore Achille ou Amédée, Maria ou Adélaïde. Vicki sans doute n'est pas un prénom très provincial, mais il est porté par la patronne de l'hôtel — l'Hôtel de l'Image, justement — veuve joyeuse à qui sa clientèle un tant soit peu internationale, puisqu'on y rencontre en même temps une Anglaise, un Lyonnais et un Canadien, a pu ouvrir des horizons plus larges, permettre diverses fantaisies. Ce nom de Vicki convient d'ailleurs admirablement aux minauderies de l'hôtelière, à ses petits cris de souris, à ses lourds cheveux roux, à son parfum de renard. Vicki, au surplus, n'aime pas sa ville, ni sa province, ce qui est la façon la plus sûre pour une jeune femme de manifester inconsciemment son caractère provincial: «Vous ne savez pas ce que c'est que la même petite ville du soir au matin, de la naissance à la mort... Enfin, heureusement que je lis les journaux. (*Ton confidentiel*) Et puis, j'aime beaucoup les romans...» confie-t-elle naïvement à Jean, dès sa descente à l'hôtel. (p. 93)

C'est une province française vue de l'extérieur et non vécue de l'intérieur que nous présente Anne Hébert dans *la Mercière assassinée*. Une France visitée, parcourue, observée. Une France touristique, mais pour touristes avertis, amis, connaisseurs, capables de goûter des beautés plus sereines et plus cachées que le Mont-Saint-Michel ou la Croisette. Ce pourrait être, c'est une France pour Canadiens français.

On regarde notre compatriote Jean Rivière «avec une curiosité presque malveillante», au début, l'hôtelière le prend d'abord pour un Américain, lui refuse sa meilleure chambre — «le 30 n'est pas tout à fait libre, ce soir...» — avant de reconnaître, par de petits cris, son erreur, et de le loger dans la chambre réservée par le juge d'instruction. Pour le 44 comme pour le 30, c'est d'ailleurs le même inventaire, le même boniment: «...du côté jardin, chèvre-feuille et jasmin, vue imprenable, eau courante, édredon de plumes fines triées à la main. Si monsieur veut se donner la peine de me suivre». (p. 91) La plupart des personnages français de *la Mercière assassinée* se comportent, à un moment ou l'autre, comme des cicérones, des guides historiques, routiers ou artistiques. L'hôtelière, on vient de le voir, parle comme le *Guide Michelin* rouge. Le garagiste, tout aussi professionnellement, détaille le *Guide* vert et la carte Michelin au 1/200 000.

JEAN — Il y a combien de kilomètres d'ici à Reims?

LE GARAGISTE, *il allume sa cigarette* — 40, 50, ou 60 km... ça dépend.

JEAN — Comment? ça dépend de quoi?

LE GARAGISTE — De la route qu'on suit; la nationale, la départementale, la vicinale, la verte. C'est selon...

JEAN — La verte?

LE GARAGISTE — La route verte quoi, la pittoresque, la ravissante, celle pour les touristes et les amoureux. Croyez-moi, prenez la verte, c'est plein de canaux et de champs, c'est joli, surtout le matin, avec un petit brouil-lard sur l'eau et les pâturages. Vous m'en donnerez des nouvelles... (p. 89)

Achille, le fou chantant, le sage, le prophète, débite d'un ton monotone, comme une leçon apprise, à Jean qui lui demande la route du château:

> N'y allez pas, monsieur! Ce château est faux, monsieur, insidieusement menteur et faux. La tour du XIᵉ siècle a été refaite au XIXᵉ siècle et la chapelle du XIVᵉ a été détruite à la Révolution. Et pour ce qui est des maîtres de ce château, ce sont des imposteurs. Malheur à celui qui s'y fie! (p. 84)

Enfin, le juge raide, cérémonieux, au garde-à-vous, qui a parfois les expessions du notaire Le Potiron d'*Un homme et son péché* — «exactement et parfaitement» — s'exprime aussi comme un guide officiel de musées ou de monuments. Anne Hébert a seulement mêlé à son discours, de façon presque surréaliste, des bribes de revanche inconsciente du fonctionnaire contre les nobles:

> Le marquisat du Beau-Bassin remonde aux croisades. C'est extraordinaire. Vous serez le premier étranger à pénétrer au château depuis le Prince Noir, je crois. Vous verrez: gloire surannée, plancher vermoulu, moisi, poussière, rats, valets hargneux, royalistes purs, perles véritables, rivières de diamants, cabinets mérovingiens, hauteur et morgue, sens du devoir bizarre et charmant, noblesse oblige, vous ferait couper la tête pour un oui ou pour un non, nostalgie du pouvoir absolu... (p. 106)

\* \* \*

Pourquoi un protagoniste canadien dans la pièce? Simple et commode représentant de l'auteur, qui tire les ficelles de l'intrigue à sa place? Jean est plus que cela, plus qu'un reporter, un policier et un psychologue. C'est presque un justicier; c'est lui le véritable juge d'instruction, celui qui débrouille et dénoue les fils, donne à chacun son vrai visage, sa vraie lumière. Il est différent et en même temps reconnu, accepté par tous, jusque dans la mercerie, par le juge, dans le château, par Olivier. Jean Rivière, qui scrute la petite histoire de la ville et l'enfance d'Adélaïde, c'est un peu, et même beaucoup, le Canada français, le Québec, qui interroge l'histoire de France, considère ses propres origines, éprouve son enracinement, remonte à une enfance ancestrale. «Je n'ai pas sommeil. Cette petite ville encore inconnue il y a quelques jours à peine, me tourmente à présent comme une vieille connaissance secrète et fantasque», prononce Jean pour lui-même, accoudé à sa fenêtre, au début du troisième épisode.

Car ce n'est pas arbitrairement ou accessoirement que Jean est Canadien. Tous ses interlocuteurs le lui rappellent, s'en étonnent ou s'en réjouissent. Personne ne le traite comme un journaliste local, ou parisien, ou complètement étranger. Voici la supplique de la marquise à Jean:

LA MARQUISE — ...Où en étais-je? Ah oui! La France se désagrège depuis 89, quelle pitié, tandis qu'au Canada, on n'a pas subi les horreurs de la Révolution. (*D'un air rêveur*) C'est encore le XVIIe là-bas: moé, toé, fret, dret, la langue du roé, quoi. Ah! les larmes m'en viennent aux yeux. J'ai une telle nostalgie qui me serre le cœur. Parlez-moi, monsieur, parlez-moi la langue du Canada, je vous en prie...

JEAN — Kamouraska, Kénogami, Chicoutimi, Caughnawaga, Chibaugamau, Richebouc, Yamaska, placotter, magasiner, t'avais ben enbelle, O.K. All right, on est paré, t'es ben smatte...

LA MARQUISE — Mon Dieu! Qu'est-ce qu'il a dit? C'est terrifiant!

LE JUGE — Je n'en ai pas la moindre idée. Ce garçon est sauvage et n'a aucune éducation!

LA MARQUISE — Ça sent le Nouveau-Monde à plein nez! Aucune éducation! Ah! ce n'est pas comme mon fils; grâce délétère, charme pervers, fin viveur, mon petit

> Olivier se conduit fort mal, je le sais, mais il a de la race, lui. (p. 109-110)

Rivière n'est pas, en effet, du côté des anciens nobles dégénérés. Il n'est pas non plus un personnage de *Maria Chapdelaine*, cousin pittoresque et folklorique, reste du «bon peuple» déférent et soumis. Il n'est pas pour autant un touriste indifférent et blasé; tout lui parle, au contraire, dans ce qu'il voit: les pierres et les êtres, le présent et le passé. Il est souvent surpris, séduit. Il est «fasciné» par la collection d'armes d'Olivier, «fasciné» par la beauté du château, aussi bien que l'existence rangée et secrète de la mercière, ou les malheurs de Maria, la petite servante de l'hôtel.

René Chicoine écrivait, dans sa chronique de télévision du *Devoir* (5 août 1958): «Jusqu'au milieu du troisième épisode, toutes les scènes se passent par rapport au héros. Nous le suivons pas à pas, rien ne se dit qu'il n'entende ou dont il ne perdra que les pemiers mots. Voici que tout à coup se déroule une longue conversation entre la châtelaine et son fils, conversation qui échappe à l'enquêteur car il ne viendra au château qu'après cette scène. Ce changement d'optique ne peut se défendre que dans les cas extrêmement rares». Il se défend fort bien ici, le château et les châtelains se dérobant à tous les points de vue, résistant à la démarche et à la parole de Jean.

On peut se demander si le journaliste canadien, qui est jeune et sain, sans préjugés, ouvert et sympathique, ne représente pas une sorte d'envers, de nouvelle enfance des personnages de *la Mercière assassinée*. Ce jeune homme sportif, qui boit de la bière, prend des toasts et des œufs au bacon à son petit déjeuner — au grand étonnement de la servante, qu'il traite gentiment de «petite niochonne» et qui lui répond avec non moins d'amitié: «Allez, à revoir, Niochon!» — ce jeune homme qui se moque des notables, des gens en place, n'est-il pas le frère d'Adélaïde, de Maria et d'Achille, qui arrive au pays de ses ancêtres, au pays de Vieille-France, pour connaître et reconnaître, pour épousseter, aérer, départager le faux de l'authentique, dégager, *la* tradition *des* traditions? La pièce d'Anne Hébert, fable à la Giraudoux — pensons à *Siegfried et le Limousin, Suzanne et le Pacifique* — pourrait être intitulée: *la Mercière assassinée* ou *Un Québécois dans les secrets de la province française*. Un Québécois chez lui non parmi l'élite, mais avec le peuple français.

## Le Temps sauvage

> Le jour charrie des neiges déchues, salies, moisies, ruinées
> Le gel s'ouvre les veines, et le cœur de la terre se dégage parmi les sources bousculées
> L'hiver chavire et se déchire comme une mauvaise écaille,
> le monde est nu sous les lichens amers...
>
> *Printemps sur la ville* (LE TOMBEAU DES ROIS)

*Le Temps sauvage* est la plus grave, la plus complexe, la plus engagée et la plus exigeante des pièces d'Anne Hébert. Est-ce une pièce philosophique? Pas une pièce à thèse en tout cas. La mécanique n'est pas aussi intellectuellement réglée ici que chez un Gabriel Marcel ou un Sartre. C'est Tchekhov et Lorca que les critiques[18] ont le plus souvent évoqués à propos du thème, du rythme, des personnages, de l'atmosphère du *Temps sauvage*. On pourrait penser aussi à Claudel. Dans *le Temps sauvage* — le titre déjà l'indique, avec son épithète inattendue et concrète — Anne Hébert a l'art, claudélien et biblique, d'incarner les termes les plus abstraits, d'utiliser à des fins poétiques ou dramatiques les formules et les symboles de la liturgie. Il y a plus d'ascèse, de sagesse, de mystique, dans *le Temps sauvage*, que de philosophie rationnelle à l'occidentale. Anne Hébert analyse moins qu'elle ne contemple, qu'elle ne voit et ne donne à voir. De la maison fermée à l'eau et la parole, comme dans les *Cinq Grandes Odes*, le «temps sauvage» se déploie sans comlètement s'élucider. Le clair-obscur de la forêt demeure.

*Le Temps sauvage* est la confrontation rude et passionnée de deux générations, deux modes de vie, deux ordres de valeurs, deux rêves. Mais ce sont moins des problèmes qui sont ici posés — problèmes de l'amour, de la vie de famille, de l'héritage sous toutes ses formes, problèmes de l'insertion du temps intérieur, personnel, dans la durée collective, problèmes du passage de l'enfance à la maturité, problèmes de la culpabilité et de la responsabilité, etc. — que des hommes, et surtout des femmes, Agnès, Isabelle, Lucie, avec leurs hésitations, leur ambiguïté, leur force et leurs faiblesses, et un cadre irremplaçable qui à la fois les contient et les dépasse. Rien n'est absolument tranché, malgré une progression évidente, dans *le Temps sauvage*. Diverses saisons, divers profils, diverses facettes nous sont présentés d'une terre, d'une nuit, et singulièrement d'une Mère-Terre, d'une Mère-Nuit. *Le Temps sauvage*, c'est une longue tempête où les nuages se déchirent, où l'éclair détermine des zones d'ombre, où les arbres tout à coup grandissent, magnifiques et foudroyés. Le paysage apparaît tout à tout très proche et très lointain, désertique et vivant, lunaire et familier.

Quel est ce temps, le temps «sauvage» auquel nous réfère Anne Hébert dans le titre de sa pièce? Voyons d'abord l'épithète. Les enfants d'Agnès et François Joncas grandissent «en toute ignorance, comme des mauvaises herbes, des espèces de fougères folles», «innocents et barbares», dans un pays en friche. Autant qu'à la ville, Agnès s'oppose à la campagne civilisée, mécanisée, organisée techniquement et socialement. Rien ne ressemble moins, comme cadre, à la campagne québécoise typique — celle des plaines du Saint-Laurent, du Richelieu ou du Lac-Saint-Jean — que le flanc de montagne où s'est accrochée la famille Joncas. Ce n'est pas d'agriculture, de mise en marché, de relations de voisinage ou de cousinage qu'il est question ici, non plus que de politique, d'église ou d'école, mais de vie lente, passive, végétative, marginale. On ne travaille que de façon sporadique chez les Joncas, pour tuer le temps, pour ne pas se tuer

soi-même ou mourir d'ennui: les femmes tricotent et frico-
tent, François lit un peu, Sébastien «trappe» et chasse. On ne
produit pas, on vit sur le capital d'un vieil héritage[19].

Cet espace brut, à peine exploré et tout à fait inexploité,
engendre ou traduit un temps tout aussi sauvage, primitif,
inculte. Un temps archaïque, comme celui des mythes, des
épopées, comme celui, pour rester dans le domaine du théâtre québécois, du *Samaritain* d'Yves Thériault? Contrairement à ce qui se passe chez Thériault, le temps «sauvage»
n'est nullement privilégié chez Anne Hébert. Le temps
sauvage, ici, n'est pas un temps exemplaire, un archétype,
temps de l'âge d'or ou des commencements absolus. Le
temps d'Agnès Joncas ne commence rien, il nie, il termine
quelque chose. Il ne retourne pas au début, ne va pas au
ressourcement, à l'enracinement, à la tradition; il se met
platement en marge, de côté, en arrière et non au fond. Il
n'est pas prototypique, mais anachronique. «Quelle drôle
d'histoire tout de même. Un jour Agnès, votre mère, a pris
pour époux le boiteux, votre père et, dès qu'elle eût mis au
monde des petits, les a pris entre ses dents, comme une
chatte traquée, et s'en est allée les cacher, très loin, dans la
montagne...[20]» François, le père, boiteux, au pemier acte de
la pièce, raconte ainsi à ses enfants, comme une fable, une
parabole, les débuts lointains, l'origine du *Temps sauvage*.
Car le drame se prépare, se condense bien avant le lever du
rideau. Depuis vingt ans, Agnès Joncas n'a pas quitté sa
montagne, sa maison, sa famille, telle une chatte frileuse et
craintive, aux griffes rentrées mais acérées.

Or, elle doit demain entreprendre un voyage de quatre
heures en train, au plus fort de l'hiver, pour aller enterrer à
Montréal sa sœur Nathalie, sa cadette, son exact opposé, sa
rivale, celle qui a ravi autrefois le fiancé de sa grande sœur.
Agnès Joncas affronte l'espace, premier signe, premier acte,
l'affrontement du temps qui s'imposera à elle au cours de la
pièce. Partie de son coin perdu, de son espace sauvage,
Agnès doit toucher, un jour ou deux, l'espace civilisé, la
grande ville, qu'elle décrit en recourant aux clichés les plus

éculés: «La ville est mauvaise comme un champ d'herbe à puces. L'air qu'on y respire est pollué, l'eau qu'on y boit sent l'eau de Javel, et les enfants s'étiolent là-bas comme des oiseaux en cage». (p. 11) Agnès ne se rend pas compte que son propre champ est aride, son eau amère, son air irrespirable, ses enfants emprisonnés. Ce n'est pas la nature qu'elle a rejointe en installant les siens dans l'isolement le plus radical, c'est l'antinature, les préjugés, l'obsession, la stérilité; ce n'est pas, chez elle, l'oasis, le paradis retrouvé, mais le péché originel perpétué, le complexe de culpabilité florissant. L'espace naturel, contrairement aux apparences, serait plutôt celui habité par sa sœur Nathalie, citadine émancipée et sociable, et dont héritera Isabelle, orpheline ramenée par sa tante dans la montagne.

Le «beau visage aveugle» de la fille de Nathalie est une terre vierge, mystérieuse, secrète, qui ne se connaît pas encore, qui pourra être ceci ou cela selon l'inclination et le vent. Agnès n'a pas sculpé et ne pourra pétrir ni pétrifier ce visage trop dur, à la fois vide et plein, disponible et fermé, inattaquable, intact. Isabelle est, pour le moment, ni bonne ni méchante, sans passion, «lisse et douce comme une morte», non pas même espérance, mais attente passive, indifférence, miroir, reflet. Seuls la colère ou l'amour sauront donner un nom, un état, un feu, au fragile et joli visage d'Isabelle. Elle qui n'était, au cours des premiers actes, que l'«étrangère», le témoin, le catalyseur des réactions de la famille Joncas, jalouse seulement de son indépendance et de sa liberté, elle devient à la fin, ayant connu Sébastien, ayant connu l'amour, une vraie femme, la première de la famille, avec un nom et un visage nouveaux:

Ah! je ne regrette qu'une chose c'est de n'avoir pas su garder mon secret. Mais j'existe soudain si fort dans mon cœur que je ne puis plus me taire. Ma vie éclate dans mes veines et il faut que je le dise. Je suis fatiguée de me taire, je suis fatiguée de sortir en cachette, je suis fatiguée de marcher sur la pointe des pieds, je suis fatiguée de dissimuler ma joie ou ma peine. Je n'en puis plus d'enfuir mon visage dans mes mains[21].

Sébastien n'est pas à la hauteur de cette flamme. L'amour de sa cousine l'a pris par surprise; il le fuit, le redoute. «Avec toi, je suis trop heureux, dit-il à Isabelle. Je me méfie de cette paix victorieuse qui me monte à la tête. Pour réussir je dois demeurer en guerre et en armes.» (p. 63) Sébastien voit dans l'amour une démission, une paix honteuse. Il voit l'amour d'une femme comme l'amour de sa mère: un refuge, un abri. Il oppose ce qu'il appelle «réussir», sa vie, son travail, son art, à l'amour qu'il ressent, et qu'il sait partagé par Isabelle. Il transpose sur une toile le visage aimé; il attache la jeune fille à son chevalet, il se l'approprie, l'accapare; il monnaie, comme autrefois ses plus belles fourrures, l'expérience vécue avec Isabelle. Sébastien ne connaît pas, ne connaîtra jamais sa cousine. Il l'assimile faussement aux femmes de sa famille, à la vie d'ici, au paysage de son enfance, à la forêt dont il se défend pour retourner à la ville vendre ses tableaux, faire carrière. Cette «vie neuve» dont il a besoin, il ne se rend pas compte qu'Isabelle peut la lui apporter; qu'au contraire, sa peinture, c'est encore lui-même, son vieux rêve stérile, la copie de son univers, non la création d'un univers inédit. Sébastien est un commerçant, non un artiste. Anne Hébert fait exprimer à cet inconscient sa vérité profonde:

> Je suis fier de cette toile comme je suis fier de ton visage et de ton corps, Isabelle. Mais c'est autre chose. Toi, tu restes toi. Et ma toile c'est moi. C'est mon plaisir à moi avec les couleurs et les pinceaux. Qu'un jour, un marchand de tableaux me paye très cher ce plaisir-là, et ce sera comme un beau lot de fourrures vendues à Chatillon. (p. 64)

Le fils d'Agnès Joncas paraît un moment, au premier acte, menacer sa mère dans son rôle rituel. Il dérange la cérémonie familiale, trouble les assistants, attire sur lui les regards, les gestes. Lorsqu'il revient de la chasse, ses sœurs répondent à son appel par des cris sauvages et l'entourent, le servent comme à l'église. Sébastien «leur tend, à mesure qu'il les enlève: mitaines, passe-montagne, foulard», etc. Ayant chaussé des bottes plus légères, que lui apporte Capucine, la cadette, qui est encore une enfant, Sébastien esquisse quelques pas de danse avec Lucie, sa sœur préférée. Mais aussitôt, sans transition, le jeune homme qui vient de dire: «Le temps joue pour nous, ma sœur; bientôt nous serons tous grands comme des arbres!», se précipite aux pieds de sa mère, à genoux, tel l'enfant prodigue de la parabole. Sébastien est un enfant; il ne saurait déranger la liturgie matriarcale que pour en souligner l'importance et la rigueur.

> Un jour, si l'envie m'en prend, je troquerai la forêt «pour une grande ville civilisée et sûre». Toutes les bêtes à poils et à plumes, tout le bois debout, en échange de l'aventure de mon choix. Vous verrez. Regardez, je suis déjà riche et cela ne fait que commencer!(p. 19)

proclame-t-il avec moins de cynisme que de naïveté. Habile à dépister et déjouer les rats musqués et les castors, à troquer les peaux contre de l'alcool frelaté et des «piastres», Sébastien est impuissant à acheter sa liberté.

Isabelle, qui n'a pu sortir Sébastien de ses ornières et de ses pièges, réussit avec d'autres membres de la famille Joncas, avec certaines des jeunes filles, qui l'admirent, avec son oncle[22].

Rêveur, liseur, «faux-bourdon», angoissé, alcoolique par peur de la mort, François Joncas, l'homme-absent, rhumatisant, enfermé là-haut dans sa «jolie chambre de sapin», est la victime-née, celle qui se sacrifie elle-même, «petit prophète pour le malheur», qui joue son malheur. François a une phrase terrible, tragique, semblable à celle, bien connue, et commentée par Jean Le Moyne, du *Journal* de Saint-Denys Garneau: «Le bonheur ça se paie. Plus on est heureux, plus on est puni, ça c'est certain. Alors je fais très attention de ne pas céder au bonheur[23]», affirme-t-il à sa nièce.

Immédiatement avant l'arrivée d'Isabelle dans la maison, le vieil homme avait murmuré, en se désignant lui-même: «C'est peut-être cela une Sainte-Face, un visage d'homme si défait et humilié, si avoué dans sa destruction qu'il ne ressemble à plus rien du tout!» (p. 35)

Le passage d'Isabelle est, pour François, plus qu'une occasion, un facteur d'échange, de communication, de vérité, de justice: «C'est Isabelle qui me parle et m'écoute. Elle fait que je me vois pour la première fois que je te vois aussi. Bientôt je jugerai la vie aveugle qui nous a fait naître démunis et pervers» (p. 73), confesse François à Agnès. Il est en train de quitter son suaire blême, sa «Sainte-Face», pour prendre un nom et un visage, pour ressembler enfin à ce qu'il est. Sa femme s'apprête même à prononcer la «petite phrase» qu'il sollicitait en vain il y a un moment. Cette «petite phrase maudite» qui passe mal dans la gorge d'Agnès, c'est: «Un jour, c'est vrai, toi, François mon mari, tu m'as sauvée du désespoir et de la mort. C'est la vérité.» (p. 74) Sans doute cet aveu arrive-t-il trop tard, François ne descendra plus, mais les spectateurs du *Temps sauvage* au moins l'auront entendue: elle leur aura donné, de François, une image plus virile, plus humaine.

Lucie, la seule des enfants Joncas à entendre la petite phrase», a cette réflexion, qu'elle feint de lire dans un cahier ouvert: «Il est toujours trop tôt ou trop tard pour quelqu'un. Chacun est emprisonné dans son temps propre. Et les minutes de vérité de l'un ne coïncident que rarement avec celles de l'autre[24]». Lucie est la plus intelligente, la plus volontaire, la plus dure de la famille. Elle est, à elle seule, l'anti-famille, le jugement impitoyable, la révolte. Elle voudrait défaire avec ses dents l'écheveau inextricable de sa «vie pleine de nœuds et tellement mêlée à d'autres vies».

Au début du *Temps sauvage*, Lucie aime Sébastien, son frère, ou plutôt elle aime en lui les signes du départ, de l'aventure. Elle le reconnaît à l'odeur de sang et de vieux tarin qui s'attache à sa peau et à ses vêtements; elle prend la veste du chasseur «avec un grand respect» et va l'accrocher au mur comme une relique, un trophée. Mais son amour n'est pas aveugle: Lucie se sait supérieure à Sébastien. Lorsqu'il la repousse pour aller à sa mère, elle lui lance: «Tu empestes le renard et les piastres!» Lorsqu'il parle avec complaisance de son expérience de la forêt, de sa possession du monde, de la vie brute qu'il goûte comme du sel, Lucie lui réplique, plus farouche encore dans sa certitude et sa détermination: «C'est moi qui ressemble le plus au sel, dans cette maison». Elle se rebiffe devant les taquineries et les caresses de son frère. Elle ne veut de lui qu'un seul cadeau, «un renard, sans mal et sans blessure», un renard qui ressemble, comme le souligne Sébastien, à cette fille «nerveuse et fine, finaude et lustrée».

«Entière et violente», «abrupte et directe», Lucie n'a de vraie passion que pour les idées. Elle veut, avant d'aimer, «tout savoir». «Lucie était encore toute petite que déjà elle osait voir la vérité et prenait plaisir à la nommer avec insolence et justesse», rappelle son père. (p. 70) De tous les Joncas, Lucie est la seule à tenir tête à la mère, à se faire craindre d'elle. Lucie est moins l'envers, l'opposé, que l'antithèse dialectique, le complément nécessaire d'Agnès. Là où Agnès est réponse, Lucie est question; là où la mère s'identifie au puits, la fille est définie comme soif. Agnès ne représente que la femme, et qu'une fonction de la femme, la maternité; Lucie se nie d'abord en tant que femme, que corps de femme, pour raisonner, apprendre, discuter comme un homme, comme son père et son frère auraient dû le faire. La jeune fille veut entreprendre «de grandes études abstraites et pures». C'est une mathématicienne, une philosophe, qui «cherche une équation juste pour situer les gens de cette maison, la formule d'égalité entre des grandeurs qui dépendent les unes des autres[25]...» Lucie est reconnaissante à l'abbé Beaumont de lui parler «sans feinte ni réserve», de lui faire part comme à une égale de ses propres doutes, de la remise en question de sa foi, de lui procurer sa «première expérience hors de l'enfance», hors de la famille. «Je chercherai par mes propres moyens le sens et la vertu de cette terre. Je trouverai, car vous m'avez appris l'honneur et la vérité indiscutable de la soif», dit-elle au curé au moment de leur séparation[26]. Lucie est donc armée pour la lutte, pour la vie.

* * *

*Le Temps sauvage* est une espèce de cérémonial où les attitudes, les gestes, les vêtements, les silences, ont une place et une signification précises. Au début de la pièce, Agnès, «vêtue de noir», «debout comme pétrifiée dans un rêve», essaie interminablement des gants dépareillés étalés sur la table. «Ses gestes sont exagérément lents, comme si elle s'appliquait à dominer une grande nervosité». Elle s'y applique, en effet, pendant que ses filles l'entourent, médusées, «comme des statues». Hélène, l'aînée, célibataire à l'ancienne mode, tricoteuse et ravaudeuse, fade et résignée, «sûre et tranquille comme la table», est la servante attitrée de tous: penchée vers le coffre de cèdre, elle tend à sa mère le châle que celle-ci revêt comme «un uniforme lourd et religieux».

La haute silhouette sombre, rigide, d'Agnès en deuil de sa sœur Nathalie, est symétrique, sur la scène, de celle du nouveau curé, qui survient à l'improviste chez les Joncas pour tenter de réduire «cette petite enclave libre, cette épine amère» au cœur de sa paroisse. Mais la place est déjà prise, la chaire et l'autel schismatiquement occupées par Agnès, officiante qui préside depuis toujours aux rites essentiels de la famille et de la maison: la seule à savoir faire du feu ou préparer le thé, à interdire certains disques, à défendre qu'on se baigne dans la rivière. Sébastien en avertit le visiteur: «La robe noire de ce royaume, c'est elle. Le prêtre et le démon, c'est elle; le pain et le vin, le juge absolu, le cœur et la tête, c'est elle, elle, elle seule». Madame Joncas l'admet volontiers, à la suite d'une confession que lui arrache la présence de son rival. «...Que vous le vouliez ou non, lui dit-elle, le culte de la mère fait pendant au culte du prêtre» dans ce pays.

La «confession» d'Agnès est d'ailleurs moins personnelle que collective: c'est une page d'histoire, le procès
d'une mentalité et d'une époque. Agnès se trouve à quitter,
un instant, son «temps sauvage» pour se situer, comme
malgré elle, dans un temps historique et même se définir
psychologiquement, par rapport à un héritage sociologique,
idéologique:

> ... Avant son mariage, mon père a été séminariste et mes
> deux grands-pères également. Tous les jours mon père
> lisait son bréviaire, comme un moine, dans l'espoir de
> se faire pardonner une vocation perdue. Je suis née
> d'une race de défroqués et de forçats innocents. Tous
> les dimanches la maison pleine de curés. Nous n'avions
> qu'à nous taire, surtout les femmes. Qu'il fût question
> de beau temps, de politique, d'art ou d'éducation, eux
> seuls possédaient la vérité, et nous n'avions qu'à nous
> en féliciter intérieurement, ma mère, ma sœur et moi.
> Très tôt l'infaillibilité de certains prêtres m'a humilié
> l'esprit et rompu le cœur, tandis que l'on m'attachait la
> culpabilité au cou, comme une meule, pour me noyer...
> (p. 26)

Agnès n'a pu surnager qu'en s'agrippant à son rôle
maternel, en s'en faisant une mission sacrée, en jurant de
garder ses enfants «barbares et innocents». Lorsque l'abbé
prend congé des Joncas, à la fin du premier acte, Agnès,
indique Anne Hébert, «lui tend ses mitaines comme si elle
servait à une cérémonie qu'elle ne comprend pas mais qui la
fascine». S'avoue-t-elle maintenant vaincue dans la lutte
des sacerdoces? Ce serait mal la connaître. Cette lutte, en
fait, n'est qu'un aspect, le plus apparent, des luttes engagées
par cette femme. Son ambition est plus haute.

Ce n'est pas seulement avec l'Église, la ville, la société,
qu'entend rivaliser la mère Joncas, c'est avec le temps,
l'espace, la nature elle-même, les grandes forces cosmiques:
le vent, le soleil, le feu, la forêt, l'eau... «Tu sais bien que je
suis toujours là, que je ne pourrai jamais m'empêcher d'être

là, comme la terre de ce monde, et que je rêve de vous enfermer tous, comme des tourbes noires, au plus creux de mon cœur», prononce-t-elle, comme une déesse, à la fin du troisième[27] acte. (p. 61) Maintenant que sa maison n'est plus assez grande, plus assez solide, pour contenir, comme l'arche, tout son monde, Agnès a recours à la terre, s'identifie à elle. Mais il s'agit d'une terre, si l'on ose dire, souterraine, nocturne, aveugle, sauvage: non de labours et de semis, mais de «tourbes noires» enfouies au plus creux d'un cœur. Plus loin, Agnès se comparera, fort justement, à «la grande nuit maternelle».

Agnès n'aime à vrai dire que les tout petits enfants, les embryons, les mottes de terre, de chair et de sang. Elle pousse à leurs limites les caractéristiques de sa race, de son sexe, de son éducation. Elle est la terre-substrat, la terre des germes, non celle des arbres[28]. Elle est la mère étroitement et maladivement mère, la mère porteuse, le contenant, le vase, celle qui veut moins donner la vie à ses enfants que se donner à elle-même des enfants, pour vivre, pour survivre:

> Ah! Je les ai bien désirés, ces petits! Je n'étais qu'une petite fille sans lait ni seins, et déjà il me semblait qu'un bataillon d'enfants appelait dans mes veines. Par cinq fois j'ai fleuri dans les larmes et le sang. Un fils et quatre filles, ma chair et mes os. Et voici que j'ai trouvé Isabelle en remplacement de Nathalie. Isabelle si fragile et vulnérable que j'ai cru pouvoir être sa force et sa volonté même. Ah! je voudrais que règnent à jamais l'hiver, la maison fermée et mon cœur en guise de feu. (p. 70)

Les deux premiers actes du *Temps sauvage* se passent effectivement en hiver, à quelques jours d'intervalle. L'hiver est la saison de la mère Joncas, comme c'était celle du père, possessif et autoritaire, d'*Un fils à tuer* d'Éloi de Grandmont. L'hiver, c'est-à-dire la coupure, le repliement, la vie d'intérieur, la solidude blanche, la pureté, le négatif, la petite enfance innocente et endormie, le désert et l'île, l'arbre nu, le visage couvert, le manteau, les masques, le silence.

Le troisième acte a lieu au début du printemps, un printemps encore avare, incertain, du moins aux yeux d'Agnès, qui cherche à prolonger l'hiver. Alors que les jeunes filles parlent de la rivière débordante, des «billots», de l'odeur tiède du sol, leur mère se calfeutre entre quatre murs, s'enveloppe de châles. Elle ne vit pas, elle voudrait seulement «durer», durer jusqu'à ce que Sébastien revienne, jusqu'à ce que reviennent le passé, l'enfance, la sécurité, l'hivernement familial. Le printemps l'empoisonne, qui ouvre les fenêtres et les routes, fait germer les désirs, croître les arbres et les hommes.

Et le plein été, l'été du quatrième acte, chaud et humide, pèse plus lourdement encore aux épaules et au front d'Agnès, malgré les trois sources vives de son puits:

> Depuis longtemps il n'a pas fait un été pareil. Plusieurs puits sont à sec au village. Et la poussière de la route monte jusqu'ici, par moment, comme une averse brûlée qui vous pique les yeux, vous irrite la gorge [...] Ah! je déteste ces journées immobiles, blanches et crayeuses. Ce soleil invisible vous consume jusqu'aux os. (p. 89)

François ajoutera, tout à l'heure: «L'été, quelle drôle de saison, tout de même. Nous nous sommes mariés en été, Agnès, tu te souviens?» (p. 97) Agnès qui se veut le soleil de son univers, le feu de sa maison, est jalouse de l'été, saison vaste et puissante, rayonnante et généreuse. Malgré l'eau fraîche qu'elle pourrait puiser à volonté mais qu'elle ménage parcimonieusement — «On ne sait jamais» — Agnès ne saurait lutter à armes égales avec la richesse et la splendeur de l'été: elle ne peut que s'en protéger, étroitement, mesquinement; durer, dans la nuit, jusqu'à un autre hiver, jusqu'à l'hiver définitif, le temps le plus sauvage, la mort.

La profondeur, l'obscurité, le secret du puits[29] qu'Agnès conserve égoïstement pour elle et les siens, cette eau douce, canalisée, emprisonnée, représente la vie même des Joncas.

La rivière lui est d'ailleurs assimilée par Isabelle, qui oppose ces eaux tranquilles, dociles, à l'étendue et au dynamisme de la mer:

> Moi, j'ai connu d'autres plages autrement agréables, et l'océan qui est vivant et qui balaye tout.(p. 65) La ville, c'est comme l'eau salée, ça vous porte on ne sait où, mais ça bouge, on est entraîné malgré soi, tandis qu'ici, comme eau douce... (p. 59)

Agnès n'admet pas que la soif soit aussi importante, sinon plus, que l'eau; que l'eau ne saurait être que ce qui répond à la soif, qui l'étanche mais aussi l'appelle, la provoque. L'eau d'Agnès est une eau dormante, enfouie, silencieuse, fade; eau à consommer en cercle fermé, non pas eau communicante, eau à vivre et à échanger. Le curé l'a compris, lui. Il lit à Lucie cette phrase qu'il a notée: «La seule preuve possible de l'existence de l'eau, la plus convaincante et la plus intimement vraie, c'est la soif». «Vous, Lucie, vous êtes dure comme la terre et forte comme la soif.» (p. 53-54)

Lucie a le dernier ou l'avant-dernier mot de la pièce, celui qui instaure, après le temps sauvage, le temps des hommes. Lucie constitue une sorte de synthèse d'Agnès, d'Isabelle et du curé. Elle est la terre, la soif et le puits; la nature et le livre, la lucidité et l'histoire, la liberté et la civilisation. L'abbé Beaumont observait, au deuxième acte, parlant de ses paroissiens:

> ...Je les baptise, je les marie, je leur donne la communion et l'absolution. Mais pour le reste, personne ne se parle. Tout se passe entre la misère et eux, entre les compagnies de bois et les bûcherons, entre l'ignorance et l'exploitation, entre la naissance et la mort de créatures vivantes humiliées à la face de Dieu. Je fais des gestes rituels sur des têtes inclinées et j'ai l'impression de bénir le malheur, de lui donner droit de cité, alors qu'il faudrait prêcher la violente et dure justice. (p. 29)

Lucie prêche, et prêche d'exemple, la «violente et dure justice».

Agnès avait voulu faire une enclave dans le temps comme dans l'espace, la détacher de l'ensemble, se l'approprier, en devenir le centre, la maîtresse, l'ordonnatrice. Mais ce monde était sans vertu, sans vie, sans valeur positive. Elle l'avoue cruellement, à son fils:

> Toi, un homme? Mon pauvre petit! tu ne seras sans doute jamais un homme. Qui est jamais tout à fait un homme ou une femme dans ce pays d'avant la création du monde? Tu peux jouer le jeu, mais moi, je ne suis pas dupe. Ne vous ai-je pas tous faits et mis au monde, petits et misérables, à ma ressemblance et à celle de Dieu le Père qui est au ciel. Amen. (p. 19)

L'allure et le ton biblique de plusieurs phrases du *Temps sauvage* marquent l'ironie de l'auteur envers l'ambition et les rêves d'Agnès Joncas. Ce «pays d'avant la création du monde», ces limbes[30], ce néant, une certaine noblesse, un genre de poésie austère et dépouillée s'y rattachent toutefois. Elles correspondent, dans l'œuvre d'Anne Hébert, aux premiers récits, aux premières nouvelles, aux premiers recueils: *les Songes en équilibre* et, surtout, *le Tombeau des rois*.

Tout change, la couleur et le rythme, avec les amples versets du *Mystère de la parole*, publié en 1960, trois ans avant *le Temps sauvage*. Dans «Poésie, solitude rompue», conférence de 1958 qui sert de préface, ou plutôt de prélude, d'ouverture au *Mystère de la parole*, Anne Hébert déclare:

> Notre pays est à l'âge des premiers jours du monde. La vie ici est à découvrir et à nommer; ce visage obscur que nous avons, ce cœur silencieux qui est le nôtre, tous ces paysages d'avant l'homme, qui attendent d'être habités et possédés par nous, et cette parole confuse qui s'ébauche dans la nuit, tout cela appelle le jour et la lumière.

Cet «âge des premiers jours du monde», ces «paysages

d'avant l'homme», ce sont exactement ceux du *Temps sauvage*. Visages obscurs, cœurs silencieux, sont les visages et les cœurs d'Agnès, de François, d'Hélène. Les autres — Lucie, Sébastien, Isabelle, le curé, et jusqu'à la jeune Marie et à la petite Capucine — ébauchent dans leur nuit une parole encore confuse, maladroite, mais qui, à plus ou moins brève échéance, les libérera. Ils cherchent à découvrir et à nommer la vie, à habiter et posséder l'espace, le monde, et d'abord leur propre univers intérieur.

Un homme de théâtre, Guy Beaulne, fut excessivement sévère à l'endroit du *Temps sauvage*: «...l'œuvre est bien inutilement torturée et compliquée. Quand donc nos auteurs cesseront-ils de faire de la littérature et écriront-ils clairement ce qu'il faut comprendre?» écrit-il[31]. Clément Locquell y voit également une «confusion» des genres; il trouve l'auteur «plus facilement lyrique et sentencieux que vraiment dramatique». «Comment justifier que, dans une conversation ordinaire, Agnès s'écrie: «Ma maison résonne au loin comme une case de nègres vaudous?» demande-t-il. Mais le théâtre n'est pas une «conversation ordinaire»; il fait partie, jusqu'à preuve du contraire de la «littérature». Gilles Marcotte est là-dessus plus juste et nuancé que ses deux confrères. Il préfère, au point de vue proprement dramatique, *la Mercière assassinée* au *Temps sauvage*, où Anne Hébert lui paraît hésiter «entre deux modes de récit: la fable et le théâtre réaliste», où les personnages «ne sont ni assez extrêmes pour devenir de puissants symboles ni assez quotidiens pour être vraisemblables sur le plan du réalisme». Mais il ajoute aussitôt, et c'est sa conclusion: «Ce texte exige d'être dit. Et je crois qu'il n'en est guère de plus riche dans le théâtre canadien-français». Georges-André Vachon va encore plus loin dans l'interprétation positive de la parole dramatique d'Anne Hébert: «dès que la situation s'y prête, le dialogue monte spontanément au niveau du lyrisme, il se coule dans une prose opulente, chargée de sensations, et celle-ci devient le véritable instrument de la communication entre les personnage». *Le Temps sauvage* concentre, assume et renforce les lignes générales d'évolution de l'œuvre d'Anne Hébert.

\* \* \*

> Dans un pays tranquille nous avons reçu la passion du
> monde, épée nue sur nos deux mains posée.
> Notre cœur ignorait le jour lorsque le feu nous fut ainsi
> remis, et sa lumière creusa l'ombre de nos traits.

Ainsi commence le poème-titre du *Mystère de la parole*. En fait, l'«alchimie du jour» sera longue et problématique. La couche de silence est épaisse, dure à percer: il y faut cette «pointe du poignard» que Pierre Emmanuel reconnaissait à l'art d'Anne Hébert. Le silence est, à vrai dire, le centre, le noyau du *Temps sauvage*. À deux reprises, Lucie se trouve à résumer la pièce. Lorsqu'elle dit: «Personne ne se rencontre jamais pour vrai. Un petit bout de vie par-ci, un petit bout de vie par-là. Ma mère qui se laisse abattre comme la première venue; mon père qui n'est pas là; Sébastien qui fait la brute; Isabelle qui prend des airs; vous, monsieur l'abbé, qui persistez à garder vos secrets de curé; et moi, ma vie pleine de nœuds et tellement mêlée à d'autres vies que cela fait un écheveau inextricable que je voudrais défaire avec mes dents.» (p. 53) Et, plus loin: «Il est toujours trop tôt ou trop tard pour quelqu'un, chacun est emprisonné dans son temps propre. Et les minutes de vérité de l'un ne coïncident que rarement avec celles de l'autre[32]».

Loin de déplorer cette fragmentation, cet isolement, Agnès, quant à elle, les défend: «La plus grande réussite de ce monde ce serait de demeurer parfaitement secret, à tous et à soi-même. Plus de question, plus de réponse, une longue saison, sans âge ni raison, ni responsabilité, une espèce de temps sauvage, hors du temps et de la conscience.» (p. 49) Rien n'est plus dur, en effet, plus primitif, plus sauvage que le silence: c'est un bloc compact que les premiers mots, les premiers efforts, les velléités, les balbutiements ne réussissent qu'à égratigner. Mais ce bloc peut fondre, peu à peu ou tout à coup, sous le soleil d'une vérité vivante, d'un cri, d'une révolte, d'un amour, d'une parole non seulement esquissée et pensée, mais vécue, incarnée. «Que maudit soit celui qui le premier a osé rompre le silence de cette maison!» lance Agnès au quatrième acte. Celui-là, ce «maudit», c'est Lucie. La maison est devenue perméable; les murs ont des oreilles.

Comme l'amour donnait un nom et un visage à Isabelle, la recherche intellectuelle, la réflexion, donnent un amour à Lucie, l'amour des pauvres et de la justice. C'est elle qui, dans la première version, avait le dernier mot de la pièce: «La force de l'âge est remise entre d'autres mains», annonçait-elle à sa mère[33]. Au gamin qui, en pleine disette d'eau, surgit avec deux seaux, elle crie encore joyeusement, en le poussant dehors: «Va vite. Le puits est dans la cour». (p. 78) Grâce à sa propre soif, à sa propre exigence, Lucie a mis la main sur le centre, la clef, la source vive de l'univers de sa mère. La maison d'Agnès s'ouvre finalement comme «une grande place où chacun prend ce que sa soif lui commande de prendre». Le royaume est aux violents, à ceux qui ont faim et soif de justice. La plus violente, la plus assoiffée l'a emporté: sans rien perdre de sa force, le temps sauvage sera canalisé, transformé en temps humain, social, civilisé. Après les temps et les figures préhistoriques, les monstres, la horde primitive, les rêves morbides, voici les temps de la raison ardente, de la vraie passion, de la parole nouvelle, universelle, posée comme une «épée nue sur nos deux mains».

L.M.

### Références

1. Anne Hébert, citée par Michelle Lasnier, «Anne Hébert la magicienne». *Châtelaine*, avril 1963, p. 74. La journaliste note elle-même que l'écrivain a protesté contre le titre de l'article: «La poésie n'est pas une magie. C'est une dure passion».
2. Anne Hébert, citée, *ibid.*, p. 28.
3. Michelle Lasnier, *ibid.*, p. 74.

4. Anne Hébert, citée, *ibid.*, p. 76.

5. Trois pièces d'Anne Hébert ont été jouées et publiées. *Les Invités au procès*, diffusée par la CBF le 20 juillet 1952; *la Mercière assassinée*, débitée en quatre tranches à la télévision, dans la série *Quatuor*, durant l'été 1958; *le Temps sauvage* créée par le TNM au Palais Montcalm de Québec en 1966. *La Mercière assassinée* et *le Temps sauvage* ont paru séparément dans les *Écrits du Canada français* (vol. 4 et 16) avant d'être réunies en volume, avec *les Invités au procès*, chez HMH, , en 1967. Sauf indication contraire, nous nous référons à cette dernière édition.

6. Rappelons, en plus des commentaires de certains reportages cinématographiques et de films psychopédagogiques, les scénarios de *la Canne à pêche* (1959) et du documentaire sur Saint-Denys Garneau (1960).

7. *Poèmes*. Paris, Seuil, 1960, p. 27.

8. Anne Hébert, «Vieille image» (*Poèmes*, p. 31-32). Voir aussi le roman *les Chambres de bois* et les poèmes intitulés «les Petites villes», «la Chambre fermée», «la Chambre de bois», «Vie de château», etc.

9. Pierre Pagé, *Anne Hébert*. Montréal, Fides, «Écrivains canadiens d'aujourd'hui», 1965, p. 69. Voir aussi p. 30.

10. Ce sont les dernières lignes du *Printemps de Catherine*, nouvelle du recueil intitulé *le Torrent* (nouv. éd., Montréal, HMH, «l'Arbre», 1963, p. 143).

11. «Que serait la chambre de Catherine sans la nostalgie de la maison des seigneurs, ou l'échoppe d'Adélaïde sans l'humiliation du bal au Château? Le même univers présente une double face visible, un envers et un endroit perçus et exprimés simultanément comme une absence du réel — la chambre de bois, et une présence à l'irréel — le château des seigneurs. Le personnage tente désespérément de passer d'un monde à l'autre, conscient que la réalité a pour lui cessé de communiquer avec le songe. Double dimension du réel, double signification de l'imaginaire: celle de la claustration et celle de l'évasion» (Maurine Blain, «Anne Hébert ou le risque de vivre». Article paru dans *Liberté*, n° 59, repris dans *Approximations*, HMH, 1967, et dans *Présence de la critique*, HMH, 1966, p. 157 de ce dernier lieu).

12. P. 146: «La tension entre le réel et l'irréel ne pourrait s'apaiser que dans une durée sans mémoire de soi, dans *l'abolition du*

*temps intérieur*, où seraient *confondues l'enfance, la jeunesse et la maturité*. Mais vivre, et c'est au défi de vivre que voudrait échapper Anne Hébert, s'accomplit dans une *réalité du temps irréconciliable avec la durée*, parce qu'irréconciliable avec une certaine illusion du moi intégral et immobile. La mort, principe et fin de toute naissance, qui tient la vie prisonnière d'un cercle de destruction et travaillée par un ferment de dissolution spirituelle, tel est le mythe fondamental et la motivation ultime de cette œuvre qui n'a cessé, au fond de son propre puits, d'approfondir sa provisoire et fragile vérité» (Maurice Blain, *art. cit., loc. cit.*, p. 158; c'est moi qui souligne).

13. Pierre Pagé, *op. cit.*, p. 68.

14. Nous citons ici la première version de la pièce (*Écrits du Canada français*, vol. 4, p. 110), plus brute, plus directe que la seconde (*op. cit.* p. 152).

15. C'est un château d'ancêtres
    Sans table ni feu
    Ni poussière ni tapis.

    L'enchantement pervers de ces lieux
    Est tout dans ses miroirs polis.
    La seule occupation possible ici
    Consiste à se mirer jour et nuit
    (Anne Hébert, «Vie de château». *Poèmes*, p. 54)

16. Albert Camus, *la Chute*, Paris. Gallimard, 1956, p. 126-127.

17. La «maquette» de la première version est devenue, dans la seconde, «paysage sur film» et «vue d'une petite ville dans le lointain» (p. 81).

18. Gilles Marcotte et Jean Éthier-Blais comparent les personnages d'Anne Hébert aux héroïnes de *la Maison de Bernarda* de Lorca; *la Cerisaie* de Tchekhov est souvent nommée. «*Le Temps sauvage* est une pièce de doute, inconsciemment inspirée de la lecture de Tchekhov. Il y a le même désir d'évasion que dans *la Mouette*. Il y a la même fatalité et le même ennui que dans *les Trois Sœurs*» (Guy Beaulne, *Livres et auteurs canadiens 1963*, p. 44). «Atmosphère qui fait songer, non sans quelque malaise à celle de *Quant la moisson sera courbée*, de Roger Sinclair», ajoute Clément Locquell (*le Soleil*. 20 juin 1963, p. 6). Agnès «possède le désir de vengeance contre un monde décevant qui animait la vieille dame des *Grandes Espérances* de Dickens et l'égoïsme maternel doublé d'absurdité

210

qui caractérise Clémentine, la mère de *l'Arrache-cœur* de Boris Vian.» (Pierre Hoffman, *Théâtre canadien d'expression française et réalisation télévisée*. Thèse de M.A., Université de Montréal, 1970, p. 6).

19. À sa mère qui lui reproche d'échanger des peaux, de trafiquer la forêt, de vendre ce qu'il aime, Sébastien rétorque: «Tu as tort de mépriser l'argent, et puis, tu sembles oublier que nous vivons tous à même ton héritage. Rien de plus gratuit qu'un héritage, n'est-ce pas? Et, à quoi bon faire la fine gueule? Sans l'héritage que fit notre mère Agnès, nous serions tous chez le diable, notre père François avec nous, à mendier, comme des saints humiliés.» (P. 19-20, nous citons normalement la dernière édition, celle de HMH.) Remarquons la dernière expression, qui pourrait être de Dostoïevski.

20. P. 15: «Le temps sauvage, c'est l'immobilité, le rejet de tout ce qui peut briser le calme, c'est véritablement le temps avant que les hommes ne s'en emparent.» Jean Éthier-Blais, *le Devoir*. 20 juillet 1963, p.11.

21. P. 68: «...comme une lampe qui brûle», ajoutait la première version (*É.C.F.*, vol. 16, p. 92). La comparaison était peut-être incohérente ou trop elliptique, mais elle soulignait la parenté de ce monologue (Isabelle s'adresse à elle-même plutôt qu'à sa tante) avec le dernier verset de *Je suis la terre et l'eau* («Il a suffi d'un seul matin pour que mon visage fleurisse...»), avec *la Sagesse m'a rompu les bras* («En route, voici le jour, fièvre en plein cœur scellée...») et la plupart des poèmes du *Mystère de la parole*: « Saison aveugle», «De Grandes Vertus brutes», «Des dieux captifs», etc.

22. «Isabelle est un événement plutôt qu'un personnage», écrit Gilles Marcotte (*La Presse*, 6 juillet 1963). C'est un personnage — elle a un caractère, un style, une voix, et finalement un visage et un corps — mais, un personnage-événement, dans la bonne tradition de nos «survenants», comme le Vincent du *Temps des lilas*, l'ingénieur de *Chemin privé*, de Guy Dufresne, l'Orfa (Orphée) de *Par delà les âges*, de Jean-Robert Rémillard, la marin d'*Au cœur de la rose* ou Lui du *Vent d'Est*, de Pierre Perrault, etc. Cf. Pierre Hoffman, thèse citée, p. 22-35.

23. P. 55. Cf. Saint-Denys Garneau, *Journal*. Montréal, Beauche-min, 1967, p. 54; Jean Le Moyne, *Convergences*. Montréal, HMH, 1960, p. 219-241.

24. Première version, p. 101. Une page entière, sans doute jugée trop «explicative», a été ici coupée.
25. Première version, p. 102. Passage non retenu.
26. Première version, p. 105. Scène de confidences et de reconnaissance réciproque entièrement éliminée. Statique, presque hiératique, elle n'était pourtant pas sans beauté et sans efficacité.
27. P. 25: «L'image de la mère elle-même, infiniment bienfaisante et infiniment menaçante, réalise l'union des contraires, et atteint la perfection d'un archétype.» Georges-André Vachon, *Relations*, décembre 1963, p. 362.
28. «L'arbre est le symbole sexuel mâle. Bien entendu, l'arbre devenu grand, il faut l'abattre, et une telle mère voudra l'abattre. Ce refus de l'arbre et ce désir de l'arbre, c'est secrètement le personnage d'Agnès.» Jean Basile, *le Devoir*, 12 octobre 1966, p. 10. «À peine parle-t-elle à son mari; mais le fils, lui, à quelles attentions n'a-t-il pas droit? Il y a un lien mystérieux qui tient de l'inceste et d'où l'homme adulte est exclu.» Jean Éthier-Blais, *art. cité*.
29. «Le puits est un archétype, une des images les plus graves de l'âme humaine. Cette eau noire et lointaine peut marquer une enfance. Elle a reflété un visage étonné. Son miroir n'est pas celui de la fontaine. Un Narcisse ne peut s'y complaire. Déjà dans son image vivant sous terre, l'enfant ne se reconnaît pas. Une brume est sur l'eau, des plantes trop vertes encadrent le miroir. Un souffle froid respire dans la profondeur. Le visage qui revient dans cette nuit de la terre est un visage d'un autre monde. Maintenant, si un souvenir de tels reflets vient dans une mémoire, n'est-ce pas le souvenir d'un avant-monde?» Gaston Bachelard, *la Poétique de la rêverie*, p. 98.
30. «...Un lien anonyme où une volonté de domination tente de réaliser une éternité sans secousses, de limbes» (Clément Locquell, *art. cité*). Sur l'ambivalence du thème de la mère et son articulation à celui du temps, cf. Guy Robert, *la Poétique du songe. «Introduction à l'œuvre d'Anne Hébert»*. Montréal, Cahiers de l'A.G.E.U.M., n° 4, 1962, p. 37-41, et les deux poèmes intitulés *Ève*: celui des *Songes en équilibre,* et, surtout, celui du *Mystère de la parole*.
31. Les références aux quatres articles dont il est question dans ce paragraphe ont toutes été données plus haut.
32. Première version, p. 101. Passage non retenu.

33. La nouvelle version donne le dernier mot à la mère. «Qui pourra empêcher que je me prenne en main, à la source même de ma vie? Rétablir l'ordre saccagé par les fuyards. Organiser à nouveau une forte saison sans fièvre ni évasion. Être ma maîtresse absolue. Calfeutrer les portes et les fenêtres. Reprendre les clefs du monde dans un petit anneau passé à ma ceinture.» Après cette ultime poussée de «délire du pouvoir qui lui échappe», comme le note Anne Hébert, Agnès passe chacun des siens en revue, s'adresse à quelques-uns d'entre eux, puis, à son mari — à elle-même, au fond: «Nous aurons bien le temps de parler, lorsque les enfants seront partis...» (p. 78) La clef qui fermait, qui condamnait, jouera désormais, non sans grincement, le jeu de l'échange, de la recherche, de l'ouverture. Agnès semble devenir adulte en même temps que ses enfants.

# Chapitre 8
# Jacques Ferron:
# de l'amour incertain
# à la patrie possible

Médecin, dramaturge, conteur, mythographe, polémiste, pamphlétaire, humoriste, épistolier, homme politique, Jacques Ferron — l'homme et l'œuvre — est un ensemble varié et complexe, délicat et vigoureux. Un équilibre subtil de forces paradoxales et complémentaires. Certains ne voient chez lui que hauteur, arrogance, parti pris, férocité, ou encore désinvolture excessive, loufoquerie, pirouette, anarchisme. D'autres, au contraire, insistent sur la saveur de son œuvre, sur sa connaissance et son amour du peuple, voire sur sa timidité et sa pudeur. On s'accorde généralement à reconnaître son originalité, son indépendance, sa vivacité, sa souplesse, ses qualités d'écriture. Ferron peut être agaçant, insolent, déconcertant, il est toujours aigu, intelligent, allègre. «Jacques Ferron est le chat, nous sommes les souris, et nous nous ferons gober en rigolant», écrit Gilles Marcotte à propos de *la Nuit*. Autrement dit, beaucoup de sel, un peu de poivre, mais pas de fiel; beaucoup de ruse, de malice, une grâce féline, mais peu ou pas d'explosions ou de coups de massue. Le fauve est civilisé, Jacques Ferron a de la race et du style.

Voyons d'abord la race, l'homme[1]. Jacques Ferron naquit en 1921 à Louiseville, d'un père notaire, d'un grand-père cultivateur. La rivière du Loup, affluent du lac Saint-Pierre (la «mer des Tranquilités» de *l'Amélanchier*), le grand lac Saccamoni où il passait ses vacances d'écolier, les rangs Fontarabie et Trompe-Souris, la paroisse de Saint-Justin, si bien étudiée à la fin du dix-neuvième siècle par Léon Gérin: les réalités géographiques, sociales et folkloriques du comté de Maskinongé sont partout présentes dans l'œuvre de Ferron. Mais ce qui frappe le plus le jeune Ferron dans sa Louiseville natale, c'est la séparation socio-économique et, au fond, raciale, morale, manichéenne, en deux zones, deux niveaux: le Haut et le Bas, le «grand-village» et le «petit-village». «Dominé par la France, puis par l'Angleterre et le Canada anglais, le notable canadien-français dominait à son tour le petit-village à noyau amérindien[2]». Ce colonialisme, cette ségrégation, cette bonne conscience puritaine et hypocrite — structure de toute l'Amérique blanche — Ferron les retrouvera, historiquement, dans le voisinage suspect de Ville-Marie et de Lachine, et, concrètement, à Fredericton-Denver, à Gros-Morne, longtemps «petit-village» de Mont-Louis et de Grande-Vallée, etc.

Jacques Ferron pratique d'abord sa profession médicale dans l'armée, en 1945-46 — «l'Armée m'a quand même appris le Canada», dit-il — puis dans Gaspé-Nord, à la Rivière-Madeleine, et enfin, depuis 1949, à Ville-Jacques-Cartier, faubourg longtemps mal famé de la rive sud du Saint-Laurent, sorte de «petit-village *magoua*» en face du «grand-village» métropolitain. Médecin et écrivain, Jacques Ferron ne l'est pas à la façon d'un Georges Duhamel, membre des deux académies, ou, chez nous, d'un Philippe Panneton (Ringuet), oto-rhino-laryngologiste distingué et ambassadeur au Portugal. Dans son cas, c'est à d'autres célèbres écrivains-médecins que l'on songe: un Rabelais, dont il a en partie la verve, l'imagination et la santé; un Louis-Ferdinand Céline, médecin de la banlieue rouge de Paris, dont il a la conscience sociale et le trait percutant, sans en avoir le pessimisme douloureux et la naïveté politique.

Le D⟨r⟩ Ferron a raconté son odyssée annuelle de la Gaspésie à la métropole, lorsqu'il venait régulièrement, au milieu de mai, rencontrer son ami, le moraliste Pierre

Baillargeon. Il laissait l'hiver derrière lui à la Madeleine, croisait le printemps à Québec, trouvait l'été feuillu à Montréal. En une journée, un mois. Ce fut pis, ou mieux encore, lorsqu'il vint s'installer pour de bon à Ville-Jacques-Cartier. Après s'être imprégné, sur la côte, «de français archaïque et de verve populaire», il débouchait tout à coup — distance de vingt-cinq ans ou de quelques siècles — sur un pays et un langage incertains: «Je passais d'une langue qui théoriquement pouvait se parfaire et se soumettre aux rigoureuses exigences de Baillargeon, à une langue humiliée qui ne savait pas encore qu'elle était le joual [...]. Elle était finie, ma petite carrière à la Nérée Beauchemin, ma petite carrière confortable et les bibelots[3]».

Ferron, généraliste de petit village et de banlieue ouvrière[4], n'est donc pas un médecin amateur, un médecin pour rire; il n'est pas pour autant le membre d'une caste professionnelle, un notable, qui ajouterait à sa notabilité en faisant de la littérature, comme rimait à Yamachiche le Dr Beauchemin. «Je ne crois ni à Dieu ni à l'enfer et encore moins aux médecins», affirme-t-il. Il collabore régulièrement au journal de l'Ordre, mais, paradoxalement, en écrivain engagé plutôt qu'en médecin. Bon nombre de ces articles seront recueillis et publiés sous le titre d'*Historiettes*, emprunté au célèbre mémorialiste du XVIIe siècle, Tallemant des Réaux, dont il a volontiers l'indiscrétion et le piquant, comme il a le trait sûr d'un La Bruyère, la noblesse frondeuse d'un Cardinal de Retz, l'esprit philosophique des contes de Voltaire.

Pour comprendre et aimer Ferron, c'est tout Ferron qu'il faut lire, le ou les Ferron — qui est, comme on sait, plusieurs personnes en une seule. Il faut lire le théâtre, les contes, les romans ou récits; il faut lire également, car elles sont de la même encre et de la même sève, les chroniques signées par Ferron dans *Parti pris*, dans *l'Information médicale et paramédicale*, sans oublier les nombreuses et remarquables lettres au *Devoir*, qui constituent presque, à elles seules, un genre littéraire.

Jacques Ferron commence à publier au moment de son installation à Ville-Jacques-Cartier. Et il commence par le théâtre: *l'Ogre*, en 1949, puis *le Licou*, *le Dodu*, *Tante Élise*, *les Grands Soleils*, *le Cheval de Don Juan*, *Cazou*, *la Tête du roi*, *la Sortie*, sans compter des extraits des *Rats*, parus en 1954 dans *Amérique française* et le premier acte de *Lella Mariem*, paru dans *le Devoir* en 1966. Parallèlement à cette dizaine de pièces, Ferron donne à *Amérique Française*, dès 1948, et à quelques autres périodiques, des contes ou des récits, recueillis à peu d'exceptions près («Le mariage d'Hercule»), dans les *Contes du pays incertain* et les *Contes anglais et autres*. *Cotnoir*, «œuvre touffue dans sa brièveté, tout en raccourci, rude et un peu fruste», dont l'aventure est formée et signifiée «dans le cadre strict de la cérémonie funèbre, qui ouvre le récit et qui le conclut[5]», appartient davantage au conte qu'au roman.

L'évolution la plus significative de Ferron n'est pas celle qui va d'un genre à l'autre, du théâtre au récit, puisque les deux, chez lui, coexistent plus ou moins; elle est celle qui va d'un style très sobre, vif, dépouillé, néo-classique — le style des premières pièces et, à un moindre degré, des premiers contes — à un style qui, sans perdre ses qualités nerveuses, devient de plus en plus riche, ample, allant jusqu'à une véritable rhétorique, d'ailleurs plus poétique qu'éloquente. Le passage des «galettes» aux «briques», comme il dit, qu'inaugurent les quatre cents pages du *Ciel de Québec*, premier volet d'un triptyque, était prévisible à partir de *la Nuit* et de *Papa Boss* où est créé une sorte de vaudou québécois, de folklore profane aux résonances sacrées, que le Bélial et les ombres infernales de *la Charrette* accuseront encore. D'une version à l'autre, des éditions d'Orphée au T.N.M., *les Grands Soleils* eux-mêmes s'allongent, s'épaississent, grandissent, de même que *le Cheval de Don Juan*, devenu le *Don Juan chrétien*. Ferron prend du souffle, ses projets sont de longue haleine. Son écriture offre de plus en plus d'harmonie. La fantaisie tend à devenir fantastique.

Une sotie, à la façon médiévale remise à la mode et adaptée par Gide, *la Barbe de François Hertel,* paraît en 1951 sous la même couverture que la pièce en un acte *le Licou. La Barbe de François Hertel* [6], pochade d'une quinzaine de pages, inventorie à peu près tous les moyens dont se servira par la suite Jacques Ferron. Elle pourrait être insérée dans *le Ciel de Québec*, à côté des chapitre mettant en scène Borduas ou Saint-Denys Garneau et *la Relève*. Mais, avec ses décors, ses déguisements, ses portraits, son dialogue loufoque, cette satire, comme la sotie traditionnelle, ressortit autant au genre dramatique qu'au récit.

Jacques Ferron fourbit encore ses armes avec *l'Ogre*, pièce en trois actes, *Tante Élise, le Licou,* et *Cazou*, levers du rideau, *piécettes* qui pourraient former par groupes de deux ou trois, une soirée homogène au théâtre, une trilogie légère de contes de fées pour grandes personnes. Les personnages — valet, soubrettes, amants de comédie, jeunes premiers, pucelles, qui ont nom Dorante, Camille ou Agnès — nous réfèrent d'emblée au répertoire classique. Imitation de Molière, parodie de Marivaux, de La Fontaine, et des *Proverbes* de Musset? Ferron s'amuse et nous amuse. Il fait ses gammes, des étincelles et des bulles d'air. C'est encore le Ferron lecteur, cultivé, désinvolte, mais déjà le Ferron écrivain[7], que nous rencontrons ici.

Prenons par exemple *Tante Élise*[8]. Une vieille fille riche, vierge, cardiaque et voyeuse, s'informe par téléphone auprès d'un tiers des péripéties de la nuit de noces de sa nièce. La vieille avait exigé des valises vides, une chambre sans lit, pour plus de sauvagerie; l'hôtelier consent à mettre un peu de paille; mais le jeune mari refuse ces conditions. Plutôt que de décrire, comme il avait été convenu, l'hôtelier complaisant doit alors inventer au profit de sa lointaine cliente. Il lui en met plein les oreilles: «Ils hurlent comme ces loups dans la jungle sibérienne, ils s'entredévorent et renaissent pour se dévorer encore [...]. Ma pauvre femme ici présente tremble de tous ses membres. Son frisson est sur le point de me gagner» (p. 148) Il gagne tout de suite tante

Élise, qui meurt d'émotion — «erreur de synchronisme» — avant que les deux jeunes gens aient fait quoi que ce soit pour mériter l'héritage.

On pourrait grouper autrement les premières pièces de Ferron, en fonction du titre complet de quelques-unes, par exemple: *Tante Élise ou le prix de l'amour, le Dodu ou le prix du bonheur, Cazou ou le prix de la virginité*, Virginité, amour, bonheur: le prix à payer est toujours un certain hommage à l'esprit gaulois et au libertinage français, verve et style, qui va des farces du Moyen Âge aux contes de Marcel Aymé, sinon tout à fait aux salons bourgeois du boulevard. «Je n'avais pas grand-chose à dire. Dans ce cas, on écrit sur l'amour», note Ferron dans un article de *la Barre du jour* où il raconte comment, grâce à son ami Clarke, il apprit l'existence d'un Protecteur de la Comédie qu'il s'empressa d'aller voir au Gesù. Celui-ci accorda un permis permanent à condition qu'il s'en tienne à trois sujets: «L'amour, la patrie et Dieu, l'amour que j'avais déjà épuisé et ne regrettais pas, la patrie dont je tirerai *les Grands Soleils* et *la Tête du roi*, et Dieu que je me réserve encore[9]». Le «cycle de l'amour», et de la parodie, du théâtre de Ferron, comprend une pièce plus élaborée et plus complexe, plus riche symboliquement: *le Cheval de Don Juan*, publiée en 1957, déclarée un peu sévèrement «illisible» par l'auteur en 1965, et que nous étudierons brièvement dans sa deuxième version, celle du *Théâtre I*.

### Don Juan, le cheval et le curé

*Le Don Juan chrétien* est une version remaniée, coupée en deux actes, agrémentée de parades par-devant le rideau, des trois actes du *Cheval de Don Juan*. À une exception près, chrétienne et cléricale, les personnages sont les mêmes, sauf que le Commandeur (de l'Ordre du Saint-Sépulcre, équestre pour les besoins de la cause), s'appelle maintenant le Sénateur, et les Salvarsan, Salvarson. Le cheval ne figure plus nommément dans la distribution au profit du Curé, paradant, pourchassant et monologuant — mais son rôle dans la pièce n'en demeure pas moins déterminant. Le cheval appartient aux écuries du Sénateur qui ressemble — redingote, chapeau melon, guêtres — aux habitués d'Ascot ou de Longchamp. Mais il est lui-même son propre jockey. Après le salut d'ouverture et un premier clin d'œil à l'assistance — la promenade sportive du Sénateur, monté sur Arthur, son cheval, et rejoint, questionné par le Curé, hors d'haleine, qui recherche un Don Juan échappé des coulisses de la salle paroissiale où il doit jouer — le premier acte du *Don Juan chrétien*, comme celui du *Cheval de Don Juan*, commence par une scène littéralement glissante entre la soubrette et le valet.

Jérôme[10] nous apprend que son maître, qui jusqu'ici était «fou comme tout le monde», a maintenant une lubie bien particulière: il veut présenter son cheval à Madame. Depuis que le Sénateur est Commandeur du Saint-Sépulcre, il se montre envers sa femme d'une froideur mortelle. Quant à Martine, la servante, elle donne innocemment un baiser à un Don Juan dont elle ignore le nom et la réputation — il survient inopinément et elle le prend d'abord pour Jérôme, malgré la nouveauté de la moustache. Elle est heureuse de refiler le bellâtre à madame Salvarson, déjà émoustillée par l'astragale de son valet dont elle ignore — elle n'a pas lu Albertine Sarrazin — qu'il désigne un os du talon. Martine se contente de faire languir Jérôme en lui racontant longuement et complaisamment l'épisode du faux baiser. «Vous vous mettez la langue dans un vieux dentier et vous voulez me faire avouer que j'y prends plaisir!» se plaint Jérôme, presque cocu.

Depuis qu'il fréquente les chevaux, le Sénateur est devenu un peu plus sensible à la beauté des femmes: à l'harmonie des proportions, aux grâce de la démarche de Martine, par exemple. «Si le phénomène est réversible, je crois que je vais m'attacher à un cheval», réplique Jérôme. Son maître le lui déconseille et avoue mélancoliquement qu'Arthur ne le reconnaît plus, ne hennit plus à son bonjour. Jérôme est très cru, très direct dans ses questions:

> JÉRÔME — ... Ce cheval n'a donc pas de cœur! Peut-être lui avez-vous trop demandé? Arthur est un hongre; s'il était entier...

> LE SÉNATEUR — Au contraire, l'hongre est plus près de l'homme que l'étalon... D'ailleurs il s'agissait d'amitié. D'amour il n'était pas question, la morphologie ne le permettant pas. (p. 180)

Ici se place, ponctué seulement des «justes, très juste» du Commandeur, éliminés d'ailleurs de la deuxième version, un brillant monologue du valet sur la condition humaine par rapport à celle du coq et de la poule, qui peuvent s'aimer, manger, changer, sans changer de vêtements:

> ... Ils n'ont qu'un seul plumage. Et comme vous l'avez si bien remarqué: ils ne prennent même pas la peine de l'enlever. L'homme au contraire diversifie sa conscience; il change de costume en changeant de sentiment. Il ôte son chapeau pour saluer une idée, le remet pour coiffer une sottise. Une cravate claire lui rappelle qu'il a décidé de sourire; s'il la noircit, sa femme est morte. La guillotine le rapetisse, la couronne le grandit [...] La dignité humaine est une question vestimentaire parce que précisément la conscience est un costume, une mise en scène, un théâtre. (p. 182)

Jérôme n'est pas seulement un valet galant et grivois, impertinent et plein d'à-propos, c'est un lettré — il manie les imparfaits du subjonctif comme un ministre des Affaires culturelles — un artiste baroque et une espèce de philosophe, «imbattable dans la théorie», comme le lui concède le Sénateur, et chez qui Pierre de Grandpré, trouve un écho lointain du thème développé par Robert Musil dans *l'Homme sans qualités*. Après l'énoncé de sa thèse, Jérôme, logique, invite son maître à changer, puisqu'il souffre, l'habit de la sérénité, la redingote, pour un autre.

L'acte premier se terminait, dans *le Cheval de Don*

*Juan*, sur cette courte scène où la solide madame Salvarson
— «quelque embonpoint, du teint et de la santé» — traîne à
la cuisine un Don Juan de peu d'appétit, qu'elle entend
nourrir, nourrir, nourrir, afin qu'il devienne «fort, fort, très
fort». Dans *le Don Juan chrétien*, le premier acte se poursuit
jusqu'à la scène VI de l'acte II original. Jérôme reprend et
développe sa tirade philosophico-vestimentaire; Martine
exige aussitôt de lui qu'il se décore des attributs de sa
fonction, c'est-à-dire qu'il porte, comme Don Juan, une
moustache à l'agréable chatouillis. Puis Jérôme explique au
Sénateur, qui a revêtu la défroque de la tristesse, que son
cheval, condamné par la nature à ne jamais quitter sa robe de
poil rouge, croyait naïvement que son maître, comme lui,
n'avait qu'une apparence et qu'une réalité: celles d'un
cavalier. Or le Sénateur, en tenue de ville, a détruit cet «être
divin», le Centaure qu'ils formaient, Arthur et lui. Jérôme se
met dans la peau du cheval et analyse ainsi sa réaction:

> Il a surtout souffert de l'inégalité du partage: sous mille
> costumes différents, vous pouvez prétendre à l'amour
> de mille animaux différents; lui, pauvre cheval, hongre
> par surcroît, il ne peut aimer que son cavalier. Profon-
> dément blessé, il a feint de ne pas vous reconnaître, la
> dignité animale ne lui permettant pas les soubresauts et
> grimaces accordés aux humains en pareille occurrence.
> (p. 191)

Le Sénateur chaussera donc de nouveau ses bottes de
cavalier et Arthur hennira de bonheur «au seul bruit des
éperons traînant sur les dalles de l'écurie».

Au début du nouvel acte II, Don Juan s'est enfui du
placard où il s'était réfugié par crainte des entreprises
amoureuses de madame Salvarson. «Vous n'êtes pas un
homme, vous êtes un mythe», lui lance Martine.

> DON JUAN: Vous l'avez dit: je ne suis qu'un mythe, un
> mythe dont la présence dans l'histoire servira à
> comprendre la condition des femmes jusqu'à cette
> génération.

MARTINE: Ce fut le malheur qui vous a suscité.

DON JUAN: Comme la famine a suscité des ogres et l'ignorance des sorciers. Je ne suis qu'un reflet. Ne m'accusez pas d'être l'incendie. (p. 202-203)

Les tics et le mythe de Don Juan devaient naturellement, un jour ou l'autre, tenter la plume de Ferron. Comment, en effet, démystifier l'amour, une certaine conception de l'amour et de la femme, sans s'attaquer à son représentant le plus typique dans la civilisation occidentale?

Le Don Juan de Ferron est un «personnage qui rapetisse et tourne à l'opérette», une sorte de ténor italien qui revise sa toilette devant tous les miroirs et roule nerveusement sa mince moustache. Martine, qui vient d'être embrassée, furtivement, lance au sec et vieux séducteur: «Le sceau de Don Juan: un baiser sans conséquence! Au fond vous êtes un pur, un chaste, peut-être un impuissant. Pourquoi vous obstinez-vous à jouer Don Juan?» Celui-ci répond: «Le théâtre me sauvera peut-être. Je me verrais assez bien en comédien. En attendant, je reste fidèle à ma clientèle qui prend de l'âge et perd son romanesque.» (p. 203) Le Don Juan de Ferron n'est ni le «cynique épicurien», «le libertin joyeux, débordant de vie, ami des plaisirs, de la bonne chère», d'une certaine tradition, ni le pâle héros, émouvant et blessé, de Musset et des Romantiques[11]. Il n'est pas non plus le frère camusien de Sisyphe. Le Don Juan ferronien est moins absurde que tout bonnement ridicule, maquignon qui s'ignore, chevalin plutôt que chevaleresque, aussi médiocre comédien qu'amant, destiné seulement à jouer Molière, au profit des bonnes œuvres, dans les salles paroissiales.

Passons sur le long monologue, assez inutile, du Curé, toujours essoufflé, mais qui marche, cette fois, sur la pointe des pieds. La scène v nous fait assister à l'évolution décisive du Sénateur, qui passe de l'équitation à l'amour, ou du moins de l'écurie au salon. «Belle bouche, œil vif, naseau frémissant, jambe fine, poitrail abondant: eh! tu pourrais bien me plaire!» déclare ce demi-centaure à Martine. Mais le passage serait trop brusque de l'hongre à la jeune fille. Cherchant une «forme intermédiaire», le Sénateur ne peut que tomber littéralement sur sa femme, madame Salvarson, personne fringante, hypersensible et pleine d'imagination. «Pauvre Arthur, tout de même! s'exclame le Sénateur régénéré. Je lui dois tout et je le délaisse. Mais je ne serai pas ingrat, non! Inhumain et grotesque, il a fallu que j'aime un animal pour revenir à ma nature; en retour il sera juste qu'Arthur ait ses appartements dans la maison...» (p. 213-214) Mais la bête répugne à s'engager dans l'escalier. Don Juan s'en occupera, converti au cheval, suivant une évolution inverse de celle du Sénateur, avant d'être converti au théâtre à cheval par le Curé imprésario et auteur dramatique. «Homme de peu de foi, tu ne pouvais même pas lui faire monter l'escalier de ta maison! Guidé par mon bras, il galope dans les airs, il fend l'espace, il se dresse sur les nuages [...] J'avais besoin d'un amour qui ne fût pas humain; j'avais besoin de dépasser ma nature. Je l'ai dépassée; je suis Dieu» (p. 226), s'écrie dans son apothéose Don Juan, nouvel Élie montant au ciel sur la croupe d'un cheval roux.

Le Curé vient corriger une dernière fois la légende en ramenant le héros sur les planches, en le ramenant à son décor, son costume, son maquillage. Chacun revient à sa vraie nature: le Sénateur et la Sénatrice s'appellent tendrement Achille et Hortense; Martine, plus maligne que son bon ami Jérôme, a fait de ce fauve un animal domestique, un nouveau Don Juan, aussi faux que le premier[12]. Laissons le mot de la fin au valet, toujours philosophe: «Moi, je ne suis qu'une version de l'original, version revue, corrigée, expurgée et chrétienne, encore que je ne puisse pas être mis entre toutes les mains».

## Les Grands Soleils

ÉLIZABETH: J'ai rêvé, vous étiez dans le feu.
CHÉNIER: Le soleil se lève, tu m'auras vu à contre-jour.

Avec *les Grands Soleils* première version, en 1958, ce sont les *Contes du pays incertain* qui marquent l'étape décisive entre ce qu'on pourrait appeler, chez Ferron, le cycle de l'amour et le cycle de la patrie. Ces contes, et les *Contes anglais et autres*, dessinent une géographie et une histoire, fixent une onomastique, animent une tradition et un folklore. Ferron prend plaisir à relier le temps et l'espace, le rêve et la réalité, le passé et le futur. Il prend plaisir à habiter, à regarder, à travailler, à nommer le «pays incertain». Pensons, par exemple, aux contes intitulés «le Paysagiste» et «les Provinces».

Jérémie, le paysagiste gaspésien de Ferron, paresseux — fécond, faible d'esprit — poète, qui ressemble assez au Troublé des *Contes pour un homme seul* d'Yves Thériault, peint «sur le jour, esquisse de quelques heures, reprise le lendemain», le paysage qu'il n'arrive pas à finir. «Tout le long du jour il bâillait, pris par l'espace qui bâillait, plus grand, par les couleurs, les lignes, le mouvement et les harmoniques sonores du tableau [...] Il peignait par projection, en direct, pourrait-on dire, suivant à la perfection la réalité qu'il épousait». L'artiste naïf se tourmente, la nuit, devant son œuvre bouleversée, effacée, ruinée et, une de ces nuits de grand vent, il se noie avec elle dans la mer:

> Le lendemain et toute la semaine qui suivit, il y eut brume. Puis le paysage reparut; désormais il se succéda jour après jour, saison après saison. C'était le paysage que Jérémie avait peint jour après jour, saison après saison depuis des années et dont il laissait provision pour toujours. Personne ne le reconnut, l'artiste avait oublié de signer[13].

Ferron, lui n'oublie jamais de signer; l'oublierait-il qu'on reconnaîtrait facilement sa griffe dans tout ce qu'il écrit. Le conte nous indique que, même sans toile, le paysagiste crée le paysage; avant la constitution juridique, le patriote crée le pays. Le pays n'est plus seulement un damier de petites propriétés, de municipalités, de lots, de clôtures; c'est un ensemble harmonieux et puissant d'avoir été regardé, pensé, aimé, nommé.

Le narrateur de *la Nuit* explique le rôle qu'a joué pour lui la rivière du Loup: «Mon enfance à moi c'était une rivière, et tout au long de cette rivière une succession de petits pays compartimentés qui s'achevaient l'un après l'autre par le détour de la rivière[14]». Ce pays compartimenté, morcelé, c'est celui du conte parabolique «les Provinces» — celles du Québec — avec sa «carte diocésaine, épiscopale et catholique», sa carte électorale, etc. mais sans carte globale, unique et nationale. «Chaque partie du pays est développée par elle-même. Le Québec a longtemps été un agglomérat de petites provinces isolées les unes des autres[15].»

Depuis *les Grands Soleils* et les contes, avec *la Tête du roi*, au théâtre, *la Nuit, Papa Boss, la Charrette, Historiettes, le Ciel de Québec* et *l'Amélanchier*, dans des œuvres qui vont du roman à l'essai ou, le plus souvent, confondent admirablement les genres en une sorte de saga historico-poétique, Jacques Ferron écrit à sa manière inimitable une vaste fable collective, nourrie d'une géographie redessinée, d'une histoire libérée des archives, des manuels et des théories. C'est dans *la Légende d'un peuple*, de Louis Fréchette, que le jeune Ferron, pensionnaire au Jardin de l'enfance de Trois-Rivières, apprend à connaître passionnément notre histoire, notre épopée. «Il y a, dit-il, une histoire qui meurt dans les paperasses, et une autre qui vit et se développe, dont il faut ramener la légende, rejoindre le conflit, l'exprimer, comme l'a fait admirablement, pour Riel et les Amérindiens, le livre de Marius Barbeau, *le Rêve de Kamalmouk*[16].»

Riel et Chénier: deux frères par l'idéal, par le sang, par les méthodes, par l'échec que l'on peut transformer en victoire; deux héros plus authentiques que le petit Dollard

227

des Ormeaux, mythe créé de toutes pièces, que Ferron déboulonne allègrement:

> ... Dollard des Ormeaux, petit brigand ennemi des Amérindiens (qui étaient pourtant dans leur droit) mais réplique maurrassienne qui semblait tout à fait pouvoir convenir. Les curés ont poussé Dollard dans les écoles, ce qui était facile puisqu'ils détenaient les écoles. En 1955, nous autres, farfelus, avons renvoyé le nationalisme à gauche, changé les drapeaux et les mythes, organisé une contre-manifestation le jour où l'on célébrait Dollard avec faste, c'est-à-dire le jour de la Fête de la Reine[17].

Le texte que nous venons de citer nous amène à parler de Jacques Ferron homme politique, écrivain engagé, militant, manifestant, candidat. Successivement membre actif du P.S.D. (ancien N.P.D.), du R.I.N. et maintenant du Parti québécois, Jacques Ferron a aussi été avec son frère Paul une des cornes dirigeantes du parti *Rhinocéros*, le plus ferronien de tous les partis. Jacques Ferron n'est pas un révolutionnaire grégaire et romantique, ni un politicien étroitement partisan. Il n'est pas non plus un anarchiste: l'ironie du *Rhinocéros* était plus revigorante que dissolvante, elle était au fond efficace et constructive. Jacques Ferron est engagé, il n'est pas embrigadé, ni chef de brigade. Ce frondeur, ce franc-tireur, est plus qu'un factieux ou un opposant systématique. C'est un homme libre, détaché de tout durcissement doctrinaire parce que détaché de lui-même, attaché seulement à son peuple, à sa patrie.

En 1962, il écrivait déjà à André Major: «Que la révolution se fasse ou pas m'est parfaitement égal. Dans un mouvement collectif comme celui-ci on se sent perdu. S'il fallait pour adopter une attitude se demander quelle sera celle de son voisin, de son cousin, celle surtout de tous les Canadiens français qu'on ne connaît pas, tout le monde se mettrait à attendre tout le monde. Non merci. Tout ce que je veux savoir, c'est que la situation politique actuelle ne me convient pas. Tant pis pour ceux qui ne font pas comme moi! Je serais seul que cela ne me dérangerait pas[18]». Et ailleurs, quelques années plus tard: «En politique je me suis trouvé au bon endroit au bon moment, communiste, pacifiste, partisan de Maheu, puis de Bourgault, entre temps quelque peu effelquois et rhinocéros aussi, bien sûr. J'y ai d'abord mis pas mal d'ardeur, mais ensuite je me suis réservé quand j'eus compris que la politique était secondaire et que primait le rapport du moi et des autres[19]».

Le rapport de Jacques Ferron aux autres, c'est d'abord dans et par son œuvre d'écrivain qu'il a lieu. C'est d'ailleurs dans le but de sauver son œuvre, il l'avoue lui-même, que Ferron fut amené à se vouer au salut de son peuple. Une littérature incertaine, importée ou confinée, est condamnée à mourir en même temps que ses lecteurs. Ce «faiseur de contes» ne s'est pas «trouvé au bon endroit au bon moment» par tactique ou par opportunisme, mais parce qu'il était enraciné dans la meilleure tradition orale de notre pays. Comme un Gaston Miron ou un Paul Chamberland, par exemple, il a senti et exprimé avant la plupart un rêve en train de devenir réalité. En le nommant, il a appelé le pays.

Ferron n'est ni «joualisant» ni puriste; ni régionaliste ni abstraitement universel. Il semble qu'à la différence d'une Germaine Guèvremont ou d'un Savard, il «ait réussi à concilier la recherche du pays et son expression[20]». «La langue du docteur — note de son côté Réginald Martel, qui l'appelle «l'ami impitoyable des Québécois» — n'est pas tout à fait la langue écrite, langue morte qui à elle seule ne sait rien dire, ni la langue parlée, qui ne s'écrit pas vraiment, mais une géniale descente, ou une très habile glissade entre les deux; elle réconcilie les contradictions qui déchirent encore les dramaturges, comme Dubé, des romanciers comme Major; plus qu'une langue, don d'autres, elle est un langage *ad hoc*, par quoi l'auteur accède à des réalités qui autrement ne sauraient être appréhendées, par quoi il décante savamment et facilement l'expérience médiate ou instantanée des Québécois qui habitent absolument ses contes[21]».

Aux parentés littéraires déjà signalées de Ferron — de Rabelais à Céline, de Tallemant des Réaux et du Cardinal de Retz à Voltaire et à Beaumarchais — on pourrait en ajouter plusieurs autres: Ferron est assez personnel pour tout assimiler à son langage propre. «Molière revu par Marcel Aymé et corrigé par Shaw», a-t-on dit. Retenons ce dernier nom et remarquons qu'il est irlandais. Molière, chez Ferron a aussi été «revu» par Synge, par Brendan Behan, par Sean O'Casey. Ferron a beaucoup de sympathie pour ce petit peuple nordique indépendant, généreux, imaginatif, parfois délirant. Comparons par exemple, le traitement plutôt sévère qu'il fait subir à l'évêque anglican Scott et à son fils Frank, au traitement accordé à Chubby Power et aux autres Irlandais truculents du *Ciel de Québec*. Ferron annonce d'ailleurs à paraître, après *Passion et mort de Rédempteur Fauché*, une troisième «brique»: *le Salut de l'Irlande*. Et il déclare: «... notre littérature deviendra une grande littérature, comme c'est arrivé en Irlande, le jour où notre patriotisme sera devenu une passion[22]».

Dans *les Grands Soleils*, le patriotisme est une passion. Au curé qui lui conseille: «Patience! car nous ne sommes pas les plus forts», la jeune Élizabeth répond, dans la scène dite «des deux bréviaires» — le noir et le rouge — au début du deuxième acte: «Nous ne reconnaissons pas la Force [...] Nous résisterons [...] Notre mort vaincra [...] Les Anglais, rouges de notre sang, s'en retourneront comme des assassins.» (p. 48) Et le D$^r$ Chénier, au milieu du troisième acte: «Nous allons tenter de sauver la Patrie au détriment de notre honneur, de notre vie, de notre âme: n'est-ce pas scandaleur? Que diront les prudents et les sages? Ne disent-ils pas déjà que nous sommes des brigands?» (p. 79)

* * *

Le décor des *Grands Soleils* ne juxtapose pas seulement, il réunit, il confond un village et une ville, Saint-Eustache, et Montréal, et deux époques, deux patriotismes: 1837 et son centrentenaire, qui coïncide avec le centenaire de la Confédération, et s'y oppose. Le parc Viger est actuel, avec sa gare fermée, ses bancs, son monument Chénier, inauguré en 1895 par le premier ministre autonomiste Honoré Mercier. Mais, anachroniquement, le cabinet médical de Chénier et son jardin donnent sur le parc, où flânent et discourent des citoyens situés en marge du temps aussi bien que de l'espace social.

Précédée d'un rigodon avec Très-Haut-Parleur, la scène de «l'exorcisme préalable», variations sur le thème «la Tête à Papineau» est suivie d'une Présentation par Mithridate, roi du Pont (il ne sait plus lequel!) et qui fait le pont entre les divers personnages de la pièce. «Le théâtre, proclame-t-il, ce n'est jamais gratuit, c'est machiné, prémédité, concerté, c'est un appareil de sédition masqué par les feux des projecteurs et les besoins de l'amusement. Si la représentation d'une pièce a du sens, c'est par la conspiration qu'il y a derrière[23]». Ces mots de conspiration et de sédition ne sont pas tombés dans l'oreille de sourds. Il suffit de passer en revue les critiques, concertantes et déconcertantes, découpées par Ferron et reproduites en appendice aux *Grands Soleils*, pour se rendre compte de l'impact dramatico-politique de la tourné interprovinciale des Canadiens errants du T.N.M.: «sedition more devastating than the most eloquent pleas of a Rene Levesque», s'écrie le chroniqueur de l'*Ottawa Journal;* et celui du *Nouvelliste:* «Ferron n'a pas passé et il ne passera pas». Ces extraits, et d'autres de la même veine, permettent de conclure que Ferron et Chénier ont passé, que 1837 a rejoint 1967, et Saint-Eustache, Montréal.

Entre 1958 et 1968, entre les éditions Orphée et Déom, de pièce *les Grands Soleils* est devenue «cérémonial» dans sa version pour la scène. La justification du genre nous est donnée au quatrième acte (ajouté), où le jeune François Poutré, super-zouave, mercenaire naïf et honteux, «chercheur d'or, *ouiver*, pèlerin», revient du Viêt-nam. Il a vu des Jaunes flamber dans leurs pagodes comme les Canadiens à

Saint-Eustache. Mais il n'a pas su ou voulu comprendre les liens qui unissent le tiers monde et «ce premier peuple blanc qui cède au métissage», le nôtre. Mithridate, véritable prophète biblique, doit lui expliquer la beauté et le sens du sacrifice libérateur, de la défaite-victoire: «Le Père, connais pas, et personne ne le connaît — c'est peut-être le soleil [...]. Mais le Fils, je le connais: il était dans la pagode; il était à Saint-Eustache, il était dans tous les fours crématoires, à Hiroshima, à Dresde, à Hanoi. Il n'est plus crucifié: il brûle vif pour que le soleil ne s'éteigne pas.» (p. 100) Nous sommes loin de la symbolique aryenne de la croix gammée, redoutée par Jean Basile dans tous les soleils des indépendances. Ce dernier acte est une façon, un peu trop appuyée et didactique, de faire lire Guevara par Chénier. Ferron devrait de plus éliminer les rappels historiques superflus, lus sous le titre de Nolet 1, 2, 3, 4, etc. sinon, qu'il les confie à l'inspiration de Mithridate.

Mithridate est un poète populaire intarissable et vrai. Humoriste plutôt qu'anarchiste — il préfère le noir, «seule couleur qui ne change pas», au rouge des Chouayens et au blanc des Patriotes (p. 32) — ou anarchiste attendant le soleil révolutionnaire, ce «robineux[24]» est un héros cornélien, inattendu et redoutable: «Je suis roi. Je règne sur moi-même.» (p. 96)

On trouvait déjà un robineux du nom de Mithridate dans le conte «Cadieu» et, sous un autre nom ou sans nom, dans «l'Archange du Faubourg» et dans «Suite à Martine». Vagabonds, chômeurs, quêteux, marginaux, ils ont pour fonction, comme le paysagiste des *Contes du pays incertain*, dont nous avons parlé, de façonner librement le pays, non par le travail régulier et rémunéré, mais par la méditation, la rêverie, l'art. «Le lendemain, reprenant la route, j'avais l'impression de ne pas être passé en vain et de laisser derrière moi plus de cohérence que devant, un jour plus clair, des fermes aux lignes mieux dessinées, des visages plus humains [...] J'étais un gueux, mais j'étais aussi une sorte de grand seigneur errant par le monde afin de lui redonner un peu d'allure, un peu de style», raconte, inspiré, le vagabond de «Suite à Martine[25]». Le vagabond urbain, le *robineux* est une sorte de *hippy* avant la lettre, contestataire, pacifiste, fleuri, farfelu et plein de sagesse. Sa dose quotidienne de drogue ou de poison l'immunise contre les poisons plus perfides que la société voudrait lui administrer. «Ainsi je suis sûr de m'appartenir. Je n'ai point d'autres preuves. Le poison me dit que je ne dépends de personne, que je suis libre, que je suis roi», affirme Mithridate au docteur Chénier.(p. 67)

Ces nomades sont aussi une sorte d'Indiens blancs. «Les quêteux, successeurs des sauvages, arrêtaient parfois à la maison», lit-on dans le conte «Cadieu». Et plus loin: «Sauvageau, le quêteux aux lèvres noires, surgit devant moi». Le Mithridate et le Sauvageau des *Grands Soleils* sont donc naturellement compères. Ils assurent le lien entre le passé et le présent, tous deux «immortels», «visages symboliques d'un Québec libre», selon l'expression de Michelle Lavoie, qui ajoute: «L'une des leçons de la pièce c'est que les Canadiens français doivent se reconnaître comme fils de Sauvageau, c'est-à-dire héritiers des Indiens, pour être patriotes et fils de la liberté; ils doivent reconnaître le visage de Sauvageau sous les traits de saint Jean-Baptiste [...] La patrie ne peut être sauvée que par ceux qui ne possèdent rien. Ainsi, les vrais patriotes sont les enfants spirituels de Mithridate le robineux, et de Sauvageau le dépossédé, et il est clair que si la patrie doit être à nouveau sauvée, elle ne le sera encore que par des êtres démunis[26]». Sauvageau représente le substrat indien, les rites immémoriaux, la patience des morts et de la vie. Les tournesols géants sont garants de la permanence de la terre, du retour du soleil: «Bien avant l'arrivée des Blancs, leurs têtes dépassaient ainsi les palissades», rappelle-t-il. (p. 26) Et Mithridate: «Au jardin entouré des grands Soleils, où la vie rampe, où les enfants boivent le lait des fleurs, il faut *des pensées verticales, des hommes comme des totems qui montent dans le ciel.*» (p. 67)

Félix Poutré («On dirait que oui que non») est un paysan normand appliqué, l'hiver, à la revanche des berceaux. Croyant n'avoir rien à gagner il cherche à ne rien perdre. Un fils dans un clan, un fils dans l'autre, sa main droite annulant ce que fait sa main gauche, c'est un «homme à deux derrières», aussi poltron que madré, et à quatre pattes, comme tous les rhinocéros de Ferron. Chénier n'est pas loin de donner raison au Curé, son amical ennemi: «Les habitants en guerre, tu vois ça toi? La voix du pays! J'entends, moi, les vaches meugler après le maître des bâtiments, les enfants pleurer, les femmes supplier Dieu de ramener le chef de famille.» (p. 45) Mais pour le docteur, la patrie n'est pas la paroisse. Elle est moins une «voix» à écouter qu'un enfant à faire naître, ou encore, comme le lui dit Sauvageau, une maîtresse — et le seul moyen de la posséder est de mourir sur elle. «J'aurais quand même rêvé d'une patrie plus caressante et moins pressée, et d'un plus long combat», se plaint seulement Chénier. (p. 78)

Chénier, on le voit, n'est pas un héros «héroïque», une statue à vénérer. Même mort, c'est un homme vivant, fraternel, un camarade que nous pouvons suivre dans ses hésitations et son courage. «Ce n'était pas un homme extra-ordinaire, mais il sut mourir d'une façon rare», témoigne Sauvageau. Chénier, ce médecin, cet accoucheur d'enfants — d'enfants apportés par les *Sauvages*, selon le folklore populaire[27] — est, jusque dans sa mort, un homme de la vie, un accoucheur, sinon un père, de la patrie. Pour lui, la patrie n'est pas en arrière — une tradition à conserver, un héritage à défendre — mais en avant: un visage à mettre au jour, une tradition à inventer, une prise de possession, une vie à naître. À une question de la revue *Liberté*, en 1961: «Pourquoi donneriez-vous votre vie?», Jacques Ferron répondait: «Un petit spasme à la Chénier pour aider une nation à se concevoir; pourquoi pas? quitte à passer pour un vieux fou[28]».

La progression dramatique ne peut être ici qu'un progrès dans la prise de conscience des spectateurs[29]. Présentée dix ans trop tôt ou dix ans trop tard, selon les uns ou les autres, *les Grands Soleils* n'est pas une pièce à thèse, monolithique, magistrale — Chénier doute et cherche avec nous (p. 20) — mais, engagée et ouverte, une pièce à questions, à rêves, à débats. Une pièce à conviction dans l'incessant procès que l'actualité fait subir à l'histoire. Ferron est à la fois juge et partie, auteur et acteur, diversement présent à tous les niveaux du drame: dans le cabinet du médecin et sur la place publique, en monument et en personne, en 1837 et aujourd'hui.

Dans *les Grands Soleils*, la patrie est sauvée une seconde fois — mais il faudra toujours la sauver, c'est-à-dire la reconnaître, la faire — par un autre personnage, l'unique personnage féminin de la pièce, Élizabeth, «symbole du peuple québécois qui a oublié sa participation aux événements de 1837 pour ne plus se souvenir que de l'histoire apprise dans les écoles». À la fin de la pièce, elle ne reconnaît ni Mithridate ni Sauvageau, elle ignore même le nom de Chénier chez qui elle fut servante. Mais lorqu'enfin elle se souvient, elle revient auprès du sauvage et du robineux, seuls visages authentiques de la Patrie, une fleur de tournesol à la main, ressuscitant ainsi *l'étonnante patrie qui renaît quand on s'y attend le moins*[30].

Elle renaît par exemple lorsque François Poutré revient du Viêt-nam, comme les chômeurs de *Bonheur d'occasion* s'enrôlaient pour l'Europe, ou le *Simple soldat* de Marcel Dubé pour la Corée, menant tous à l'étranger des guerres qui, à l'origine ne sont pas les leurs, mais qui finalement peuvent aussi bien les rapatrier (au sens fort du terme) que les endormir dans la mort. *La Charette*, en nous promenant de Jérusalem au Vatican, des États-Unis au Viêt-nam, comme le quatrième acte des *Grands Soleils*, ne cesse de dénoncer l'exil et le désordre du Canadien français; de le faire marcher *quelque part*, de l'éloigner pour qu'il se rapproche de lui-même en même temps que des autres peuples.

*Les Grands Soleils*, qu'on a qualifiée de «spectacle folklorique» ou de «drame héroï-comique», montre par sa forme même, libre, lyrique, shakespearienne, sa volonté d'appartenir au théâtre «décolonisé»: théâtre politique écrit par des poètes (Césaire, Yacine...) comme l'a reconnu Jean-Marc Serreau. «Bientôt, privés de lumière, les grands Soleils inclineront des fleurs aveugles. Il neigera dans le creux de l'orbite. La guerre viendra»; «Les grands soleils, gorgés de sang, éclateront au crépuscule», prononcent tour à tour Sauvageau et Mithridate. (p. 41, 56) Chénier, lui, signe précurseur, homme-totem, debout derrière les barricades comme les autres tiges des tournesols derrière les palissades du jardin ou les arbres de la forêt indienne, Chénier compare les feux de bivouac des Patriotes à la lumière des étoiles. (p. 74)

Avec le rêve prémonitoire d'Élizabeth, l'incendie de l'église de Saint-Eustache, la vision prophétique de Mithridate, c'est le «grand cérémonial» qui commence, c'est-à-dire «la transformation d'une petite défaite en victoire», les rites de la concentration et du prolongement, la stratégie du recul et de l'assaut:

> Les vitraux s'étaient mis à bouger et les saints à danser.
> De la voûte, des piliers, de la cascade des jubés rouges,
> l'illumination convergeait vers le chœur [...] Comme
> un tison qui s'entoure de ses cendres, l'église se con-
> centrait sur elle-même, l'ostensoir comme un grand
> soleil, Dieu dans la fleur des sauvages. (p. 100)

Hommes et images semés, plantés en terre comme des héliotropes, dispersés et recueillis. «Car le tournesol ne cesse jamais de faire tourner en lui le soleil ni de diffuser vers nous l'or d'une vérité multiple», comme l'écrit Jean-Pierre Richard[31] à propos de Van Gogh et de René Char. Le soleil peut bien s'obscurcir, comme au jour de la bataille de 1837, ce n'est que «décence de la saison». «Le soleil! mais il est plus qu'une grande corolle vide, une nacelle abandonnée, un astre mort et trompeur». D'autres *soleils* refleuriront. Les fleurs «ont tourné à la graine et penchent vers la terre. L'espoir tombe et cherche à s'ensevelir: ne faut-il pas mourir pour renaître?» (p. 76)

* * *

L'image du soleil-astre, du soleil-temps, et de la fleur-soleil, du soleil-espace, prend ici la valeur et la dimension d'un symbole collectif. La culture et la nature, le temps français et l'espace américain — le temps canadien-français et l'espace canadien-anglais, suivant les catégories de Pierre Trottier dans *Mon Babel* — s'articulent l'un à l'autre se croisent, se confondent. La terre monte et le ciel descend. L'horloge, animée, fleurit; la fleur indique l'heure de la victoire. La survie annonce et exige la vie.

*Les Grands Soleils* nous fait assister et participer, à partir de 1837, à la prise de conscience d'un peuple, à la naissance d'un pays de plus en plus probable:

> Soixante mille Canadiens, femmes et enfants compris, dispersés dans un grand pays. En 1760, l'arrivée des Anglais ne les a guère dérangés, trop peu nombreux pour former un peuple. Faute de peuple, pas de défaite. Par contre, ils venaient de vaincre le climat de l'hiver des grandes misères faisant la saison de leur victoire.

Tel est le tout début du premier acte des *Grands Soleils*. (p. 19) Voici maintenant l'essentiel du long monologue explicatif du Procureur, à la scène finale de *la Tête du roi*:

> Soixante mille paysans dispersés dans un grand pays, divisés par la distance, encore écrasés par l'hiver qu'ils n'avaient pas fini de vaincre, ce n'était rien du tout. Nous sommes nés sous l'envahisseur, nous avons grugé sournoisement notre place au soleil, nous avons grandi sous l'envahisseur, nous l'avons engourdi par notre loyauté [...] Si j'ai été prudent, c'est que je ne voulais pas gâter cette longue conquête par un geste incon-sidéré[32].

Les ressemblances sont nombreuses et précises entre le thème, les personnages, les situations et péripéties des *Grands Soleils* et de *la Tête du roi*, où le Procureur, sorte de

Félix Poutré distingué, a un fils dans chaque camp (Simon, le révolutionnaire, le terroriste, qui décapite la statue d'Édouard VII, et Pierre, le pacifiste, qui rapporte l'objet de bronze à la maison) et une fille adoptive prénommée Élizabeth, comme celle qui est «au service de Chénier et qui n'a rien d'une servante»; où le père Taque («Taccaouère!»), aventurier à la retraite, disciple de Louis Riel, prend l'allure, la fonction et les tics de Mithridate; où le «cérémonial» politique se déroule en contrepoint d'une procession de la Fête-Dieu[33]. Mais les énormités (dont la veuve) sont parfois un peu grosses, l'insolite gratuit, les dialogues bavards; plus anecdotique, plus drôle, plus brillante peut-être, la Tête du roi n'a pas la densité et la force des Grands Soleils.

Dans la Tête du roi, le Procureur de la petite ville tranquille, «oubliée par l'histoire, en dehors du temps, dans une sorte de paradis si près du bon Dieu», voit sa somnolence agitée, son jardin bouleversé, sa vie végétative compromise.

> Il ne fallait pas bouger, tout juste respirer, la fleur à la bouche [...] Nous avions traversé le mur des différences vitales, fondu la flore et la faune; nous étions en train de réaliser la combinaison du sang et de la chlorophylle. Comme un bel hélianthe je serais devenu le juge d'un potager.(p. 53)

Car la conquête passive — survivance, agriculture, «revanche des berceaux» — ne saurait impunément se poursuivre outre mesure. La fleur des Grands Soleils n'est pas faussement innocente, civilisée, fleur de la société, fleur bleue, ou plante comestible et soporifique. C'est une fleur sauvage, le cri des Indiens, le rappel de leur destin. Le Procureur de la Tête du roi l'entend. Reflet, sur son siège, du soleil, du roi, de l'autorité établie par la force, il se lève soudain, il éclaire et flambe à son tour. «Elle est finie la litanie coloniale, ornementale et britannique [...] Laisse éclater ta haine, sois coupable, sois laid!» conseille à son fils Simon (p. 55) celui qui vient de renoncer à être «une grosse légume» de la magistrature. Et à Émond, son serviteur français bien stylé: «Le sang, vois-tu, il n'y a rien d'autre qui régénère un peuple!» (p. 70) Le sang versé est un accident de l'accouchement. À la fin de la pièce, s'adressant à son fils Pierre, le Procureur, habitué à la balance et au balancement, complétera ainsi sa philosophie politique: «Édifier le monde entier, bien sûr: il fallait penser à cette tâche. Ce sera d'ailleurs la tienne lorsque ton frère t'aura fourni un pays. En tout il faut commencer par le commencement». (p. 92)

Le Procureur se réfugie apparemment dans l'ivresse: être «gris» est sa façon, très littéraire, très littérale, d'hésiter entre le noir (anarchiste) et le blanc (monarchiste), afin de réconcilier en lui ses deux fils, le passé et l'avenir du pays. La chlorophylle, teintée de sang, lui monte à la tête; il délire, puisque la réalité envahit et dérange son rêve. L'hélianthe du potager, qui était un bouclier ou un piédestal, devient un signe, une clef, une épée. Le jaune et le vert tournent au rouge: la «combinaison du sang et de la chlorophylle», après avoir favorisé le végétal, penche de nouveau en faveur de l'animal, de l'homme.

* * *

Les personnages des contes et récits de Ferron aiment à discourir, à jouer, à lutter, à heurter leurs mots et leurs phrases dans une discussion si vive qu'il n'y a bientôt plus de place «pour un narrateur, un témoin, bref, un romancier[34]», et que la conversation devient alors un véritable dialogue de théâtre. Inversement, les personnages des pièces, quittant tout à coup la discussion, l'échange, l'*action*, cultivent et goûtent la parole pour elle-même. «Ce sont alors les conversations où les personnages vont de plus en plus loin dans une même direction, procédant par associations de mots, jusqu'à parvenir à une sorte de joute étourdissante où chacun veut précéder l'autre sur la voie du paradoxe ou de la poésie»[35]. De tels monologues, à demi intérieurs et plus ou moins parallèles, entrecoupés et emboîtés, sont souvent plus dramatiques, plus intensément vivants et imprévisibles — ceux du Procureur, ceux de Sauvageau et Mithridate, nouveaux fous du roi ou fossoyeurs à la Shakespeare — que les dialogues trop vifs et trop légers, très XVIII<sup>e</sup> siècle, de la première veine théâtrale de Ferron, le «cycle de l'amour», auquel sacrifie encore, çà et là, *la Tête du roi*.

Dans un pays dont la force est l'inertie, comment réussir une révolution si l'on n'est pas poète? Quand les horizons sont bas et fermés, il faut prendre de «l'altitude», disait le Procureur, réveillé et converti. (p. 68) C'est ce que réussit Ferron, dans *les Grands Soleils* encore mieux que dans *la Tête du roi*. L'altitude qu'il prend n'est pas celle, technique, abstraite, de l'aviateur ou du juge; il est plutôt le montagnard-guérillero. Ses hauteurs sont celles des collines du lac des Deux-Montagnes, pas même celles de Menaud ou des «pays d'En-Haut». Ici, le coureur des bois se tient proche du cultivateur. Ils se rencontrent au *trécarré*, échangent vivres et munitions, échangent des mots. François et Michel Poutré, Pierre et Simon, fils et frères ennemis, se réconcilient en leur père — ceux-ci dialectiquement, ceux-là symboliquement — un père auquel ils ont d'ailleurs donné (re)naissance. Car le père, le soleil, c'est la patrie[36]. Des rayons au centre, puis de nouveau à la périphérie, s'instaure la circulation de la lumière et de la chaleur. Le théâtre de Jacques Ferron fait jaillir la passion, le nom, l'image de la patrie possible.

L.M.

### Références

1. Voici deux portraits, deux esquisses — silhouette et profil — du personnage: «Observez-le en société, grand comme un Anglais et dominant toute l'assemblée de sa taille, mais aussi de son verbe rare et de son sourire ironique, tandis que le regard, très doux, contredit tout le reste pour mieux entretenir le mystère» (Réginald Martel, «Un diable au paradis». *La Presse*, 13 septembre 1969, p. 29); «Si jamais vous rencontrez

rue Saint-Denis, entre les boulevards de Maisonneuve et Dorchester, un long monsieur au cheveu grisonnant, au nez fureteur, et qui va rêvant derrière un lent, lointain regard, dites-vous que c'est peut-être le D<sup>r</sup> Jacques Ferron». André Major, «Des contes qui nous viennent de l'histoire». *Le Devoir*, 25 janvier 1969, p. 15. Pour un gros plan du nez, «le nez juste», biblique, bourbonien et «mauricien», magnanime, visionnaire, etc., cf. Jean Marcel, «Un juste parmi nous?» *L'Illettré*, vol. 1, n° 2, février 1970, dont nous avons lu trop tard pour pouvoir l'utiliser ici, le *Jacques Ferron malgré lui* (Montréal, éditions du Jour, «Littérature du jour», 1970). Même remarque pour André Vanasse, «Le théâtre de Jacques Ferron; à la recherche d'une identité». *Livres et auteurs québécois 1969*, p. 219-230.

2. Jacques Ferron, «Ce bordel de pays. D'un amour inquiétant». *Parti pris*, vol 2, n° 7, mars 1965, p. 62. Voir aussi sa présentation des *Crasseux*, d'Antonine Maillet (*Théâtre Vivant*, n° 5), pièce qui a visiblement et heureusement subi son influence.

3. Jacques Ferron, «Le Langage présomptueux». *Le Devoir*, 30 octobre 1965, p. 17.

4. Pierre Vallières, qui a habité Longueuil-Annexe et souvent consulté le D<sup>r</sup> Ferron, parle de lui, de ses clients, des réactions du curé et des bien-pensants, dans *Nègres blancs d'Amérique*. Montréal, Parti pris, 1968, p. 155-156.

5. André Renaud et Réjean Robidoux, *Le Roman canadien-français du vingtième siècle*. Ottawa, éditions de l'Université d'Ottawa, 1966, p. 194, 190-191.

6. «... Il n'est pas étonnant que Jacques Ferron en ait fait un personnage littéraire; il [«ce personnage peut-être plus imaginaire que réel qu'est François Hertel, le nôtre, le faux, pas celui de l'histoire du Canada»] l'était déjà, il était même complet avec ses répliques et ses réflexions: un texte. Ne lui manquait que le contexte» (Andrée Maillet, «Notes sur *la Barbe de François Hertel*». *L'Amérique française*, mai-juillet 1953, p. 70). Jacques Ferron lui donne brièvement son contexte: «[...] C'était mon maître François Hertel, qui a le cœur d'un ange, l'esprit d'un démon, et qui remue comme la puce qui le chatouille [...] Sur l'un des murs, le portrait de Jean-Paul Sartre avec autographe, et celui du Christ-Roi, sans autographe».

7. «C'est du théâtre écrit, bien écrit, certes, fait de propos farfelus, badins, qui laissent deviner la joie prise par l'écrivain

à soupeser, à caresser les mots, à tirer profit parfois de l'équivoque de leur sens, à jongler avec quelques drôles d'idées qui sont bien en effet des idées drôles.» Pierre de Grandpré, *Dix ans de vie littéraire au Canada-français*. Montréal, Beauchemin, 1966, p. 209. Le critique écrit ce texte après une représentation du *Licou* à la Maison canadienne de la Cité universitaire de Paris.

8. Jacques Ferron, *Théâtre I*. Montréal, Déom, 1968, qui reproduit telle quelle *Tante Élise* et procure de nouvelles versions des *Grands Soleils* et du *Cheval de Don Juan*. Nous nous référons normalement à cette édition.

9. Jacques Ferron, «Le permis de dramaturge». *La Barre du jour*, vol 1, n° 3-4-5, «Théâtre-Québec», p. 69.

10. Georges-Étienne Cartier signalait («*L'Ogre* de Jacques Ferron». *Le Quartier latin*, 1er décembre 1950, p. 4) que Ferron avait publié un roman hors commerce intitulé — le valet porte ici son prénom et le nom de ses maîtres — *Jérôme Salvarsan*.

11. Cf. Micheline Sauvage, *le Cas Don Juan*. Paris, Seuil, 1953, p. 133-134.

12. Michelle Lavoie rapproche cette Martine, «énergique et volontaire», de son homonyme des *Contes anglais et autres*, qui «aime fort virilement un jeune Jeannot au charme équivoque». «Jacques Ferron ou le prestige du verbe». *Études françaises*, vol. 5, n° 2, mai 1969, p. 186.

13. Jacques Ferron, *Contes du pays incertain*. Montréal, Orphée, 1962, p. 119-124.

14. Jacques Ferron, *la Nuit*. Montréal, Parti pris, 1965, p. 83.

15. Jacques Ferron, «Nos paroisses et républiques autonomes». *Parti pris*, vol. I, n° 7, avril 1964, p. 61. «Le Québec, un archipel où sur chacune des îles vit un Robinson», écrit-il ailleurs. *Le Devoir*, 21 octobre 1961.

16. Jacques Ferron, interview à Alain Pontaut. *La Presse*, 3 février 1968, p. 24.

17. Ibid.

18. Jacques Ferron, lettre citée par André Major, «Jacques Ferron à la recherche du pays incertain». *Europe*, n° 478-479, février-mars 1969, p. 58.

19. Jacques Ferron «Faiseur de contes». *Incidences*, n° 11, automne 1966, p. 5.

20. André Major, «Des contes qui nous viennent de l'histoire». *Le Devoir*, 25 janvier 1969, p. 15.

21. Réginald Martel, «L'ami impitoyable des Québécois». *La Presse*, 21 décembre 1968, p. 23.

22. Jacques Ferron à Alain Pontaut, *interview citée*.

23. P. 17. À propos du *joual*, Ferron écrivait semblablement: «S'il a une dignité, cette dignité sera de servir de jargon à une conspiration» («Le langage présomptueux». *Art. cité*).

24. Étymologiquement, de *robine*, et de l'anglais *rubbing* (alcohol): celui qui boit du mauvais alcool, un ivroge, un clochard.

25. Jacques Ferron, *Contes anglais et autres*. Orphée 1964, p. 49.

26. Michelle Lavoie, «Jacques Ferron de l'amour du pays à la définition de la patrie». *Cahiers du Sainte-Marie*, n° 4, p. 99-100.

27. «Certains enfants que j'ai traités, prenaient souvent la légende au pied de la lettre et, par conséquent, ils ignoraient qui était leur vrai père, d'où un problème d'identité terrible. Je me rappelle un patient en particulier, qui souhaitait contre toute réalité être fils d'Indien...» Julien Bigras, «Projet de recherche sur le mythe de l'Indien». *Lettres et écritures*, décembre 1964, p. 28.

28. Jacques Ferron, *Liberté*, n° 13, janvier-février 1961, p. 438. «Chénier, lui, croit de toutes ses forces, héroïquement, c'est-à-dire contre toute évidence.» Jacques Ferron à Alain Pontaut, *interview citée*. Sur les personnages et les événements de 1837, en plus des historiens officiels, voir *Liberté*, n° 37-38, janvier-avril 1965, «1837-1838»; *Parti pris*, vol. 4, n° 9-12, mai-août 1967, «Le Centrentenaire».

29. «Infatigable auteur d'une œuvre de libération, le docteur Ferron ne prendra sans aucun doute sa véritable envergure que le jour où ses lecteurs seront eux-mêmes libres et libérés.» Jean-Claude Germain, *L'Illettré*, n° cité. «Il faut souhaiter certes que son œuvre à la longue corrigera l'histoire, comme il arrive chez Gœthe qui corrige le parcours de l'Allemagne, chez Dante qui rajuste l'Italie à son destin ou chez Cervantes qui rectifie les songes de l'Espagne.» (Jean Marcel, *ibid.*)

30. D'après un sondage de Radio-Canada, Chénier serait maintenant, avant d'Iberville, Papineau et Henri Bourassa, «le plus grand héros de notre histoire». «En prenant à sa charge la grande alternative de la liberté ou de la mort il désavouait absolument l'absurdité de la condition nationale». Michèle Lalonde, «Le mythe du père dans la littérature québécoise». *Interprétation*, n° cité, p. 224, note 1. Quant à Félix Poutré, très différent chez Ferron du héros de la pièce de Louis Fréchette,

son aspect de «brave soldat Schweik». Gérald Godin, *ibid.*, p. 241, est plutôt celui de l'automne que du «printemps tchèque».

31. «Un peu comme Van Gogh, Char aime à poser son œil sur cette étrange fleur, à qui il prête un don formel de dissipation, donc *une qualité libératrice et subversive.* Jean-Pierre Richard, *Onze études sur la poésie moderne.* Paris, Seuil, 1964, p. 82. Nous soulignons.

32. *La Tête du roi.* Montréal, Cahiers de l'A.G.E.U.M., n° 10, 1963, p. 92. Les textes parallèles abondent: «Lorsqu'on nous parle de la conquête, c'est de la préhistoire. Notre peuple a pris naissance sous une domination étrangère (de là une part de notre originalité) et y a progressé.» Jacques Ferron, cité par Jean Garon, «L'itinéraire d'un dramaturge nationaliste». *Le Soleil,* 24 février 1968, p. 23; «Commencer à Cartier, groupiller le Dollard des Ormeaux, frégoter sur la Conquête, c'est tout ce qu'on voudra mais ne n'est pas notre histoire.» «La soumission des clercs». *Liberté,* n° 27, mai-juin 1963, p. 195; «La guerre fut le début d'un renouveau [...] Loin de nuire, la perte de la France stimulait tout ce qu'il y avait de français ici.» «Tout recommence en 40». *Le Quartier latin,* 27 février 1962, p. 8.

33. Pour une comparaison entre les deux pièces du «cycle de la patrie» et sur leur parenté — discutable — avec le théâtre de Brecht, cf. Guy Beaulne, «*La Tête du roi* de Jacques Ferron». *Livres et auteurs canadiens 1963,* p. 41-43. Le Scott T. Ewen, ami de Pierre et de la famille, doit beaucoup plus que son prénom à l'écrivain et journaliste torontois Scott Symons, «bonne-ententiste» typique, auquel Ferron dédie d'ailleurs, avec humour et amitié, *la Tête du roi.* «Monsieur Ewen, quand vous reviendrez, nous pourrons vous offrir une hospitalité plus franche. De votre côté, vous serez un hôte moins ambigu. Il ne faut pas confondre les époques et mettre l'Entente cordiale au milieu de la guerre de Cent-ans.» (p. 92)

34. Michelle Lavoie, «Jacques Ferron ou le prestige du verbe». *Loc. cit.,* p. 188. Exemple: La discussion entre Campbell, Marsan et Linda dans *la Charrette,* Montréal, HMH, «L'Arbre», 1968, p. 148-155, où le dialogue devient jusque «dans la présentation matérielle de l'œuvre» un dialogue de théâtre. Ferron écrit lui-même, après l'épisode du quêteux sans nom, qui cherche à changer sa voix et à provoquer les réactions

de son interlocuteur, dans *l'Amélanchier*, Montréal, éditions du Jour, 1970, p. 81: «Un tel récit, qui ne fait que rapporter les paroles des deux frères, tient du théâtre et peut durer long-temps si le conteur est bon comédien...»

35. Michelle Lavoie, *ibid.*, p. 187.

36. «Si un père n'est plus capable de présenter le monde à son enfant comme l'expression de sa volonté, c'est bien simple, il ne faut plus faire d'enfants.» (*L'Amélanchier*, p. 99-100.)

# Chapitre 9
## Révolution dans le langage:
## Languirand insolite

René de Obaldia rappelait, dans une conférence à l'Université de Montréal, que l'expression «avant-garde» évoquait en lui de sinistres souvenirs: parce qu'il en faisait partie au cours de la seconde guerre mondiale, il fut capturé et gardé prisonnier plusieurs années! Pour Jacques Languirand, qui s'est à l'occasion défendu de faire du théâtre d'avant-garde[1], l'expression suggère peut-être une expérience également douloureuse, tant il paraît certain que cette étiquette, constamment accolée à son œuvre, lui a coûté un succès qu'il méritait. Contemporain de Dubé, sa première pièce[2] suit de trois ans seulement *Zone*. Moins prolifique et, surtout, moins célébré que l'auteur de *Zone*, Languirand a pourtant publié ou fait jouer, en dix ans, pas moins de huit pièces, et fait paraître un roman important: *Tout compte fait, ou l'Eugène*[3]. Chez un écrivain qui n'a pas quarante ans, c'est là une œuvre considérable.

Une œuvre importante, d'un grand intérêt, mais très diversement accueillie par la critique et le public. Aucune des pièces de Languirand n'a obtenu un franc succès devant un grand public; et les critiques, quand ils ne suggèrent pas que l'auteur est un fumiste[4], un farceur, laissent volontiers entendre que ce théâtre est trop cérébral, un théâtre pour initiés. Présentés à la télévison, *les Grands départs* provoquent à la fois l'enthousiasme de ceux qui y découvrent un nouveau langage théâtral, et le rejet violent de ceux que ce renouveau effraie. «Vraiment, écrit un critique, si notre jeune théâtre veut s'engager dans cette direction, autant retourner à *Félix Poutré...*[5]». Et quand, faisant jouer *les Violons de l'automne* à Paris, Languirand se voit très durement jugé par la critique parisienne, il se trouvera bien sûr ici un Victor Barbeau pour s'en réjouir ouvertement: «je le regrette pour l'auteur, écrit-il, cette pièce est bien, selon les termes du *Figaro*, crasseuse, pénible et sénile. Avec la meilleure volonté du monde, on ne saurait en extraire une scène qui ne soit un outrage au bon goût et au bon sens[6]». Mais tout dépend peut-être du goût et du bon sens de chacun; tout tient, surtout, à la perspective que l'on adopte et à la compréhension que l'on a de l'univers du dramaturge, de ses intentions, de sa conception du théâtre.

Cette conception s'est formée lentement, au contact des écrivains français de l'après-guerre. «Je me suis trouvé à Paris, rappelle-t-il, à dix-neuf ans — c'était en 1949 — dans l'atmosphère de l'existentialisme. [...] Je pense que j'ai probablement subi une influence de Sartre et de Camus[7]...» Ambiance, climat qui le pénètre, plutôt qu'influences précises et conscientes. Languirand n'est allé «à l'école» de personne: il cherche sa voie, dans le sillage de l'existentialisme et d'un théâtre nouveau, dit «d'avant-garde». On a souvent — surtout même, et non sans raison — rapproché l'auteur des *Insolites* d'Ionesco ou de Beckett. Comme eux, il mise sur le langage lui-même comme ressort dramatique et rejette la convention réaliste d'un théâtre psychologique et bourgeois. L'on ne saurait pourtant ramener le dramaturge à ces seules influences, lui-même ayant surtout reconnu celle d'Anouilh.

> Il y a deux plans d'influence: celui de la pensée et celui du métier. Sur le plan du métier, des rouages dramatiques, etc. Anouilh était beaucoup plus important pour moi, parce qu'Anouilh... sait faire entrer et sortir les personnages, ce que monsieur Ionesco n'a jamais su[8]...

Chez un auteur qui attache une importance extrême au métier — comme Gélinas, il a assuré la mise en scène de ses pièces et exercé le métier de comédien — on comprend que, des deux niveaux d'influence qu'il distingue, le second prime: d'où, la part d'Anouilh dans ce réseau d'influences diverses qui l'ont marqué.

Il y a en effet, chez Languirand, un véritable culte de la forme, de la perfection formelle; une exigence de rigueur qui le pousse, par exemple, à rechercher la difficulté pour la seule satisfaction de la vaincre. Paradoxalement, ce dramaturge dont les pièces sont aux antipodes du réalisme passerait volontiers, par son souci de la forme, pour un disciple de Flaubert. Ceci explique, chez lui, la recherche de constructions inusitées, d'intrigues *techniquement* difficiles à réaliser[9]; mais en même temps, le choix d'une langue aussi correcte et pure que possible. David Hayne affirmait déjà que Languirand a été le premier dramaturge québécois à orienter le théâtre vers le français international[10]. Il ne faudrait pourtant pas y voir un souci de conformité aux normes de Paris, moins encore le signe d'une désincarnation: l'utilisation d'une langue correcte et le refus de la langue populaire reflètent son besoin de travailler, tel un sculpteur, sur une matière solide et non sur une «langue aussi fuyante», sur quelque chose «d'aussi mou et d'aussi imprécis»[11] que la langue populaire et que le «joual».

Est-ce à dire que seuls comptent, en quelque sorte, le raffinement de l'instrument et la satisfaction de l'artisan ciselant la matière et lui imposant une forme, sans souci du contenu? Languirand, tout le premier, affirme le contraire: «Un dramaturge, précise-t-il, c'est un écrivain qui a les qualités instinctives requises et les connaissances techniques nécessaires pour s'exprimer par la scène, mais qui, avant tout, a quelque chose à dire[12].» S'il insiste sur le métier plus que sur les idées, le «message» à transmettre ou les émotions à exprimer et provoquer, c'est que le premier seul s'apprend. Le «fond», dirait-il, chacun le porte en soi, et une œuvre reflète évidemment son auteur et son milieu. Comme l'Eugène de *Tout compte fait*, Languirand affirmerait aussi que «chacun voit la vie à travers le prisme de sa définition qui décompose la réalité pour la reconstituer autrement à son usage exclusif[13].»

À travers le prisme de Languirand, la vie paraît étrange, incohérente. Le spectateur inattentif croira ne pas y retrouver un reflet du milieu québécois: c'est qu'il le cherche où il ne se trouve pas, selon les conventions du réalisme. Dans ce théâtre où les personnages parlent et se découvrent progressivement, sinon de manière cohérente, le spectateur qui cherche à *comprendre* (c'est-à-dire à «suivre l'histoire») risque d'être dérouté, parce qu'on ne lui raconte jamais une histoire simple et sensée. Il suffit pourtant, pour replacer les choses dans leur juste prespective, de se demander quel est ce prisme qui «décompose la réalité», pour ensuite la «reconstituer».

Dans les œuvres de la première période — car il y en a une seconde, à partir de *Klondyke*[14] — le langage joue lui-même ce rôle. Languirand joue avec les mots, et jamais ne leur fait suivre une logique cartésienne et univoque. Il a déjà précisé que sa première pièce était le fruit d'une expérience d'écriture automatique, c'est-à-dire une pièce construite à partir d'une première phrase trouvée, sans dessein préconçu et au fil de certaines associations spontanées. Il n'en a pas été de même pour les autres pièces; mais toujours l'auteur conserve le goût des enchaînements insolites, inattendus, des jeux de langage. Si le résultat n'est pas toujours bon, il est parfois étonnant, car la signification qui se dégage des mots, comme de l'ensemble d'une pièce, n'est jamais simple.

En somme, le dramaturge cherche à faire œuvre ouverte, ambivalente. «J'aime, avoue-t-il, que les dialogues puissent être compris de plusieurs façons en même temps[15].» S'il cultive la méprise et le sous-entendu, sa recherche est consciente et lucide[16]: il se soucie de faire la pleine vérité sur l'homme et sur la vie, et il sait que rien n'est simple et clair, que la contradiction est partout. On verra tout à l'heure que l'un des grands thèmes de son œuvre est la dualité de l'homme, nocturne et diurne, à quoi se ramène peut-être, chez Languirand, le tragique: car tout tend vers l'impossible réconciliation des contraires, vers l'unité paradisiaque. L'écriture ouverte, ambivalente, n'est donc que la forme exacte, l'expression exigée par ce «fond» qu'est la recherche d'une vérité intérieure, laquelle détermine elle-même — et elle seule — la véritable cohérence de l'œuvre.

## Les Insolites

Nulle pièce ne le démontre plus clairement que cette œuvre étonnante, déroutante, si pleine de fantaisie et d'invraisemblances qu'on en croirait absent tout souci de la perfection formelle, et dont le titre semble avoir marqué irréductiblement le théâtre de Languirand: *les Insolites*. Tout y paraît improvisé, comme si les comédiens devaient à mesure inventer leurs personnages et l'intrigue; mais on ne tardera pas à percevoir la mainmise de l'auteur, dégageant de l'informe une structure et une signification. Ainsi, à la fin du premier acte, un nouveau personnage apparaît. À tour de rôle les trois hommes qui ont occupé la scène depuis le lever du rideau, et qui en sont alors, en parodiant le théâtre lyrique, à déclamer leur «chant final», l'aperçoivent, l'examinent, s'inquiètent de sa présence. Le barman, rompant le silence qui, pendant quelques instants, a exprimé la fascination que cet homme cérémonieux, et tout occupé d'une petite boule qu'il fait tourner au bout d'une ficelle, exerce soudain sur tous, déclare à l'adresse du public: «Il est radiesthésiste». En entendant ceci, l'individu sursaute, et corrige aussitôt: «Automatiste! Radiesthésiste automatiste![17]»

Ce personage est le parfait porte-parole de l'auteur, son incarnation la plus évidente dans cette pièce. J'en veux pour preuve d'abord cette précision qu'il apporte: «automatiste». L'auteur, nous le savons, a voulu faire, dans cette pièce, l'expérience d'une écriture automatique. Et au moment où les quatre personnages jusqu'alors en scène ont peut-être épuisé les ressources d'une action dramatique qu'ils ont ébauchée, rien de plus naturel que l'apparition soudaine de ce personnage: c'est comme si l'auteur lui-même sentait le besoin de mettre cartes sur table devant les spectateurs, en même temps qu'il trouve l'occasion de relancer l'intérêt, en annonçant la seule «action», au sens traditionnel du mot, qui donnera à cette pièce son apparente cohérence: la mort de l'une des personnes que le hasard a réunies dans ce bar.

Cela nous fait voir aussi la démarche paradoxale de Languirand; ou plutôt, dans un cadre et une convention assez rigides, respectant par exemple les unités classiques de temps et de lieu — toute cette pièce se passe dans un même lieu et en quelques heures — une démarche nouvelle et qui est même aux antipodes de l'action dramatique savamment orchestrée de la tradition classique. Cette démarche, le radiesthésiste en donne encore une éloquente démonstration; car le dramaturge n'a pas, ici, procédé autrement. Entraîné par quelque intuition première vers ces personnages qu'il ne connaît pour ainsi dire pas encore, il suit auprès d'eux les mouvements d'un pendule, lequel le guide dans la recherche d'une progression, d'enchaînements dramatiques, et lui permet, en somme, de construire sa pièce selon une sorte de dynamisme interne qui n'est en rien préconçu.

Mais à quoi ce sourcier s'intéresse-t-il? Aux *mots*, essentiellement. Et les principaux mouvements de la pièce s'organisent autour d'un magnétisme verbal comme le pendule du radiesthésiste, à l'approche de la source, s'agite, tourne, avant de s'immobiliser. En l'occurrence, dans *les Insolites*, c'est un adverbe que l'on trouve au centre du champ verbal; et cet adverbe révélera l'intrigue qui s'organise, puisqu'il fera apparaître l'unité greffée sur une rencontre fortuite entre quatre hommes qui, par hasard, ont connu et aimé la même femme: celle que l'un a connue sous le nom de Brigitte, l'autre de Louise ou de Gertrude, mais qu'une même habitude identifie comme une seule personne, laquelle entrera en scène juste avant le radiesthésiste: celle de dire souvent, et à tous propos, «décidément».

L'on peut du reste suivre très nettement cette démarche dans le premier acte de la pièce. Dans les premières répliques, celles où les personnages se présentent — répliques où il est surtout question de la relative surdité de Jules — on est frappé par le grand nombre d'adverbes: légèrement, vraiment, justement, agréablement, tellement... Mais à partir du moment où on nous apprend que Jules attend sa femme, cette répétition sensible des adverbes en «ment» cessera, jusqu'au premier et sonore «Décidément» qui échappera à l'un des personnages et acheminera l'action dramatique, cette fois selon une progression presque ininterrompue, vers l'arrivée de Brigitte et, par suite, les parodies lyriques de ses deux amants et de son mari: Ernest, Pitt, et Jules. Notons d'ailleurs que les deux premières parodies, celles de Jules et d'Ernest, commencent, l'une par «Je commence à comprendre», l'autre par «Je me rends compte aujourd'hui». (p. 39) C'est que nous en sommes, en cette fin du premier acte, à un premier point de rencontre d'éléments épars et disparates qui commencent à dessiner, tout à coup, un ensemble, un tout qui n'est pas sans cohérence. Les personnages commencent à saisir ces liens et comprennent, si l'on peut dire, pourquoi le hasard les a réunis. Le spectateur aussi voit mieux comment, de ces dialogues morcelés et parallèles, toujours avortés, une structure et une signification se dégagent. À la manière d'un thème musical qui se dégage comme avec difficulté d'une série d'amorces convergentes, le thème de l'attente — et donc du bonheur possible — se précise enfin. Les premiers adverbes préparent le «décidément», lequel exprimera l'attente de Brigitte. Ces adverbes disparaissent à l'arrivée de la vieille, parce que le thème se trouve alors exprimé autrement. Lorsqu'une première attente sera comblée par l'arrivée de Brigitte, c'est tous les personnages ensemble qui demeureront en attente d'autre chose: l'arrivée du fils de la vieille, et la mort de l'un des personnages.

Les deux événements, on le sait, se produiront presque simultanément. La vieille n'a pas sitôt «reconnu» son fils que se produit l'incident de la panne d'électricité et le meurtre de la vieille, sans qu'on puisse déterminer lequel des cinq hommes présents est le coupable. L'imbroglio qui suit le meurtre est du reste voulu et nécessaire, car il importe de ne pas acheminer l'intrigue vers le tragique ou vers une forme quelconque de réalisme. C'est pourquoi aux coups de feu et au cri de la vieille répondra le fou rire en crescendo du barman. Et au geste que feront les personnages, se passant le revolver de l'un à l'autre, comme si, précisent les indications scéniques, «il s'agissait d'un plat trop chaud» (p. 75), correspondront la parodie du réalisme policier et le bafouillage des personnages réduits à une sorte d'impuissance infantile soudain communicative: «La chival, li li chodal, avi leur cocol sar li...», dira Ernest. Et Pitt, voulant peut-être l'aider, dira: «char imo... chir ramo... mora chi...» avant de trouver le «Cher ami» consolateur. (p. 76). De la sorte, et par ce retour très net aux enchaînements insolites du langage, l'événement majeur que constitue la mort de la vieille se trouve ramené à une situation grotesque.

Quant à la culpabilité, elle sera doublement symbolique puisque, le vrai coupable n'étant pas connu, c'est sur tous que retombe la suspicion. Ou alors, s'il y a *un* coupable, c'est celui qui a prédit le meurtre, le radiesthésiste. Par un raisonnement particulièrement spécieux, Ernest fait la preuve de cette «culpabilité»: le radiesthésiste, dit-il, est coupable parce que «nous étions les chevaux et le radiesthésiste a tiré le coup de feu du début de la course». (p. 76) La comparaison avec le cheval sera reprise plus loin, mais cette fois par le barman qui dit au policier: «vous avez l'air d'un cheval... D'un beau cheval, d'un cheval de race». (p. 89) Ceci démontre bien, une fois encore, que les enchaînements sont essentiellement verbaux et que les mots ne sont pas des symboles constants. Il n'y a guère plus de cohérence entre les deux comparaisons chevalines que dans la «preuve» invoquée contre le radiesthésiste par Ernest. Du reste, il n'est pas vraiment question d'enquête, de preuve, d'indices; à peine même, dans ce dernier acte, du meurtre de la vieille, si ce n'est sur le mode parodique. La discussion décisive, en l'occurence, portera encore sur une expression: «être de service». Le barman déclare que son travail est terminé, qu'il n'est plus barman; le policier, lui, est de service. Il n'en faut pas davantage — mais ceci n'est nulle part expliqué — pour construire là-dessus une preuve de culpabilité, tout aussi probante que celle du coup de feu et de la course de chevaux: dégagé de son service de barman, ce personnage se trouve tout indiqué comme «meurtrier de service» que le «policier de service» ne manquera pas d'emmener. Là-dessus, la pièce se termine, avec autant de logique qu'elle a commencé. Ce n'est pas par hasard que le barman racontera, à la fin, l'histoire de Jonas qui, aux heures d'affluence, «montait en queue», «en queue de poisson» (p. 100) précise-t-il pour s'assurer qu'on ne rate pas son jeu de mots. Le barman joue ici un rôle analogue à celui du radiesthésiste à la fin du premier acte: il se fait le porte-parole du dramaturge et annonce que la pièce, bien sûr, finira en queue de poisson!

En un sens, cela est vrai de tout le troisième acte, et c'est peut-être la grande faiblesse de cette pièce. Car il ne suffit pas, sous prétexte d'automatisme, de laisser cheminer les mots, lesquels créent des situations et révèlent des personnages à eux-mêmes et aux spectateurs. Il faut, «par la parole», comme l'écrit Renald Bérubé, «créer des personnages», mais de telle sorte qu'ils constituent un réel «univers dramatique[18]». Ceci suppose l'utilisation de ressorts dramatiques assez puissants et constants pour susciter et maintenir l'intérêt. Or, ce ressort me paraît être essentiellement, dans les deux premiers actes, celui de l'*attente*. Attente qui s'accompagne de grande tension, de suspense, voire d'angoisse, durant le deuxième acte; et la panne d'électricité crée le climat efficace, l'atmosphère qui convenait à ce suspense. Mais une fois survenu l'événement tant attendu, la tension tombe et rien, durant ce dernier acte — ni le jeu du revolver, ni l'intervention du policier, ni les confidences du barman, (pourtant importantes dans la thématique de la pièce) — ne réussira à accrocher véritablement le spectateur. Visiblement, les personnages n'ont plus rien à nous apprendre, sinon que le policier, lui, n'a pas connu Brigitte. Des deux personnages qui mènent le jeu, l'un — le policier — n'a rien eu à voir dans les deux premiers actes et l'autre, le barman, a joué un rôle vraiment marginal. Tout se passe trop visiblement comme si l'on avait épuisé les ressources dramatiques des autres personnages, comme si, par conséquent, ce troisième acte ne se justifiait que par le besoin de trouver, malgré tout, une fin à cette pièce, si insolite soit-elle.

Voilà qui nous permet de voir l'ambiguïté de l'entreprise de Jacques Languirand dans cette pièce. Écriture automatique, soit: il est certain que cette pièce se construit en quelque sorte à mesure, et à partir des mots. Il ne faudrait pourtant pas en faire une recette ou une théorie, car alors n'importe quoi serait valable, à condition d'être «insolite» ou automatique. Là réside le malentendu: seul peut se permettre de tenter l'expérience celui qui possède déjà une grande connaissance des fins à atteindre et des mécanismes à mettre en œuvre. Comme l'écrit encore Renald Bérubé, «l'écriture linguistique d'une œuvre théâtrale ne va pas sans l'écriture scénique; en d'autres termes, le langage doit être en lui-même dramatique et «jouable[19]». C'est dire que l'automatisme verbal ne saurait être efficace, s'il n'est assorti de l'application — également «automatiste» peut-être, c'est-à-dire sans projet préconçu — des mécanismes propres à l'œuvre littéraire. *Les Insolites* nous en fournissent la démonstration: alors que l'automatisme verbal est, dans les deux premiers actes, efficace et dramatique, il l'est beaucoup moins dans le dernier acte.

C'est peut-être dans ce troisième acte, malgré tout, que nous trouvons l'expression la plus nette d'une thématique qui parcourt toute la pièce. On se souvient qu'au point de départ, il était surtout question de surdité: la prétendue et relative surdité de Jules, le mari. Parallèlement, cherchant à expliquer leur présence dans ce bar, les personnages proposent deux raisons: l'un est venu se distraire et retrouver une gaieté perdue, les autres attendent — qui un fils, qui une femme, qui une maîtresse qu'il n'a pas revue depuis vingt-huit ans; sans compter que le barman attend que chacun parte pour pouvoir rentrer chez lui et se reposer. Or, que ressort-il de tout cela, sinon une insatisfaction vis-à-vis de l'existence, le sentiment que sa vie a été en partie perdue, malheureuse? La surdité de Jules est évidemment le symbole d'une infirmité congénitale qui coupe l'homme d'une part de vérité. «On peut être sourd et faire son chemin dans la vie» (p. 15), précisera Ernest, dans un effort pour minimiser l'importance de l'infirmité qu'il ne fait, au contraire, qu'accuser, en affirmant cette opposition entre la surdité et «faire sa vie». Or, il s'agit pour chacun de ces personnages presque également marqués par l'impuissance, la médiocrité, l'échec, de «faire sa vie» ou, peut-être, de la refaire. Cela ressort une première fois à la fin du premier acte lorsque, apercevant Brigitte, Ernest comprend que «tous les malheurs» de sa vie «ne sont rien auprès de la perte tragique» de celle qu'il appelait Gertrude, mais qui est Brigitte, l'Américain Pitt s'écrie: «Louise! (mais c'est toujours Brigitte...) Vous avez été ma joie de vivre!», tandis que Jules, le mari, découvre que, trompé tant de fois par sa femme, «sa vie n'a été qu'une farce, une plaisanterie de mauvais goût!» (p. 39)

Au deuxième acte, Ernest parlera des malheurs qu'il a avec son garçon. «Ou plutôt, précise-t-il, c'est une fille». Et il explique: «c'est un garçon, du moins il a toujours vécu comme tel, et puis, un matin, crac! il est devenu une fille. Ce qui prouve...» (p. 59), et il n'arrive pas lui-même à dire de quoi ce changement est la preuve. Le spectateur ne comprendra pas non plus avant le troisième acte, comme il ne saisira peut-être pas le lien entre cette métamorphose et la reconnaissance, par la vieille, de son fils Gérard. Or, c'est à la faveur de l'obscurité, durant la panne d'électricité, que se produit cette reconnaissance. Le courant rétabli, on aura la surprise de constater que Gérard n'est autre que cet hurlu-berlu qui, par trois fois depuis le début de la pièce, est entré dans le bar pour en ressortir aussitôt. À chaque fois, la vieille a comme sursauté, mais sans le reconnaître; pourtant, à la faveur de l'obscurité la plus totale, ils semblent se retrouver sans la moindre difficulté. Il y a donc, en Gérard, deux personnages: le fils, qui s'identifie à un univers nocturne et maternel, et l'hurluberlu qui, aussitôt la lumière revenue, se dégagera des bras de sa mère pour aller vers Brigitte, la maîtresse que, lui aussi, il a connue. Deux personnages, donc, en Gérard, et qui en quelque sorte s'ignorent ou se repoussent mutuellement, comme il y avait en fait, chez le fils d'Ernest, l'homme et la femme.

Cette dualité de l'être, le barman la définira clairement au troisième acte. Sur un mode léger, d'abord, en opposant le barman, c'est-à-dire l'homme défini par son travail, et l'homme tel qu'il est «en soi» lorsqu'il n'est pas «de service». Sur un mode parodique mais plus grave, ensuite, citant la parole de saint Paul: «Je sens deux hommes en moi». C'est lui-même, encore, qui suggérera un lien entre cette dualité et la recherche du bonheur, en disant: «J'ai découvert un moyen d'échapper au malheur absolu». (p. 97) Tous ces personnages expriment donc, chacun à sa manière, cette vérité fondamentale: il y a en chaque homme deux êtres contradictoires, dont l'un pourrait peut-être équilibrer, par son poids de bonheur, les malheurs que connaît l'autre. Ou si l'on veut prendre les choses autrement, disons que l'homme est voué à l'échec, au «malheur absolu», précisément parce que la réconciliation entre les deux êtres complémentaires mais contraires qu'il porte en lui n'est jamais possible. L'homme est toujours un peu sourd à lui-même ou aux autres; toujours une partie de sa vie, ou une part de lui-même, lui échappe[20].

Ce bref regard sur la signification de cette pièce suffit, je crois, à en montrer l'intérêt. Si on peut reprocher aux *Insolites* une certaine faiblesse dans la construction dramatique, en particulier du troisième acte, on ne peut nier son étonnante densité et sa réelle cohérence thématique. Or, ce thème sera repris plus simplement, mais plus visiblement encore, dans *les Violons de l'automne*. Plus visiblement, car les deux hommes qui se disputent la même femme s'appellent tous les deux Eugène. Un seul nom, deux êtres dont le seul point de rencontre semble avoir été l'agence matrimoniale à laquelle ils ont fait appel pour trouver une compagne: on ne peut imaginer symbole plus évident de cette dualité de l'homme. La femme elle-même, Marie-Rose, illustre la dualité, car si elle joue à la jeune fiancée au seuil d'un premier et pur bonheur avec le premier Eugène, l'on ne tardera pas à apprendre qu'elle a déjà été la maîtresse du deuxième. Dans *les Insolites*, la femme était soit la mère, soit la prostituée; Marie-Rose, elle, cherche à concilier la prostitution et la virginité. Pressée par les deux Eugène d'arrêter son choix sur l'un des deux, elle en sera incapable. «Vous vous complétez à merveille. Le jour et la nuit, comment peut-on imaginer l'un sans l'autre?» On ne saurait exprimer plus clairement cette dualité de l'homme et le symbolisme des deux Eugène. L'homme, dans cette unité intérieure de lui-même dont il rêve, est jour et nuit, ténébreux et lumineux; mais cette totalité demeure idéale et l'homme ne connaît que la moitié de lui-même. À cette réflexion de Marie-Rose, les deux Eugène apporteront une réponse significative. «Quand le coq chante, dit l'un, le jour se lève et la nuit s'en va!» Et il gifle l'autre qui réplique en lui rendant sa gifle: «Et puis, le soir venu, c'est vice et versa[21]». Les deux moitiés de l'homme sont donc opposées à jamais, adversaires irréductibles: c'est pourquoi cette pièce se termine par la mort, celle du premier Eugène tué par le deuxième.

Si cette pièce précise et éclaire une thématique déjà présente dans *les Insolites* il est évident, par ailleurs, que la réussite est moins grande. La pièce semble souffrir d'un incurable statisme et jamais l'intensité des situations n'y est telle qu'elle capte entièrement l'attention. Tout est dit trop clairement, ce qui donne à l'ensemble un air de démonstration. Et si l'auteur n'a pas renoncé aux jeux du langage, ils manquent ici de la spontanéité, de la fantaisie qui fait le charme des *Insolites*.

Peut-être aussi est-ce parce que l'amertune de la médio-crité et de l'échec y est davantage sensible, sans ce contre-poids de drôlerie et de gratuité que l'on trouve dans les *Insolites*. L'auteur y a poussé aux limites de la cruauté l'un des thèmes les plus obsédants de son œuvre: celui de l'homme «double» tentant d'échapper à la médiocrité ou au malheur. Écoutons, par exemple, l'Eugène de *Tout compte fait*:

> Au commencement Dieu a séparé la lumière des ténèbres; mais chez tous les êtres, il reste encore quelque chose, semble-t-il, du chaos originel. J'ai longtemps pensé que j'étais le seul, avec quelques méchants de mon espèce, à mener une vie double. Bien qu'en moi l'homme des ténèbres n'ait jamais eu, ou si peu, l'occasion de se manifester, il a surtout vécu par l'imagination. J'en arrive à croire que chacun traîne, toute sa vie, un cadavre puant qui s'accroche à lui comme son ombre. Si j'avais eu plus tôt cette révé-lation, eussé-je orienté ma vie autrement? Encore une question que je préfère ne pas approfondir. (p. 173)

Ce passage éclaire la fin des *Violons de l'automne*: en tuant son sosie, Eugène se débarrasse, en fait, d'un «cadavre puant». Tout le thème de «l'Eugène» — admirable antino-mie, Eugène signifiant «bien né[22]» — s'y trouve résumé, tel qu'on le rencontre dans *les Insolites* et *les Violons de l'automne*. Opposition de l'homme des lumières et du téné-breux, de l'échec et de la joie; recherche d'une impossible réconciliation intérieure en l'homme, sans cesse ramené au «chaos originel».

## Les Grands Départs

On retrouvera ce thème, mais transformé, diffus, atténué, dans *les Grands Départs*. Dans cette pièce, a-t-on dit, «Languirand a tenté une peinture d'un «cas» pathologique social typiquement canadien-français[23]», et cela est probable: Hector, ce hâbleur velléitaire et impuissant qui «dit toujours que ça ira mieux, qu'il pourra bientôt[24]» illustre bien, en effet, une forme d'impuissance nationale assez connue. Il me semble pourtant que compte davangage une sorte de réflexion sur le bonheur de l'homme, laquelle déborde la peinture d'un «cas pathologique» national.

Au troisième acte, par exemple, il se produit en Margot un retournement de situation assez particulier, et significatif. Cette femme inquiète, triste, vivant avec les autres personnages l'étrange et lancinante aventure des «grands départs», se transforme subitement en femme sereine et heureuse, d'un bonheur simple, quotidien, centré sur le chaud bien-être de la vie familiale. «Il se passe, explique-t-elle, quelque chose en moi. Comme si j'avais pleuré. Je n'ai plus cette boule dans la gorge. Notre petite famille a traversé ce soir une grande épreuve dont elle sort purifiée.» «L'épreuve de la purgation[25]», commente Hector, qui s'inquiète, obscurément, de ce bonheur subit. On le sent même de plus en plus fébrile; il s'ingénie à trouver des arguments subtils pour détruire ce sentiment de bonheur, cet optimisme soudain de sa femme. Lorsque enfin il croit y être parvenu, il dit à Margot: «Dis-moi que ta petite boule est revenue dans la gorge». «Oui», (p. 116) répond-elle, et l'on sent qu'Hector en éprouve une réelle satisfaction.

Comment expliquer cette réaction d'Hector, soulagé, dirait-on, de savoir que les siens, comme lui-même, n'ont vraiment pas la moindre chance de trouver le bonheur? S'agit-il d'une sorte de plaisir sadique et masochiste? L'explication de cette scène est beaucoup plus simple: Hector joue ici, d'une manière plus nette, plus visible qu'ailleurs, le rôle qu'il ne cesse pas un instant de jouer dans cette pièce, celui du héros lucide toujours prêt (chez les autres plus qu'en lui-même, il est vrai) à dénoncer les fausses valeurs. Il sait qu'il n'y a pas vraiment eu «risque de bonheur», que l'optimisme soudain de Margot (et tout le contexte, surtout en ce troisième acte, ne laisse aucun doute là-dessus) repose sur un mensonge, sur une illusion de bonheur.

On remarquera également qu'Hector empêche ainsi la pièce de connaître une sorte de *happy end*. Cessant tout à coup de prendre au tragique la situation, Margot serait prête à déclarer que cet épisode des «faux grands départs» n'a été qu'un moment à passer et que, purifiée par cette épreuve, la famille peut, le cœur joyeux, recommencer à vivre. Pour Hector, au contraire, c'est ce moment d'exaltation de sa femme qui échappe à la vie: «C'est ici, dit-il, qu'il faut refermer la parenthèse. L'incident est clos.» (p. 117) La vie reprend, oui, mais une fois la parenthèse refermée: elle continue, car la vie, pour Hector et ses semblables, est faite de grands départs ratés.

À l'image de ces grands départs aussi, la vie est un mélange tragi-comique et il importe que jamais ne se dégage, l'un à l'exclusion de l'autre, le tragique ou le comique. Cette pièce de Languirand pose du reste de ce point de vue, on le sait, un problème de «classement» assez particulier, problème auquel on fait allusion dans l'avant-propos de l'édition de 1958 au Cercle du livre de France. Une tragédie, estime Louis-Georges Carrier, qui en a assumé la réalisation à la télévision. Pour les éditeurs, la pièce serait plutôt une «comédie dont l'humour noir (les) a séduit(s)».(p. 9) L'auteur, quant à lui, tient à ce qu'on ne puisse pas la «classer», et il s'en explique:

> Ce n'est pas une tragédie, ce n'est pas une comédie, ou c'est une tragédie, ou c'est une comédie, ou c'est un drame. Je tiens à ce qu'on ne puisse pas le classer, parce que, au fond, c'est une façon à moi, sur le plan de la recherche formelle, d'essayer de rejoindre, sinon la réalité, du moins la vérité de la vie , qui est ni triste ni drôle, qui est à la fois triste et drôle. Je suis soucieux de rejoindre ça, de rejoindre la vérité par opposition à la réalité, car je ne suis pas un écrivain de la réalité[26].

Voilà qui nous situe quand même clairement cette pièce dans l'esprit de son auteur, et en dehors des catégories traditionnelles au théâtre: elle est un reflet de la vie. Rejoindre, précise Languirand, «la vérité», par opposition à la réalité — et cette vérité est en effet «à la fois triste et drôle».

Il faut pourtant comprendre que les termes même de l'alternative sont trompeurs, tant leur acception a pu varier. Pour les auteurs du XVIIᵉ siècle par exemple, une tragi-comédie n'était-elle pas une tragédie qui se terminait bien? Ainsi *le Cid* est une tragi-comédie; et il est évident que si l'on qualifie de la même manière *les Grands Départs*, c'est en un sens très différent. Quant à cette «vérité de la vie, à la fois triste et drôle», elle rappelle à s'y méprendre les termes même de Victor Hugo dans sa définition du drame romantique; ici encore, pourtant, la distance est très grande. Ce n'est donc pas par rapport à des catégories anciennes que l'on peut, me semble-t-il, situer *les Grands Départs* mais par rapport aux courants contemporains du théâtre. Et il me paraît évident que si un certain mélange du comique et du tragique est une constante du théâtre contemporain, celui d'Ionesco et de Beckett bien sûr, c'est que cette tragi-comédie est la forme moderne du tragique: ainsi se manifeste, pour reprendre le titre de Jean-Marie Domenach, «le retour du tragique» dans notre monde contemporain. Dans cette perspective, l'opposition esquissée tout à l'heure entre la tragédie et une «comédie à l'humour noir» n'a guère de sens: un rire aussi amer n'a rien de véritablement comique. Et *les Grands Départs* présentent bel et bien, selon l'expression de Louis-Georges Carrier, «une tragédie qui se cache derrière la paravent de la comédie[27]».

C'est évidemment par antiphrase que cette pièce s'intitule *les Grands Départs*. Antiphrase soulignée par l'adjectif, suggérant à la fois l'importance et la solennité du départ. Or, le départ ne sera grand que par la quantité de bagages accumulés, ou par l'importance du changement apporté dans la vie des personnages... si le déménagement se faisait. Toute la pièce se situe dans l'attente du camionneur qui ne viendra jamais, et le grand départ — le déménagement de la famille — n'aura pas lieu. L'évolution de la pièce sera plutôt marquée par deux petits départs inattendus, lesquels servent en quelque sorte d'intrigue, de points saillants de l'action dramatique délimitant la pièce en trois actes et la faisant échapper au statisme du lieu unique et au risque de monotonie d'un échange exclusivement verbal entre Hector et les autres personnages.

Le mouvement est déclenché par l'arrivée à l'improviste d'Albert, revenu, après de longues années d'absence, pour épouser et emmener Eulalie. Quittant enfin la maison, la famille, et le célibat, c'est pour elle un grand départ inespéré. Pour le spectateur aussi, peut-on ajouter, car ce développement inattendu de l'intrigue modifie sa perception de la pièce, lui laisse croire à la possibilité de nouveaux et véritables départs, et rend aussitôt vraisemblable, en tout cas, celui de Sophie. Deux départs, mais ratés. Si le deuxième acte a été celui des départs, le troisième sera celui des retours. Le premier, un peu loufoque: Eulalie est revenue parce qu'Albert n'a pas cru bon faire avec elle un mariage officiel et solennel, où elle aurait été la jeune mariée en longue robe blanche... parce que, apprenant qu'il n'avait pas vraiment fait le tour du monde, parce qu'elle l'a vu en petite tenue et en bretelles, Albert, dit-elle, «a détruit mon beau rêve... Et j'ai décidé de m'enfuir». (p. 98) La vérité, comme elle le remarque elle-même, c'est qu'elle n'a pu supporter la liberté. C'est aussi ce qui rend le retour de Sophie plus tragique. Seule capable d'assumer sa liberté et de vivre, elle voulait, elle, prendre le grand départ; mais celui avec qui elle voulait partir a préféré aller au cinéma! Eulalie était partie avec Albert, qui répétait sans cesse que «la vie commence à cinquante ans». (cf. p. 61) Sophie a voulu partir à vingt ans, l'âge des vrais départs. Suprême ironie, le seul qui partira vraiment sera le grand-père, guéri comme par miracle de sa paralysie. Celui dont on parle tout au long de la pièce mais qui ne parle jamais, et qu'on avait laissé au milieu des meubles et des caisses entassés. Morale, s'il en est une: au royaume des paralytiques, la vie commence peut-être à quatre-vingts ans!

Peut-être, car le sens de ce départ n'apparaît pas très

clairement. On peut penser qu'il s'agit là encore d'une parodie, puisque le seul «grand départ» que puisse prendre le vieillard le conduirait dans l'au-delà. Sinon, ce miraculeux départ confirme et condamne l'impuissance des autres: c'est plutôt en ce sens que je suis porté à interpréter la fin de la pièce. Tout se passe en effet comme si le grand-père n'avait, dans la pièce, qu'un rôle symbolique. La référence constante que font chacun des personnages au grand-père (il est devenu paralytique à la suite d'une querelle avec Hector, Margot rappelle constamment sa présence, Eulalie le soigne, et on le cite en exemple à Sophie) permet de définir chacun des personnages par rapport à la paralysie. Et lorsqu'il est devenu évident que chacun est paralysé, prisonnier, qui d'une sorte de fatalité, qui de ceux qui l'entourent, le grand-père retrouve son autonomie: il part, établissant clairement que la véritable paralysie n'est pas physique, mais morale.

Notons, du reste, que seul Hector ne prend jamais au sérieux l'état du vieillard: fait d'autant plus révélateur que l'on sait en quelle circonstance la paralysie s'est produite, et sa part de responsabilité en cette affaire. À la différence des autres personnages il sait, lui, où situer les véritables valeurs tragiques. Il sera seul, à la fin de la pièce, à saisir le regard méprisant du vieillard. Et dès le début, s'il se soucie peu de savoir «où l'on a mis grand-père» (p. 17), c'est que le vieillard ne lui paraît pas différent des autres, qu'il n'a donc pas droit à de plus grands égards. «Oh!, lui dira-t-il, n'essayez pas de m'attendrir avec votre paralysie. Nous sommes tous paralytiques — un peu plus, un peu moins, quelle différence?» (p. 36) Voilà, en fait, le véritable sujet de la pièce, laquelle pourrait aussi bien s'intituler «les Grands Paralytiques». La structure dramatique, complexe et subtile, fondée sur l'ironie et le paradoxe, tend à faire voir les divers aspects et la profondeur de cette impuissance.

Chez Hector, d'abord, en qui on retrouve un personnage assez proche, encore, de l'Eugène. À l'instar du héros de *Tout compte fait* il pourrait dire: «J'ai toujours rendezvous avec moi-même, mais je n'ai jamais rien à me dire. Et pourtant, bien qu'habitué à me décevoir, j'attends encore quelque chose de moi[28].» Hector, lui, prend plaisir à entendre l'écho lui renvoyer son nom. À sa femme qui lui reproche de s'écouter parler, il répond: «Je suis mon plus fidèle auditeur». (p. 22) Ressemblance avec l'Eugène, donc, non pas par ce partage de l'homme en deux êtres — celui des ténèbres et celui du matin — mais par cette conscience de l'impuissance qui accompagne et ne fait qu'accroître l'impuissance. «Rien ne ressemble plus au silence d'un paralytique qu'un autre silence de paralytique» (p. 24), dit Hector à propos du grand-père; mais c'est d'abord à lui que ces paroles s'appliquent. Il s'écoute, sachant que les paroles inspirées ne lui viendront pas, que l'œuvre à naître ne naîtra jamais; habitué à se décevoir, il continue pourtant à attendre, à espérer. Ceci nous explique une apparente incohérence de ce personnage, tantôt dur, cynique — et c'est alors le regard froid de sa conscience lucide qui s'exerce — tantôt exalté, dissertant avec une sorte d'enthousiasme naïf sur la «grande énergie créatrice» qu'il sent naître en lui et déclarant, comme s'il ne se savait pas ridicule: «Je suis comme la femelle qui prépare le nid où déposer son œuf; je vais pondre, monsieur mon beau-père! Je suis sur le point de...» (p. 29) Ce n'est pas alors la conscience de son impuissance, mais l'impuissance de sa conscience à dépasser le stade pré-créateur du narcissisme et de l'informe. Ses longues envolées lyriques sur la création ne trompent personne, même pas lui-même: elles ne sont que l'écho de son silence, de sa paralysie.

Il n'en reste pas moins vrai — le paradoxe est saisissant — qu'Hector, selon l'expression de Renald Bérubé, dans un article intitulé justement «*les Grands Départs* ou la mise à l'épreuve de la parole », fait figure de «grand maître de la parole[29]». Maître du jeu de mots, cultivé avec une sorte de sensualité discrète. Lorsque, par exemple, Margot interrompt l'une de ses tirades où il jouit de sa création verbale (en l'occurrence, il s'imagine homme-orchestre), en lui disant: «Tu deviens fou?», il répond avec logique: «Musicien. Je deviens musicien. J'ai une symphonie dans l'âme.» Plus loin, au reproche d'avoir «fait de la peine» à Eulalie, il répond, sans perdre son assurance victorieuse: «Tu vois! j'ai fait quelque chose! Tu prétends toujours que je ne fais rien.» (p. 37) Hector se rend et reste maître de la situation par la force du langage, dont il joue constamment, et toujours à son profit.

C'est encore par le moyen du langage qu'Hector permet aux autres personnages de se définir. Le premier acte nous fournit de cette influence quelques exemples frappants. Et d'abord, la paralysie du grand-père: c'est par une querelle avec Hector, et donc par un affrontement verbal dont Hector est évidemment sorti vainqueur, qu'elle a été provoquée. À la rigueur, on pourrait même en déduire, la pièce s'ouvrant sur une allusion à cette querelle et se terminant sur la guérison du vieillard, que toute la pièce se trouve ainsi, symboliquement, délimitée par l'influence du langage, et que, si elle s'ouvre et se déroule tout entière sous la domination d'Hector, elle se termine par sa défaite. Il y a, dans ce premier acte, deux autres exemples importants, mettant en cause Margot et Sophie. Dans les deux cas l'on s'oppose à Hector, et cette opposition s'exprime par rapport à un même verbe: *comprendre*. Margot, d'abord, qui dira: «Je ne comprends rien! Et je ne veux rien comprendre!» (p. 23) À son tour, Sophie expliquera à son père qu'elle a compris, depuis longtemps, «qu'il n'y a rien à comprendre». (p. 30) Alors seulement par la réplique suivante, le spectateur saisira l'origine commune de cette expression de la révolte: c'est en effet sur un manuscrit d'Hector que Sophie a lu cette phrase, «il n'y a rien à comprendre». L'on suppose donc qu'il en est de même pour Margot et que, par conséquent, s'il y a prise de position et opposition de ces deux personnages, c'est à partir du langage même proposé par Hector qu'elle se définit. On pourrait multiplier les exemples: le thème des départs, après tout, se trouve toujours exprimé, par Sophie, Margot, Eulalie, et même Albert, dans les propres termes proposés, avec ironie ou solennité, par Hector.

La réplique de Margot — «Je ne comprends rien! Je ne veux rien comprendre!» — doit attirer notre attention sur un autre procédé du langage utilisé dans cette pièce. Car il est clair que le verbe *comprendre* a ici deux sens différents. Son sens habituel d'abord: comprendre, comme on comprend une leçon après se l'être fait expliquer. Mais aussi, dans le second emploi, le sens *d'accepter*, de donner son accord, comme on dit de quelqu'un qu'il est «compréhensif» ou indulgent. Il y a souvent, ainsi, une certaine ambiguïté du langage, discrète, mais d'autant plus efficace qu'elle porte sur des mots-clés: *départ* et *vie*, par exemple. Lorsqu'à la fin du deuxième acte Hector, en réponse à une question de Margot, précise le «quelque chose» que Sophie et lui ont «en commun» en disant: «Tous les deux nous vivons avec toi, tu ne saurais croire combien ça nous a rapprochés» (p. 78), sa réponse n'est pas seulement drôle. Il propose là l'une de ces énigmes qu'il faut déchiffrer en retrouvant les divers sens du mot «vie», selon les divers personnages mis en cause, et selon le type de relations qui s'établit entre eux. Quant au mot «départ», il est inutile d'insister sur les multiples sens qu'il prend, toujours selon les personnages auxquels il s'applique, et l'extrême ironie qu'il porte avec lui.

Dans l'article cité tout à l'heure, Renald Bérubé écrit encore: «Le langage d'Hector crée le drame véritable de la pièce parce qu'il met à l'épreuve les idées que chacun pouvait entretenir sur soi-même et sur l'existence[30]». Ceci me paraît juste, mais il est bon de replacer cette entreprise dans l'ensemble de l'œuvre de Languirand. Ceci signifie en effet que *les Grands Départs*, tout autant que *les Insolites*, reposent sur les mécanismes du langage. D'une manière plus subtile, certes, et sans cette profusion de jeux de mots et de quiproquos que nous avons vus dans *les Insolites*. La nuance et l'ironie remplacent, ici, la fantaisie débridée des dialogues et l'insolite des situations. Les défis à relever, pour l'auteur, étaient les mêmes: unité de temps et de lieu — cette dernière limitée à un unique décor. Mais l'action dramatique repose sur une cohérence plus visible, et le thème des grands départs impose à cette action un cadre plus simple, plus rigide. Le langage, mesuré et subtil, reflète ces exigences. Autant d'éléments qui donnent à cette pièce un certain air «classique» et qui la situent, je crois, à la pointe d'une première évolution du dramaturge. De cette «première période» de Jacques Languirand, *les Grands Départs* est certes l'œuvre la mieux réussie. On ne peut donc que regretter que cette œuvre exigeante et difficile à interpréter ne soit pas reprise.

«Grand maître de la parole», personnage central d'une pièce qui est une «mise à l'épreuve de la parole», Hector demeure un témoin de l'échec. Dans son analyse, Renald Bérubé signale justement que, si remarquables que soient la précision et l'efficacité de son langage «lorsqu'il s'agit de démasquer les êtres ou de cerner une situation», Hector est absolument impuissant à «établir une communication chaleureuse entre les êtres[31]». Le langage est donc instrument de lucidité, mais non ce lien nécessaire entre les hommes. C'est un peu ce qu'Hector suggère lorsqu'il dit à Albert, à brûle-pourpoint: «Je faisais la conversation». (p. 54) Son langage lui sert précisément à cela: à parler de lui-même et des autres, de manière pertinente mais sans jamais sortir d'un cercle paralysant, d'un cercle où chacun des personnages se trouve prisonnier.

Faut-il en conclure que la paralysie de ces personnages est à l'image du milieu québécois aliéné, voué à l'impuissance? Rien, dans la pièce, ne nous permet d'y voir une application explicite ou exclusive au milieu. Il est certain, toutefois, que le thème des *Grands Départs* est celui-là même qui domine toute une période de la littérature québécoise, celle qui précède immédiatement le grand élan des années soixante; et cette rencontre n'est certes pas due au hasard. Cette pièce me paraît même quelque peu prophétique. Fortement structurée par le langage, même si elle reflète un échec, et l'échec partiel du langage lui-même, elle préfigure déjà *l'âge de la parole*, cette affirmation forte et soudaine du langage que nous trouvons dans la littérature la plus récente.

J.-C.G.

## Références

1. Cf. «Pas d'étiquette». *Le Devoir*, 30 octobre 1965, p. 28.
2. *Les Insolites*, présentée en 1956 au Festival National d'art dramatique.
3. Paris, Denoël, 1963. Je pense qu'on ne saurait bien comprendre le théâtre de Languirand sans connaître ce roman.
4. Récemment encore, Clément Moisan écrivait: «Jacques Languirand, qui a essayé [d'apprêter l'universel] à la sauce de l'existentialisme, n'a fait que du simili, d'ailleurs plus vulgaire que vraiment insolite.» *L'Âge de la littérature canadienne.* Montréal, HMH, 1969, p. 132.
5. Georges-Henri d'Auteuil, «les Grands Départs». *Relations*, vol. 17, n° 203, novembre 1957, p. 298.
6. «Jacques Languirand», *La Face et l'envers*. Montréal, Académie canadienne-française, 1966, p. 91.
7. Interview accordée à l'auteur, janvier 1970.
8. Même interview.
9. Ainsi explique-t-il lui-même la structure du *Gibet*, centrée sur la présence constante, du lever à la tombée du rideau, de Perplex juché au sommet d'un poteau. «Sur le plan technique, c'est une pièce effrayante à écrire, car il ne peut pas ne pas entendre tous les dialogues.» Même interview.
10. David M. Hayne, «Les grandes options de la littérature canadienne-française». *Conférences J.-A. de Sève, Littérature canadienne-française.* Montréal, Presses de l'Université de Montréal, 1969, p. 46-47.
11. Interview citée.
12. «Le théâtre m'...» *Le Devoir*, 31 mars 1966, p. 23.
13. *Tout compte fait*, p. 51-52.
14. Depuis cette pièce, le dramaturge recherche un «théâtre total» qui réunirait plusieurs moyens d'expression: musique, ballet, cinéma, etc.
15. Interview citée.
16. À Gilles Hénault qui lui demande comment il écrit ses pièces, il répond: «J'en fais toujours plusieurs versions: au moins

quatre. Je corrige après chaque version.» Languirand: «Si cinq mille personnes viennent voir ma pièce, il n'y a pas de crise du théâtre». *Le Devoir*, 30 mars 1960.

17. *Les Insolites* suivi de *les Violons de l'automne*. Montréal, Cercle du livre de France, 1962, p. 40.

18. «*Les Grands Départs* ou la mise à l'épreuve de la parole». *Cahiers du Sainte-Marie, Voix et images du pays*, II, 1969, p. 65.

19. *Ibid.*, p. 64-65.

20. On songe à cette phrase que Giono attribue à son père: «Tu comprends, je m'en fous de ta machine qui vole [c'était l'époque du célèbre vol de Lindberg] si j'ai la moitié du cœur qui saigne parce que l'autre côté lui manque, celui sans lequel il ne sera pas un beau fruit de la terre.» *Jean le Bleu*. Paris, Grasset, 1932, p. 295.

21. Montréal, Cercle du livre de France, 1962, p. 207.

22. L'usage symbolique et répété de ce prénom est en effet si révélateur qu'on est justifié de parler d'un *thème* de l'Eugène. On peut encore voir une parenté avec une autre pièce de Languirand et un autre prénom — celui-là emprunté à l'antiquité et associé à la quête d'identité et de bonheur: *Diogène*.

23. Michel Pierre, «Je devais écrire *les Grands Départs*, dit Jacques Languirand». *Le Devoir*, 26 octobre 1957.

24. *Ibid.*

25. Montréal, Cercle du livre de France, 1958, p. 112.

26. Interview citée.

27. Présentation des *Grands Départs*, p. 10.

28. *Tout compte fait*, p. 101.

29. *Loc. cit.*, p. 73.

30. *Ibid.*

31. *Ibid.*, p. 73-74.

# Chapitre 10
## *Les Belles-Sœurs*
## ou l'enfer des femmes

*Tu fais exprès pour me faire damner,
Linda, tu fais exprès pour me faire damner*

GERMAINE LAUZON

*Les femmes sont poignées à gorge, pis y
vont rester de même jusqu'au boute!*

ROSE OUIMET

*J'travaille comme une damnée, c'est pour
ça que j'ai l'air d'un esquelette!*

MARIE-ANGE BROUILLETTE

Né au coin des rues Fabre et Gilford, fils de pressier, étudiant aux Arts graphiques, typographe à l'imprimerie Judiciaire, Michel Tremblay connaît sous toutes ses tranches la vie des travailleurs (et des chômeurs) du plateau Mont-Royal.

Rentrant de l'atelier, le soir, il traversait le parc Lafontaine; il portait la barbe, et sa boîte à lunch c'était un sac bleu d'Air Canada: pendant trois semaines, à l'époque du premier F.L.Q., les mêmes policiers l'arrêtèrent et le fouillèrent. Ses bombes, Michel Tremblay les préparait doucement, avec les ingrédients du bord: hérédité, enfance, observation précoce; promiscuité, insécurité, dépression, aliénation... «Ces personnages, je les ai dans la peau», dira-t-il des *Belles-Sœurs* et d'*En pièces détachées*. «On était trois familles dans la même maison: treize dans sept pièces[1]». «Une ou deux [personnes] s'en sont sorties. Les

273

autres sont handicapées pour la vie, et certains hantent aujourd'hui les prisons et les asiles[2].» C'est exactement le cadre et l'atmosphère d'*En pièces détachées*:

>...Ça criait à cœur de jour! La grand-mère infirme, les deux oncles ivrognes, la folle pis sa belle-sœur toujours pris aux cheveux! Y se criaient des bêtises, même en étendant leur linge sur la corde, ces deux-là, c'est pas ben ben mêlant... Pis la gang d'enfants... (un temps). Ces enfants-là, c'étaient les amis des miens... Quand y'étaient petits y'étaient toutes mélangés... Les cousins, les cousines, les frères, les sœurs, y' se comprenaient pas ben ben, là-dedans[3]!

Au cours d'une émission radiophonique[4], Michel Tremblay ajoutera d'autres détails sur son enfance: l'âge de ses parents — cinquante-trois ans — au moment de sa naissance, l'importance de la lune, d'un jeune voisin qui lui allume cet astre tous les soirs, de la tête blanche du grand-père, fier buveur et récitateur de poèmes, de la mère aux gros sein mœlleux («Viens t'accoter sur mes oreillers»), de la cousine Hélène, très belle, généreuse, qui rate son mariage et sa vie, et dont on retrouvera le type — employée au Kresge, *waitress*, alcoolique — chez Pierrette Guérin et chez son homonyme d'*En pièces détachées*.

L'«exorcisme collectif», la «thérapie de groupe» auxquels se livre systématiquement Tremblay — ce sont ses expressions — sont liés à sa volonté personnelle de «s'en sortir». S'en sortir sans en sortir. S'en sortir non pas seul, par la fuite, le dédain, la hauteur, mais avec tous, par la conscience, le jeu exemplaire, la sympathie exigeante et active. Par l'écriture sans compromis.

Écolier, Michel Tremblay écrit un premier «roman», ou une première adaptation, à partir de la série *les Plouffe*. Un été durant, il invente, mélangée à du Jules Verne, la suite de *Blanche-Neige et les sept nains;* il imagine aussi un géant dont le cœur est dans le gros orteil et une sœur tourière (modèle: une institutrice gourmée) qui dit constamment

«J'ai fret» et meurt, juste avant la rentrée des classes, d'avoir articulé tout à coup «J'ai froid». Après trois mois d'éléments latins, l'élitisme de la section classique de la C.É.C.M. répugne au collégien. Il deviendra linotypiste et écrivain. «Au Québec, quand t'es écrivain, tu commences par apprendre un métier qui te permettra de gagner ta vie; après tu penses à écrire[5].» Adolescent, il compose et détruit un triptyque romanesque en vers libres. Radio-Canada lui révèle Lorca et le théâtre: il sera un téléspectateur et un spectateur de toutes les pièces jouées à Montréal. En 1964, début d'une amitié et d'une collaboration efficaces, Tremblay rencontrera André Brassard à la Cabergnote, théâtre de poche où fut monté le premier Arrabal à Montréal. En 1960 — «je n'avais lu ni vu *Zoo Story* d'Edward Albee», précise-t-il à ceux qui verraient trop d'analogies entre les deux œuvres — il écrit une pièce en un acte, *le Train*, qui remportera quatre ans plus tard le premier prix du Concours des jeunes auteurs. Puis, c'est *la Duchesse de Langeais,* confession-exhibition d'un vieux pédéraste, qu'on n'osera monter qu'en 1970; *Cinq*[6], six pièces en un acte créées par le Mouvement contemporain en 1966, *Contes pour buveurs attardés*, etc.

Tremblay commence *les Belles-Sœurs* en août 1965. Voulant décrire les femmes des milieux populaires de Montréal, il cherche un sujet «drôle et absurde» qui lui permette d'enfermer ses personnages dans une cuisine et de les faire réagir de façon typique, «réaliste». L'idée du million de timbres-primes à manipuler lui vient d'une photo publicitaire aperçue dans un autobus[7]. Du «concours de vaches» au tirage de timbres et, dans un autre sens, au concours de femmes, il y a un pas que la réalité franchit avant la fiction. Tremblay vient à peine de terminer le premier acte des *Belles-Sœurs* qu'il voit dans *Dimanche-Matin* l'annonce d'un «grand concours à l'issue duquel on ferait tirer un million de timbres-primes». Abasourdi, mais finalement rassuré quant à la justesse de son intuition, il se met «férocement» à écrire le deuxième acte, plus «bête», plus agressif que le premier. La pièce est refusée en première lecture à l'unanimité du jury, au Dominion Drama Festival de 1966. Heureusement, elle tombe un peu plus tard entre les mains de Jacques Godbout, de Jacques Languirand, de Jean-Claude Germain, de Denise Filiatrault, etc. Le Centre d'essai des auteurs dramatiques en fait une lecture publique le 4 mars 1968[8] et la pièce est créée au Rideau-Vert, avec le succès que l'on sait, le 14 août 1968.

* * *

Au début de son étude sur «la femme dans la civilisation canadienne-française», Jean Le Moyne propose le tableau suivant:

> ...On peut se représenter diversement une femme d'aujourd'hui, canadienne-française et mère. Par exemple, avec tablier, ou sans tablier; sur «prélart» ou sur tapis. Si nous laissons venir les associations, laquelle des images s'imposera et se complétera sans égard à l'expérience particulière de chacun? La première évidemment. Et c'est une apothéose: la mère canadienne-française se dresse en calicot, sur son prélart, devant un poêle et une marmite, un petit sur la hanche gauche, une grande cuiller à la main droite, une grappe de petits aux jambes et un autre petit dans le ber de la revanche, là, à côté de la boîte à bois. L'époque est vague, mais nous sommes nettement orientés vers le passé ou vers des attardements de plus en plus rares. Notre image a beau ne correspondre à rien d'actuel ou à peu près, elle s'impose avec insistance, elle est familière à tous et constitue une référence valable pour tous. Nous avons affaire à un mythe[9].

Jean Le Moyne n'invente rien; il fixe un état d'esprit, un fait de mœurs, une image profonde: celle, savoureuse, de la mère Lacasse ou de la mère Plouffe, celle, maladive et tragique, de la Claudine du *Torrent* ou des héroïnes petites-bourgeoises de Jean Filiatrault. Celle des *Belles-Sœurs*[10] aussi. Si le gaz a remplacé la boîte à bois, si nous sommes dans un quartier ouvrier de l'est montréalais plutôt que dans la Beauce du début du siècle, la cuisine, le prélart et le tablier demeurent les références essentielles, le décor et les accessoires de la pièce de Michel Tremblay. «Et c'est une apothéose». Jamais peut-être dans notre littérature un mythe n'a été à ce point réactivé et dénoncé, rempli et vidé.

«J't'ai dit que je faisais un party de femmes, Linda, rien que des femmes!» «J'vas appeler la police! — C'est ça, appelez-la, on manque justement d'hommes!» Aucun homme dans *les Belles-Sœurs*, sauf en creux, en tant qu'absence, manque, déception; au téléphone (et la communication ne se fait pas), sur l'écran, dans la tombe. Les uns travaillent, mais petitement, de nuit, et la taverne est leur syndicat; d'autres sont en chômage, ou malades. Certains sont souteneurs, comme «le maudit Johnny», ou lâches, comme celui qui a engrossé la petite Paquette. Les garçonnets sont «niaiseux», «nonos», incapables de faire une commission; les jeunes gens se dévergondent et mettent du temps à «embarquer dans les grosses payes»; les maris sont là pour cogner et se satisfaire. «Ah! J'cré ben, si tu prends nos maris comme exemple! On mélange pas les torchons pis les sarviettes! Nos maris, c'est ben sûr qu'y font dur...» Les seuls hommes dignes de ce nom semblent être les acteurs, les prêtres et, au premier chef, les démarcheurs, représentants officiels et bien peignés de la société de consommation. Un collégien est évoqué (futur sociologue, sans doute) qui apprend le latin et écoute de la musique classique, mais sa mère le bafoue avec une hargne particulière. Le vendeur de brosses assidu chez Mlle Des-Neiges Verrette, malgré sa laideur et ses histoires stupides, représente presque une exception, de même que le naïf monologue de la vieille fille: «J'ai besoin d'un homme».

«La mère suffit à tout. La cristallisation s'est faite autour d'elle. Le mythe familial aboutit à elle...», écrivait encore Jean Le Moyne[11]. Et Jean-Claude Germain, dans l'article qui sert de présentation aux *Belles-Sœurs*, voit la pièce de Tremblay comme «une étape aussi importante et aussi décisive que le furent à leur époque *Tit-Coq* de Gratien Gélinas ou *Zone* de Marcel Dubé», parce que l'auteur est le premier de nos jeunes dramaturges, frottés à Beckett, Ionesco ou Albee, «à reprendre dans un cadre réaliste le thème de la famille québécoise[12]». La famille, ici encore, ici surtout, c'est la femme, la mère, mais à un degré de décomposition et de pourrissement inédit, inconnu sur nos scènes. La femme envahit complètement le plateau des *Belles-Sœurs*. La femme à tout âge, sous tous ses angles (qui tournent au cercle vicieux), dans toutes ses conditions: mère possessive, grand-mère abrutie, épouse abusive, insatisfaite ou délaissée, vierge, victime, sainte, enceinte, ménagère, employée, prostituée, etc.

Pourquoi ce titre, *les Belles-Sœurs*, alors qu'on en trouve une seule dans la pièce (Thérèse, sœur du mari de Germaine) contre quatre sœurs, une fille, des voisines, des amies? C'est que la catégorie *belle-sœur* — étrangère mais proche, alliée, ralliée, située à un point stratégique — permet un intéressant trait d'union entre l'univers social et l'édifice familial. D'ailleurs, s'il y en a peu, on parle beaucoup des belles-sœurs dans la pièce, et même de «la belle-sœur d'une de mes belles-sœurs», quand ce n'est pas du «mari d'la fille d'une amie d'enfance de...» Cette suite de compléments déterminatifs souligne le procédé *à tiroirs* des liens de connaissance. Les relations de parenté l'emportent traditionnellement chez nous sur toute autre relation. La parenté prime, domine, modèle, annexe. La vie sociale tend à s'orienter vers le cousinage, à se replier sur les alliances. Pour renouveler l'intérêt, ou seulement l'entretenir, il faut bien étendre un peu la famille, élargir le vase clos, mais pas au point de le briser ou de l'abandonner. On tient à rester entre soi, à l'aise, déboutonné, familier; parler le même langage, réagir aux mêmes allusions, colporter les mêmes ragots. On cherche la complicité, la complaisance, ou la bonne petite guerre intestine, la chicane, non pas la confrontation ou l'échange. Les *Belles-Sœurs* sont les associées, les semblables, les *presque sœurs*. Et il leur faut, pour se réunir, un prétexte domestique ou paroissial: une corvée, un enterrement, un bingo. On ne consent jamais à être dépaysé. Les «Français de France» sont moqués; l'Italienne du quartier, déculottée.

Dans un autre essai de *Convergences*, «la littérature canadienne-française et la femme», Le Moyne faisait cette réflexion, qui nous rapproche encore du titre et du sujet des *Belles-Sœurs*:

> Je n'espère plus rencontrer chez un écrivain canadien-français la surprise d'une vraie femme. Et pourquoi? Parce que la parenté est arrivée pour ne plus s'en aller. Parce que nous sommes toujours en famille et que notre maudite famille nous réduit tous à la même expérience aliénante. Nous nous connaissons par cœur les uns les autres et qui d'entre nous peut nous surprendre[13]?

Le milieu des *Belles-Sœurs*, ce sont les tentacules et les ombres de la parentèle: la famille-pieuvre, la promiscuité, le voisinage abusif, l'indiscrétion, les commérages. Nous avons affaire à une machine en pièces détachées[14], à une femme-tronc, éventrée, vidée de son contenu, éparpillée. Il n'y a plus de femme, il n'y a que des miettes. La femme, la vraie femme, est en morceaux, qu'il faudrait ramasser et indéfiniment recoller, comme les timbres.

Les conflits sont multiples, innombrables, dans *les Belles-Sœurs*: les lignes se croisent, se heurtent, les fils se nouent en un tissu d'apparence uniforme mais plein de contrastes[15], d'aspérités, de mailles défaites, de trous. Conflits de générations, de tempéraments, d'intérêts. Les jeunes s'opposent aux vieilles, les femmes mariées aux célibataires, les bigotes aux émancipées, les (relativement) futées aux imbéciles, les chanceuses aux malchanceuses, les grasses aux maigres, les violentes aux modérées. Les *sœurs* s'opposent aux *sœurs*, sans quitter jamais la famille, le clan, le pâté de maisons. Toutes celles qui ont voulu juger et dépasser le milieu sont ou seront infailliblement récupérées: non seulement Germaine et son million de timbres-primes, mais M^{me} de Courval, son vison, son snobisme et ses voyages, Angéline et son club, etc. Pierrette Guérin est là pour indiquer à Lise Paquette un autre cul-de-sac.

Ce n'est pas que le milieu — qui pourrait être aussi bien Kénogami ou Val-d'Or, Sept-Îles ou Murdochville — ne fasse souffrir tout le monde. Mari, enfants, vieillards à charge, maladies, ignorance, monotonie, pauvreté, chacune des belles-sœurs a à se plaindre, et se plaint drôlement, amèrement; mais elles tiennent à une dérisoire «justice», à une égalité dans le malheur. Qu'une seule s'échappe, par le haut ou par le bas, et c'en est fait de la solidarité tribale, de la bonne conscience endormie. L'enfer médiocre ne se vit bien qu'ensemble. Les hommes ont leur taverne; la cuisine surpeuplée est la taverne des femmes. Égoïsme, envie, aigreur, vulgarité, vengeance, désespoir, sont ici les formes monstrueuses d'une révolte refoulée et avortée.

La jalousie de la maigrichonne Marie-Ange Brouillette envers la plantureuse Germaine Lauzon n'a pas que des motifs financiers. Le vol systématique des timbres, auquel Marie-Ange entraînera toutes les femmes, cache (et dévoile) une frustration sexuelle profonde. C'est la chair même de Germaine que l'on découpe, que l'on dévore. «Que c'est qu'a la faite, M^{me} Lauzon, pour mériter ça, hein? Rien! Rien pantoute! Est pas plus belle, pis pas plus fine que moé! Ça devrait pas exister, ces concours-là! Monsieur le curé avait ben raison, l'aut'jour, quand y disait que ça devrait être embolie!» Qu'est-ce que le curé vient faire ici? Sans doute l'organisateur de bingos craint-il la concurrence de *Gold Star*, mais il y a plus: la morale sexuelle traditionnelle exige une apparente soumission de la femme, contournée et *surcompensée* de mille façons. «Les femmes mènent chez nous parce qu'elles sont tellement frustrées sexuellement. Le contexte religieux a longtemps empêché les Québécoises de jouir; elles se soumettaient mais menaient à la maison[16].» Sous prétexte de guerre à la guerre (leur rivale), c'est la guerre aux mâles qu'engagent, et perdent, les Grecques québécoises de *Lysistrata*[17].

* * *

L'action des *Belles-Sœurs* a la durée exacte de sa représentation; le temps dramatique égale le temps réel. Aucun moment de la conversation ou de la «sous-conversation» des quinze femmes n'est escamoté. Du début à la fin de la soirée, les entrées ou les (fausses) sorties, les paroles ou les gestes, les silences, les *black-out*, s'inscrivent à leur place, à divers niveaux il est vrai, dans un déroulement continu et linéaire, une sorte de mouvement perpétuel. La division en deux actes est pure convention, simple commodité: ils s'enchaînent sans hiatus. On remarque seulement, dans la dernière partie de la pièce, une hausse de ton, une accélération du rythme, qui nous conduisent naturellement à l'apothéose finale du vol généralisé, de la bataille, de l'*Ô Canada* au garde-à-vous, de la «pluie de timbres» qui «tombent lentement du plafond».

Trois formes dramatiques coexistent dans *les Belles-Sœurs:* le dialogue, le monologue et le chœur. De dialogue il n'y a pas, à proprement parler — sauf celui de Pierrette et des jeunes filles «dans la porte du réfrigérateur» — mais seulement des bribes, des mots lancés, des taquineries, des injures, des histoires («En parlant de moineaux, ça me fait penser...»). Le dialogue, en tant que tel, a si peu d'importance que les répliques sont souvent interchangeables. Rose raconte à la place de M$^{me}$ Longpré, et aussi bien (ou aussi mal) qu'elle, le voyage de noces de sa fille[18]. Ces dames partagent non seulement les mêmes préjugés, la même insignifiance significative, le même *joual* — y compris Lisette de Courval — mais les mêmes jurons, les mêmes tics. «Franchement» (au moment, bien sûr, où elles mentent le plus effrontément), «C'est pas (ben ben) mêlant» et «J'ai mon (verrat, hostie de) voyage» conviennent indifféremment à toutes.

Certains spectateurs, certains critiques ont réagi négativement, voire violemment, à la langue et au style des *Belles-Sœurs*. «Quand le *joual* bave au Rideau-Vert» était le titre d'une lettre ouverte au *Devoir* où le signataire se demandait s'il devait voir en Michel Tremblay «un fumiste... un misogyne... ou tout simplement un mystificateur en quête de publicité». Sans aller aussi loin, le chroniqueur dramatique de *La Presse* soutenait que la pièce de Tremblay, à cause du *joual*, ne pouvait accéder à l'universel, au Théâtre. Là-dessus, André Major répliquait: «Le joual permet au drame d'en être un». «Imagine-t-on *les Belles-Sœurs* revues et corrigées par un linguiste? Ce serait la négation de la vie et du théâtre. On est universel si l'on est humain, c'est tout. Tremblay a donné à sa pièce tout ce qu'il fallait pour qu'elle soit vivante, charnelle, humaine. Qu'on cesse d'inventer de faux problèmes[19].»

Le problème est, en effet, mal posé. Cette querelle continue celle de 1964-65, suscitée autour de l'école de *Parti pris*. Un critique aussi exigeant et aussi francophile que Jean Éthier-Blais concluait pourtant, après avoir analysé *le Cassé* et *le Cabochon*: «Sans doute l'école de *Parti pris* a-t-elle raison et seul le spectacle de nous-mêmes, tels quels, nous forcera à nous détruire pour renaître. Deux jeunes écrivains viennent de nous tendre des miroirs; on y regarde ses traits décomposés et le cri se fige dans la gorge[20]». «Quand Jacques Renaud, par instinct, utilisa le *joual* des villes dans sa longue nouvelle, il le faisait en révolutionnaire, car il tentait de briser jusqu'à la structure du récit[21].» Michel Tremblay brise aussi la structure dramatique conventionnelle, et jusqu'à la convention avant-gardiste.

Pas plus que Renaud ou Major, Tremblay ne cherche à «créoliser» la langue populaire, à «propager», encore moins à «institutionnaliser» le *joual*. Il ne cherche pas les effets faciles, le pittoresque, la couleur locale — dans ce cas, il aurait utilisé le *joual* à doses bien pesées, l'aurait mis en italique, entre guillemets, entre parenthèses. Les moyens d'expression, la forme, le langage d'une pièce sont inséparables de son engagement, de son message; le *joual* n'est pas ici un habit de carnaval dont l'auteur revêt arbitrairement et artificiellement ses héroïnes; il est leur vêtement de tous les jours, il leur colle à la peau, il est devenu leurs corps, même, leur «maladie chronique», une «carence dans le sang», comme le note justement Tremblay. Sans le *joual*, Germaine Lauzon n'existerait pas, *les Belles-Sœurs* n'existeraient pas. La preuve en est que le *joual* — «sous-idiome-marginal [...]», langue du sous-groupe social le plus touché par l'aliénation culturelle et l'infériorisation économique», suivant la définition d'un linguiste[22] — le *joual*, dis-je, fait partie d'un ensemble de moyens qu'utilise simultanément Tremblay pour bâtir sa pièce. L'absence de dialogue véritable, l'absence d'intrigue, l'absence d'hommes... concourent, avec l'absence du français correct, du bon usage, à créer sur la scène un univers cohérent dans son incohérence, à rendre sensible la menace d'anéantissement, à faire des *Belles-Sœurs* une tragédie du vide, de la désintégration.

«Misère» est le premier et un des maîtres-mots des *Belles-Sœurs*, avec «écœurant», «fatiguant», «fatiguée», «chus donc tannée», «chus toute énarvée», «bon-rienne» et l'ineffable «cataloye». La pièce de Tremblay elle-même, avec son échantillonnage, ses énumérations et ses clichés, constitue un merveilleux catalogue. C'est là sa structure, et elle est originale, nécessaire. Car, il faut bien le dire[23], les croquis, les esquisses, l'absence d'intrigue logique et vigoureuse, la composition horizontale et excentrique, étaient exigés par le sujet et les personnages. Le véritable drame, ici, ne saurait apparaître qu'au fil des petits drames, des travers, du ridicule, du *joual*. Accumulation et dispersion contribuent au progrès et à l'unité de la fresque. *Les Belles-Sœurs* est truffée de coq-à-l'âne, de réflexions saugrenues, apparemment hors de propos, en fait profondément accordées à la situation et à la trame secrète de la pièce. «Le gars qui me vend ma viande à shop, c't-un vrai voleur!» est jeté à la cantonade au moment précis où toutes les femmes changent de place et en profitent pour chiper quelques livrets et paquets.

Les chœurs, très souples, variés, unissent — totalement, ou par trios, quatuors, etc. — ces voix que les dialogues ne font guère que juxtaposer. Les «suppléant(e)s parallèles» des *Belles-Sœurs* stylisent à leur manière, élèvent jusqu'à l'absurde les tranches de vie quotidienne. Le quintette «Une maudite vie plate! [...] Pis le soir on regarde la télévision!», avec ses lundi, mardi, mercredi... n'est pas sans rappeler le texte célèbre du *Mythe de Sisyphe*: «Lever, tramway[24]...» Il arrive chez Michel Tremblay comme chez Camus, que «les décors s'écroulent», qu'un «pourquoi» se pose. Mais la lassitude et l'étonnement ne s'adressent ici qu'au dieu des magasins et des jeux de hasard. Les décors sont aussitôt remplacés par d'autres, plus épais, plus tape-à-l'œil, mais d'aussi mauvais goût. Les belles-sœurs n'ont pas la tête métaphysique, ni esthétique, ni religieuse, ni morale, ni politique. Elles ont plus de cœur que de tête, et, pour la plupart, plus de ventre que de cœur. On n'enregistre qu'une revendication, timide, envers le Bien-être social, le Comité de citoyens n'est pas pour aujourd'hui. On ne songe pas un instant à sortir du système, à le contester, voire à le reconnaître. Si elles habitaient l'Abitibi ou les Bois-Francs, les belles-sœurs, voteraient assurément créditiste, dans leur recherche non d'une solution mais d'une protestation viscérale, d'un dérivatif magico-financier: changer un papiermonnaie pour un autre[25].

Lorsque la jeune Lise Paquette, «écœurée de travailler au Kresge», assure vouloir sortir de sa «crasse», arriver «à quequ'chose dans'vie», elle ne s'en prend qu'à sa malchance, ne se fie qu'au miracle: «Attends deux-trois ans, pit tu vas voir que Lise Paquette va devenir quelqu'un! Des cennes, a va en avoir, O.K.» Voilà la nouvelle génération empêtrée dans les mêmes rêves stériles que la précédente, qu'elle méprise. Son idéal, ce n'est même pas le bonheur (on semble ignorer jusqu'à ce mot), «c'est l'fun», le confort conventionnel, le «porte-poussière chromé», l'auto, la parade, les «cataloyes». Son organisation, c'est le hasard; son ressort économique, les concours publicitaires, les «démonstrations gratuites», les tirages[26]; son fétiche, le B 14: «Y faut que je gagne! Y faut que je gagne! Y faut que je gagne!» Que les cartes soient truquées, qu'on puisse changer de jeu, n'effleure l'esprit de personne. On entonne l'*Ode au bingo* — coryphée, contrepoint, cadence endiablée, sommet lyrique et passionnel[27] — avec la même unanimité que l'*Ô Canada*.

Le chœur assure le tri, l'unité et le commentaire des événements; il est déjà plus dramatique que le pseudo-dialogue. Mais ce sont les monologues, une douzaine au total, qui livrent à nu l'envers du décor, l'âme de ces femmes «désâmées». Ils marquent les temps forts de la pièce: le rire se fige, la tension augmente, devient parfois intolérable. Si le duo Bibeau-Sauvé sur le salon mortuaire et les «dix-sept s'opérations» relève d'un comique naturaliste que ne désavouerait pas un Gélinas ou un Lemelin, la litanie des noms des invités au *party* de la belle-sœur de M^me Longpré constitue un morceau beaucoup plus audacieux qui, dans sa sécheresse, sa vérité démographique, résume trois siècles d'histoire. À côté de ces récitatifs avec isolement et projecteur, on trouve, insérés dans le tissu même du dialogue, une sorte de demi-monologues: «conversations» téléphoniques, «scènes», apartés prolongés. Les monologues personnels sont évidemment les plus émouvants, du moins certains d'entre eux: celui d'Angéline Sauvé («J'ai été élevée dans les sous-bassements d'églises [...] j'ai appris à rire à cinquante ans!»), celui de Rose Ouimet («Maudit cul!»), celui de Pierrette Guérin au bord du suicide...

Michel Tremblay joue de ces trois arcs ou de ces trois claviers — dialogue, monologues, chœurs — avec une virtuosité remarquable. Pour l'auteur des *Contes pour buveurs attardés* et d'*En pièces détachées*, le réalisme et le fantastique semblent la face et l'envers d'une même non-réalité. Entre les deux, la cloison est mince, l'équilibre instable. L'excès de l'un fait tout à coup verser dans l'autre. Plus vraie que nature, l'observation devient cauchemar, la comédie de mœurs, tragédie. Le joual «devient par sa vulgarité même, incantatoire», *les Belles-Sœurs* «magnifie» cette «réalité qui est la nôtre», écrit André Brassard, le metteur en scène, dans sa note préliminaire[28]. Le mot peut surprendre, il est juste. Tremblay réussit en effet autre chose qu'une œuvre anecdotique, sarcastique, impitoyable. En pourchassant la mesquinerie et le vice dans leurs replis, en démasquant les obsessions, les illusions, en mettant à vif la souffrance et le dénuement le plus intime en multipliant les gestes, en systématisant l'expression, il atteint, au fond même de l'infiniment petit — n'est-ce pas *la Cité dans l'œuf?* — une grandeur certaine, une sorte d'épopée populiste. Des monstres grouillent qui ne sont dangereux qu'endormis. *Les Belles-Sœurs* fait des limbes un enfer, du microbe un antibiotique: sur le plan de l'art comme sur le plan de la conscience collective, c'est un indéniable progrès. Plus tard pourra venir l'écrivain, que n'espérait plus Jean Le Moyne, qui nous fera «la surprise d'une vraie femme».

L.M.

### *Références*

1. Michel Tremblay, interviewé par Claude Gingras, «Mon Dieu, que je les aime ces gens-là!» *La Presse*, 16 août 1969, p. 29.
2. Michel Tremblay, cité par Fernand Doré, «Michel Tremblay, le gars à barbe sympathique». *Le Magazine MacLean*, vol. 9, n° 6, juin 1969.
3. Michel Tremblay, *Deux pièces.* Montréal, Leméac, «Répertoire québécois», 1970, p. 29.
4. «Les Héros de mon enfance». CBF, 21 juin 1970.
5. Michel Tremblay cité par Jacques Larue-Langlois, «Il montre ce qu'il voit». *Perspectives*, 20 décembre 1969, p. 7.
6. *Cinq* deviendra *En pièces détachées*, créée au théâtre de Quat-sous en 1969: deux des six sketches seront nouveaux, remplaçant ceux utilisés dans *Trois petits tours (Berthe* et *Johnny Mangano and His Astonishing Dogs*, auxquels Tremblay ajoutera *Gloria Star*), téléthéâtre donné à Radio-Canada le 21 décembre 1969.
7. «Il s'agissait de compter le nombre de vaches qu'on voyait sur une belle photo en couleur et d'envoyer le résultat à telle

compagnie de chocolat... Je m'imaginais toute une famille en train de compter les vaches sur la table de cuisine...» Michel Tremblay: «Le summum de l'absurde, inspiré d'un concours de vaches, devenait réalité du jour au lendemain». *Le Magazine MacLean*, vol. 9, n° 2, février 1969, p. 30.

8. Un reportage de sept minutes à l'émission «Aujourd'hui» provoque des centaines d'appels téléphoniques au standard de Radio-Canada.

9. Jean Le Moyne, *Convergences*. Montréal, H.M.H., 1961, p. 70-71.

10. Michel Tremblay, *les Belles-Sœurs*. Montréal, Holt, Rinehart et Winston, «Théâtre vivant», n° 6, 1968, 71 pages. L'édition originale n'avait que 70 p. La deuxième édition, utilisée dès la création de la pièce, comporte deux modifications substantielles: la seconde partie du monologue de Pierrette Guérin est étoffée (p. 61); le fameux monologue de Rose Ouimet — «le plus grand cri de désespoir que pouvait lancer une québécoise», a dit quelque part Tremblay — est intercalé entre les répliques de Lise Paquette et de Gabrielle Jodoin (p. 65 et 65-66 respectivement).

11. Jean Le Moyne, *op. cit.*, p. 71-72: «...Le père! R'marque que c'est moins pire que la mère, mais ça fait rien... — Oui, c'est vrai, une mère, c'est pire! Une mère ça se remplace pas!» (*Les Belles-Sœurs*, p. 42).

12. Jean-Claude Germain, «J'ai eu le coup de foudre». *Les Belles-Sœurs*, p. 3. Michel Tremblay avoue avoir été fortement impressionné par *les Grands Départs* et par *le Temps des lilas*. «Mais la meilleure pièce québécoise (ou canadienne), pour moi, c'est *Un simple soldat* de Dubé», dit-il à Claude Gingras (*art. cité*).

13. Jean Le Moyne, *op. cit.*, p. 105.

14. *En pièces détachées* — le titre renvoie au thème et pas seulement à la structure des sketches — fait également songer «à un casse-tête dont, volontairement, l'auteur n'a pas voulu rassembler les morceaux». Martial Dassylva, «Du côté de la rue Fabre». *La Presse*, 23 avril 1969.

15. On retrouvera ces contrastes, psychologiques, mais d'abord physiques dans *Lysistrata* (Montréal, Leméac, «Répertoire québécois», 1969): la chaude sensualité des corinthiennes, la suffisance des lesbiennes, le pessimisme nasillard des vieilles Athéniennes; la petite et la grande Spartiate, les jumelles

béotiennes faussement *identiques*, etc.

16. Michel Tremblay, dans Jacques Larue-Langlois, *art. cité*, p. 8.

17. Les troupes de Lysistrata ont leur part de responsabilité dans la guerre. Le combat qu'elles mènent contre les hommes — elles le mènent mal: en femelles plutôt qu'en femmes — n'est pas exactement celui des puissances de vie (Éros) contre les puissances de mort (Thanatos), comme l'écrit trop vite un psychosociologue, qui ajoute, plus heureusement, en renvoyant à l'*Agression* de Konrad Lorenz: «La seule façon dont Kinéas prouve sa *puissance* (ou sa *superpuissance*) est l'agressivité, pis, l'agression». Gilbert Tarrab, «Essai d'explication psychosociologique de *Lysistrata*». *L'Envers du décor*, T.N.M., vol. 2, n° 2, octobre 1969.

18. Comparer la description, très peu flaubertienne, du gâteau de noces «à six étages» (dont quatre en bois) — «Là, y'a les mariés, Deux p'tites poupées ben cute, habillées en mariés pis toute!» — au scénario du film *Exultate* qu'a préparé Tremblay: «C'est la description d'un mariage canadien-français dans ses moindres détails. Ça va encore plus loin que *les Belles-Sœurs*. Le personnage principal c'est la petite bouquetière de huit ans, toute habillée de tulle, une petite niaiseuse, un vrai monstre des concours de jeunes talents...» Michel Tremblay, cité par Jacques Guay. *Le Magazine MacLean*, vol. 9, n° 2, février 1969.

19. André Major, «Un exorcisme par le *joual*». *Le Devoir*, 21 septembre 1968, p. 14, et «*Les Belles-Sœurs* en français? Non merci!», *ibid.*, 26 septembre 1968, p. 13. Pour sa part, l'auteur des *Belles-Sœurs* ajoute en *post-scriptum* à l'une de ses «défenses et illustrations»: «...Qu'on lise donc Edward Albee, et Tennessee Williams et John Arden en anglais! Les Américains et les Anglais ont-ils eu honte de faire face à leur *joual*, eux? Et nous, n'avons-nous pas porté aux nues *Cat on a Hot Tin Roof* et *Live like Pigs* qui sont des pièces «bien vulgaires», elles aussi? (Évidemment, ça ne nous concernait pas...) Et *Il faut jeter la vieille* de Dario Fo, était-ce en parfait italien? Et *l'Escalier*, c'est pas une pièce écrite en *cockney*, ça?» Michel Tremblay, «L'intelligence de rire de soi-même». *L'Envers du décor*, T.N.M., vol. 2, n° 2, octobre 1969.

20. Jean Éthier-Blais, *Signets II*. Montréal, Cercle du livre de France, 1967, p. 245.

21. Jacques Godbout «Une raison d'écrire». *Le Devoir*, 30 octobre

1965, p. 17. Sur le caractère politique, révolutionnaire, de l'utilisation critique du *joual* en littérature, voir Gérald Godin, «le Joual politique». *Parti pris*, vol. 2, n° 7, mars 1965, p. 57-59; André Brochu, «D'un faux dilemme». *Ibid.*, vol. 2, n° 8, avril 1965, p. 58-59.

22. Gilles-R. Lefebvre, «Faut-il miser sur le *joual*?». *Le Devoir*, 30 octobre 1965, p. 16.

23. Contre un critique qui, tout en reconnaissant que Tremblay sait tirer des accents authentiques d'un «langage détestable», s'en prend à la «facture» de la pièce: «beaucoup de croquis de l'âme féminine, aucun tableau complet; plusieurs esquisses de personnages, aucun vraiment approfondi et centre naturel d'une action dramatique logique et progressive. Sans intrigue précise, la pièce en fait se déroule au petit bonheur...» Georges-Henri d'Auteuil, *Relations*, octobre 1968, p. 286-287. Petit, très petit bonheur: c'est le signifiant et le signifié des *Belles-Sœurs*.

24. Albert Camus, *le Mythe de Sisyphe*, Paris, Gallimard, 1943, p. 27.

25. «À cette époque, les timbres-primes étaient à l'apogée de la gloire et commençaient presque à faire concurrence à l'argent dans la tête des Montréalaises.» Michel Tremblay, «le summum de l'absurde...». *Le Magazine MacLean*, vol. 9, n° 2, février 1969, p. 30.

26. Le gendre de M$^{me}$ Longpré avait gagné un voyage aux Canaries, «hein, ça fait qu'y se sont dépêchés pour se marier...» (*Les Belles-Sœurs*, p. 15.)

27. «Là, c'est ben simple, j'viens folle! Mon Dieu, que c'est donc excitant, c't'affaire-là! Chus toute à l'envers, j'ai chaud, j'comprends les numéros de travers, j'mets mes pitounes à mauvaise place, j'fais répéter celle qui crie les numéros, chus dans tous mes états!» (p. 55). *Les Belles-Sœurs* hélas! sont toujours d'actualité. «En un an, au rythme actuel, les Montréalais auront joué 4,5\$ millions au bingo paroissial»: tel est le titre d'un reportage récent de Jean-Pierre Proulx, *le Devoir*, 20 mai 1970, p. 3.

28. André Brassard, «Quand le metteur en scène...». *Les Belles-Sœurs*, p. 6. Soulignons ici quelques joyeusetés du programme distribué par le Rideau-Vert lors de la création de la pièce. Qu'on remercie les sociétés Bell, Gold Star et Coca-Cola est presque anodin dans cette comédie où les voyageurs de

commerce jouent un si beau rôle. Plus étonnantes et amusantes sont les réclames suivantes: «Le shampooing employé par M<sup>lle</sup> Odette Gagnon [Linda] à base de Lécithine et Huile de Vison [Ô César Birotteau!] est de la maison Édith Serei» et «pour vos fourrures mesdames faites comme Hélène Loiselle dans *les Belles-Sœurs*, adressez-vous chez Roland Boivin...»

# Chapitre 11
## Le Théâtre *«maghané»*
## de Réjean Ducharme

*Je choisis le rire. Le rire!*
*Le rire est le signe de la lumière.*

L'AVALÉE DES AVALÉS

Les romans de Réjean Ducharme manifestaient déjà, outre une invention verbale somptueuse et extravagante, baroque, une expérience adulte[1], un sens aigu de l'observation, de la lecture, de l'ironie, du monologue et du dialogue dramatiques. Un dialogue neuf, éparpillé ou serré, farfelu et savant, toujours libre, libérateur.

Particulièrement théâtral est *le Nez qui voque*, où le jeu est souple, varié, où abondent les morceaux de bravoure et les scènes *à faire*, où Mille Milles et Chateaugué, sa «sœur par l'air», «sœur de temps», très proche d'Inès Pérée, «se redistribuent inlassablement leur rôle jour après jour[2]». «Voilà que tout se prenait au tragique, au sérieux, comme sur une scène. Voilà que Montréal elle-même montait sur des cothurnes. Voilà que moi-même, je déclamais [...] Je me suis senti infiniment ridicule tout à coup. Pourquoi étais-je mêlé à tout cela, à tout ce théâtre[3]?» Mille Milles trouve cependant le temps de parler «pour vrai» avec Chateaugué et Questa. «Car la solitude, une certaine solitude, qui marquait de son empreinte les œuvres des romanciers canadiens d'avant 1950 est déjà, ici, solitude à deux[4].» L'isolement, et finalement le mutisme, des héros romanesques traditionnels — on ne peut imaginer sur scène les «voix» de *Maria Chapdelaine*, les «jongleries» de *Menaud* ou d'*Alexandre Chênevert* — a sans doute les mêmes causes, ici, que le développement tardif du théâtre.

Dans son théâtre comme dans ses romans, Réjean Ducharme est fou des mots. Archaïsmes et néologismes, étymologies et catachrèses, onomatopées et contrepèteries, babélien et *bérénicien*, français littéraire et *joual* le sollicitent simultanément. Voyons seulement les noms propres. Ducharme les prend communs (Mille Milles, Lange, Iode...) ou les veut étrangers (Einberg, Van der Laine, Asie...), mais toujours actifs (Faire Faire, Aidez-Moi...), chargés, percutants. Il joue avec Jean-Sébastien Cabot («Chien»), Montcalm («mon calme») et $M^{me}$ Péan («$M^{me}$ Puant»), comme avec les clichés, les maximes ou les marques de commerce. «Les comédies de Shakespeare sont couvertes de mauvais jeux de mots et tout le monde crie au génie. Le mauvais goût finit toujours par triompher», observe Inès Pérée. Et Inat lui donne raison en citant la pensée de Pascal sur le nez de Cléopâtre.

Les critiques, à la lecture de Ducharme, ont évoqué Rabelais et Kafka, Racine (oui) et Rimbaud, Laforgue et... François Coppée; Vitrac, Céline, Queneau, Cocteau, Prévert, Vian, Beckett, Salinger, etc. Un mariage réussi de Jarry et de Lautréamont, conclut Alain Bosquet dès la découverte de l'*Avalée des avalés;* il précisera, au débarquement de l'*Océantume*, en s'interrogeant sur l'avenir littéraire de Ducharme: «Lautréamont mâtiné de Xavier Forneret, et Max Jacob revu par Benjamen Péret?» «Un Lewis Carroll en colère», note de son côté Claude Roy, ou un superbe enfant terrible fait par «ce fou de Nelligan» à «la pauvre Maria Chapdelaine». Ce dernier mariage, ou cette union clandestine et violente («Je le soupçonne même de l'avoir un peu violée[5]»), nous invite à poursuivre le jeu avec les seules cartes québécoises. Cela donnerait à peu près: Saint-Denys Garneau *infonisé* par Raoul Duguay, Alain Grandbois mis en *Cantouques*, Robert Charlebois à la machine à écrire, etc. Personnellement, Ducharme voue une «affection fraternelle» à Aquin, Major, Jasmin, Renaud, Maillet; il salue particulièrement Nelligan et rend hommage, «respectueusement comme à une princesse», à Marie-Claire Blais.

Ducharme, à vrai dire, est aussi bien poète que romancier, essayiste, pamphlétaire ou dramaturge. C'est un écrivain *total*, le premier ici (avec Jacques Ferron) à transcender aussi naturellement les catégories et les genres, voire les époques et les continents. Il échappe à toutes les prises, à la fois un et multiple, parfaitement identifiable et absolument pas *maniable*. Très jeune et très vieux, primitif et raffiné, tragique et comique. Sa prose est poétique et ses vers prosaïques, ses romans antiromanesques, son théâtre anti (ou super-?) théâtral[6].

### Inès Pérée et Inat Tendu

> ...Parfois, je dis à Inat: «Bâtissons-nous une maison». Mais je ne pense à cela que par désespoir. Quelle horreur que de vivre dans une maison. Vivre dans sa propre maison, c'est aussi dur que de vivre dans sa propre peau, c'est vivre seul, exactement seul comme en soi-même. Car quel amour, quel accueil peut-on trouver dans sa maison? Son propre accueil? De quoi aurais-je l'air si je me mettais à m'embrasser? Faute de mieux, nous choisissons de dormir sur la neige. Faute d'être accueillis dans la maison d'un autre, nous vivons dehors, nulle part. Comprenez-vous?
>
> INÈS

Un matin d'été, dans les caves d'un hôpital protestant pour chiens et chats, près d'une grande ville qui ressemble à Montréal, un jeune homme et une jeune fille s'éveillent. Devant eux, deux violons et deux archets dont ils ne savent pas jouer; leur instrument est la vie même, et le rêve, et les mots. Au mur tendu de noir est accroché un papillon multicolore de dimensions humaines. Inès et Inat sont, comme cet insecte démesuré, une tache de couleurs et de lumière, un cri de liberté[7] dans la grisaille du langage et du travail quotidiens. Messagers d'aucune idéologie, d'aucun dieu, contestataires résolument individualistes, subversifs plutôt que révolutionnaires, ils ont — ils sont — leurs propres principes[8], leur propre langue[9]. Leur culture est l'anticulture; leur artifice, le naturel.

Depuis vingt-deux ans qu'ils sont tombés sur la terre — «sur la tête», corrige leur hôtesse — qu'ils usent leurs bottes de pêcheurs à l'arpenter et leurs doigts à frapper de porte en porte comme des corporteurs, en disant: «Prenez-nous et aimez-nous», personne, pas même aux Indes où ils ont littéralement *goûté* du cachot, personne ne leur a répondu oui, ne leur a souri, ne les a reçus. Ils errent comme des boucs émissaires dans le désert. À la fin de la pièce, ils mourront sans doute, du moins à eux-mêmes, à leur longue et idéale enfance, puisque leur odyssée les ramènera à leur point d'atterrissage: Bonavista, Terre-Neuve.

La propriétaire de l'établissement canino-félin prend les deux intrus pour des évadés de l'asile de Harvey-Jonction. Isalaide L'Eussiez-Vous-Cru — visage bletti et encroûté de deux pouces de maquillage, cou «bourrelé» du bonhomme Bibendum des Pneus Michelin — porte le stéthoscope et la blouse du médecin. Cette femme — cette institution plutôt: «normale comme une école Normale» — prétend juger les gens scientifiquement. Dans le cas d'Inès et d'Inat, elle diagnostique une «psychose manifeste[10]». La doctoresse a une morale: l'homme doit travailler et la femme voir à ce que la race humaine ne s'éteigne pas. Elle montre aussi du goût pour les arts, ayant fait encadrer (10 $) un de ses poèmes pour lui donner du prix.

Le Dr Mario Escalope, «serein et barbu», spécialiste et même inventeur de la perversion sexuelle, dont il a «établi les grands principes et fondé les bases», est un redoutable gardien. Sa devise: «Moi vivant, aucun de mes fous ne sortira vivant de mon asile». Pour cet «ingénieur en psychiatrie», dont le vol est l'autre grande passion («Qu'ai-je à entendre si distinctement la voix de mon subconscient?»),

Inès et Inat sont deux beaux cas cliniques, «deux cas à vie». Isalaide est son émule et sa rabatteuse; elle voudrait être davantage, mais Escalope a une réaction de physicien cynique devant ces «masses dégonflées sur lesquelles l'attraction terrestre s'exerce désastreusement».

À la fin du premier acte, la directrice philanthrope de l'hôpital vétérinaire et le psychiatre cleptomane paraissent (mais c'est une illusion) se rapprocher de leurs jeunes visiteurs. «Les fusées, les météores qui jailliraient en moi si j'osais, si j'ouvrais! Folie douce ou solitude amère: choisis, et vite, le temps fuit, s'épuise...» se dit Isalaide, qui réclame aussitôt un violon bleu ou vert, non un violon «couleur de chaise de bois vernie». Escalope, dont le cœur est «si faible, si blême», mais dont les mains sont agiles et le regard froid, veut décrocher le papillon de papier: «Voler, madame, est, à l'heure qu'il est, le seul moyen d'obtenir quelque chose gratuitement, de prendre une chose comme si on la recevait en cadeau, comme si la terre n'était pas un marché mais la maison de chacun».

Un mois plus tard, Inès et Inat se sont évadés de la fourrière et installés dans la cellule très moderne d'un couvent. Jeune, timide, souriante, grands yeux bleus, lunettes rondes, joues diaphanes et os pointus, leur nouvelle hôtesse cache sous sa robe de veuve en deuil un «magnifique jupon rouge passion». Sœur Saint-New-York de Russie, son nom l'indique, fait très catholique de gauche: elle est œcuméniste, personnaliste, progressiste. Dans un discours d'ouverture tout à fait confus, où la mauvaise foi le dispute à la mauvaise conscience, elle dénonce les méfaits de l'industrialisation capitaliste et de la propriété privée. «...Il est inconcevable que Dieu ait fait les forêts pour qu'on les défasse et pour ceux qui les défont», conclut-elle; mais elle avait commencé par cette restriction: «Si vous n'êtes pas venus fouiller dans le coffre-fort, bienvenue dans ma cellule». «Attendez-vous quelqu'un?» lui demande directement Inat. «Non. J'ai renoncé à tout pour l'amour de Dieu.»

Inès et Inat refusent cette charité chrétienne paternaliste

et se lancent brillamment dans l'exposé de leurs conceptions socio-économiques, et surtout cosmologiques:

> Nous ne sommes pas des sous-développés. Nous ne sommes inférieurs en rien aux autres. Je suis leur frère et Inès est leur sœur. Nous ne sommes nés de la même eau, du même soleil, des mêmes métaux. Nous voulons être reçus comme tels: comme égaux, comme frères, non comme des orphelins, des déshérités ou des exilés. La terre nous revient autant qu'aux autres. Ils ne l'ont pas fabriquée.

Cette profession de foi paraît convenir à sœur Saint-New-York de Russie, vouée à la coexistence pacifique, prête à tous les accommodements avec le ciel et avec la terre. Elle aurait souhaité prononcer elle-même cette tirade. Inat ne lui en laisse pas le temps; il enchaîne ses arguments et ses exemples, qui tiennent à la fois de La Fontaine et du *Petit Prince*, de la Bible et de Proudhon:

> Personne ne réussira à me mettre dans la tête que c'est gagner sa vie que de la donner au propriétaire d'une usine de balles de tennis et de balles de ping-pong. La vie est gratuite.

La religieuse, qui n'a aucune éthique précise, aucune pensée cohérente, ne demande pas mieux que de s'en remettre à son dernier directeur de conscience. Servante au grand cœur, servante du Seigneur — et Inat, comme Mille Milles, est «de la race des seigneurs» —sœur Saint-New-York va de politesses en privautés, en rajoute aux exigences de ses hôtes: elle devient inventive et espiègle (épisode de la ficelle invisible), toujours avec mauvais goût, et finit par montrer ses cuisses en invoquant l'exemple du Christ sur la croix.

Inès prend la relève de son compagnon, suivant un mouvement et dans des termes que ne désavoueraient pas les héros romanesques de Ducharme[11].

> La terre est fermée comme un salon de barbier le dimanche, interdite comme un concert à ceux qui n'ont pas de billet. La terre a été vaincue et envahie: elle est occupée par ceux qui l'ont achetée comme un pays

vaincu par une armée [...] Il n'y a pas un pied carré de sol, par une fleur, pas un brin de laine ou de coton, pas une chaise, pas une cuiller, qui n'appartient à quelqu'un.

La religieuse est de plus en plus touchée. Inat — par paresse? — croit avoir enfin trouvé quelqu'un qui les aime, sinon les comprenne. Inès refuse farouchement de se laisser prendre au jeu de cette séductrice bonasse et sotte, pour qui l'amour est une rengaine. C'est ici qu'intervient la péripétie fondamentale de la pièce: le changement de l'attente et de l'espoir en haine et en esprit de vengeance. Inat Tendu et Inès Pérée deviennent quelque chose comme Hyper Tendu et Désès Pérée.

Jusque-là Inat était un doux philosophe, pacifiste et optimiste, le moins sceptique des hommes[12]. Autant il est patient, obséquieux, don Juan et diplomate, autant Inès est emportée, nerveuse, mal embouchée. C'est une merveilleuse fabulatrice et mythomane. Ses associations libres sont efficaces; ses énormités, poétiques. «Nous portons des bottes de sept lieues»: elle pratique les contes de Perrault plutôt que Saint-Exupéry. Son âme brûle; son amour bafoué s'est changé en haine; sa résistance passive, en révolte. Comme Bérénice Einberg, autre «ménade en transe», Inès se défend en attaquant: contre l'avalement, l'agressivité. Moins sentimentale, elle est plus passionnée, plus absolue qu'Inat. C'est elle qui, à la fin du deuxième acte, ouvre les yeux de son compagnon:

> Ils nous ont fait tellement de mal, Inat [...] Chaque coup qu'ils nous ont donné a ouvert une plaie en moi, et ces plaies se sont creusées, puis animées, se sont faites gueules, gueules si avides, si brûlantes que c'est moi qu'elles dévorent si je ne les lâche pas tout de suite contre ces misérables!

Là où Inat suggère, propose, invite, Inès exige péremptoirement: «Nous ne mangerons que comme des rois, que lorsqu'on nous priera à table et tirera pour nous nos chaises!» Ils se feront appeler Ramsès et Néfertiti. Si Inat a la souplesse de l'acteur — il s'imagine jouer dans un film, porte la cravate jaune du clown ou la défroque du *cowboy* — Inès a l'éclat de la prophétesse.

Parmi les personnages qui, jusqu'au troisième acte, ne font que de rapides apparitions, voici Pauline-Émilienne[13], l'infirmière gourmée, d'une beauté négative et conventionnelle, «douche froide en personne», bloc de glace et coffre-fort ambulant, dont le *sex-appeal* est celui d'un mannequin, même lorsqu'elle s'asseoit «femme-fatalement» sur les genoux d'Inat et l'enlace. C'est un «message de nos commanditaires», une poupée-gadget de l'industrie et de l'hygiène américaines. Elle circulait partout avec ses plateaux de *chips* et de *coca-cola;* elle offre maintenant des boîtes de savon et tient cinq bocaux-tirelires suspendus à sa ceinture. Elle fait son petit «tour de publicité» comme d'autres s'adonnent à la magie ou à la haute voltige. Inat l'étranglera la première; elle est d'ailleurs prête à mourir plutôt que de donner, sauf en prime, un seul grain de détersif.

Aidez-Moi L'Eussiez-Vous-Cru, qui aime les calembours-topinambours, fille et rivale d'Isalaide dans le cœur de Pierre-Pierre Pierre, est l'évident contraire d'une allumeuse: elle porte le casque protecteur des sapeurs-pompiers. M^me Isalaide, convertie, croit-elle, au mode de vie d'Inès et Inat, fait plus que de demander l'hospitalité; elle s'offre elle-même, «corps, âme et violon», et se jette, *pull-over* et pantalon rose, à la tête du beau et riche Pierre-Pierre Pierre, sans plus de succès qu'auprès du D^r Escalope. Zélée, elle, a recruté une «troupe de lunatiques» qui, au dernier tableau, envahiront la scène, riant à tue-tête, battant les cloisons et faisant un triomphe à la nouvelle papesse.

Pierre-Pierre Pierre, on s'en doute, offre à Inès et Inat des œufs très durs. Cet homme d'affaires arrivé, revendeur de drogue et receleur, porte la queue-de-morue, soulignant que nous sommes à Terre-Neuve, lieu de naissance, et qui sera le lieu de mort d'Inès et d'Inat. Encore une ou deux maisons à visiter — pour tuer l'inhospitalité — et la boucle sera bouclée:

INÈS — Quand nous serons entrés dans toutes les maisons de la terre, que ferons-nous?

INAT — Nous nous laisserons tomber par terre et nous mourrons[14].

Seront-ils enterrés comme des noyaux de prunes ou de cerises, ou comme des pierres? Ils auront évité en tout cas les disciples, l'embrigadement, les systèmes. Ils retournent à la terre, aussi nus qu'ils étaient nés. Surhumains, inhumains?

Jean-Claude Germain soutient que la pièce est complaisante et les personnages aliénants, «comme si, après avoir mis à nu la médiocrité québécoise dans *le Cid*, Ducharme s'était proposé de la défendre sous une autre forme, l'irresponsabilité, dans Inès[15]. Or le couple Inès-Inat prend ses risques. La naïveté n'exclut pas ici le courage et la lucidité; elle est primitivité plutôt que puérilité. «Ils ne cherchent pas la liberté, ils n'ont qu'un besoin désespéré d'affection», continue Germain. Mais l'accueil que réclament Inès et Inat, c'est un espace, non un sentiment. La *mère* qu'ils recherchent, c'est la Terre; et ils ne veulent pas l'accaparer mais la rendre une et indivisible, à tous ses enfants. «Toute la terre est cadastrée? Est-ce qu'on cadastre une mère[16]?» Leur liberté — élémentaire, comme celle des arbres et des bêtes — est liée à la libération de la terre. Leur humanité également.

*Le Cid maghané*

> *Car ton bras sait porter l'épée...*
>
> Ô CANADA
>
> *Les premiers ministres sont d'innocents*
> *cabotins qui aiment à se déguiser en Cid.*
>
> LE NEZ QUI VOQUE

D'entrée de jeu, Ducharme brise l'alexandrin en introduisant deux monosyllabes dans le premier vers de la pièce qui, comme tous les passages qu'il souligne, doit être prononcé «à la française» et «avec pompe»: «*Elvire, mon chou, m'as-tu fait un rapport bien sincère?*» Quant au deuxième vers de Corneille:

> Ne déguises-tu rien de ce qu'a dit mon père?

il est efficacement et fidèlement rendu par le prosaïque: «Es-tu sûre que c'est pas des menteries que tu me contes?» Un peu plus loin:

> Dis-moi donc, je te prie, une seconde fois
> Ce qui te fait juger qu'il approuve mon choix

devient: «Dis-moi-le encore une fois ce qui te fait croire qu'il trouve mon *chum* si *smart*.» La *flamme* et les *feux* de la rhétorique amoureuse du grand siècle nous conduisent par voie d'association jusqu'aux signaux de la circulation et à l'interjection populaire: «Ça vient de s'éteindre!» Parmi les mots clefs du *Cid maghané* (pourquoi ce *h*?): *achalant, tanné, O. K. effoirer, runner, garrocher, niaiseux*, etc. Mais c'est moins le vocabulaire qui compte ici que l'intonation et le rythme. Ducharme dessine d'un trait sûr la courbe d'une réaction affective: «Ah! la tannante, la maudite achalante!» est moins un cri qu'un geste.

Plusieurs expressions et proverbes québécois figurent en bonne place: «Tes bébelles et dans ta cour», «Où c'est qu'il y a de la gêne, il n'y a pas de plaisir» et le vulgaire «*Et ta sœur?*» (à prononcer à la française). Une structure originale, une autre articulation, une nouvelle attitude physique et morale vident et remplissent les vers frappés en médailles par Corneille. «L'amour, ça prend pas cinq minutes! L'honneur, ça prend toute la vie!» affirme bien haut l'Infante avant d'évoquer la double origine qui la tiraille: «La Castille me regarde comme à Saint-Côme on contemple les vieux morceaux de bois sur lesquels saint Côme a craché! Et le comte, qui s'est fait voler son élection: «C'est à moi que la job revenait. Il y a pas à sortir de là.»

«Rodrigue, as-tu du cœur?» et «Va, cours, vole et nous venge» paraissent être les deux hémistiches qui, avec le nom de Corneille, ont le plus trotté dans la tête de Réjean Ducharme. Il les utilise, les transforme, les *maghane* à maintes reprises. Ducharme qualifie souvent de «cornélienne» une situation difficile, vraiment ou faussement sans issue: celle de la Nouvelle-France du *Marquis qui perdit*, ou un trou de mémoire de *la Fille de Christophe Colomb*. Il cite et interpelle volontiers Corneille, qu'il fait naître en Languedoc, comme Montcalm. Ici Léonor encourage l'Infante en ces termes: «...ça va rendre *le calme à tes esprits flottants, comme dirait Corneille*[17]». «*Si j'avais du cœur, Rodrigue,* j'emmènerais mes petites vivre où le cœur ne durcit pas pendant que le reste s'épanouit», avoue Questa à Mille Milles. «Je vais, cours, vole et reviens...» dit Pierre-Pierre Pierre. Et Inès accolle à sa façon les deux hémistiches, le héros et l'écrivain: «*Pierre Corneille, as-tu du cœur?* Viens, cours, vole, qu'on la [l'infirmière] mange!»

Dans les fameuses stances de Rodrigue, qu'il refait «à son avantage», selon Yvan Canuel, Ducharme ne parvient peut-être pas «en beaucoup moins de mots à exprimer *les mêmes* idées que Corneille tout en leur donnant un sens plus profond», mais il réussit à coup sûr à rendre «la résonance du Canadien français face à un problème[18]». Moins analytique, moins subtil, le Cid montréalais est plus direct, plus expéditif que le Cid parisien:

...Si je tue le père de ma blonde, je perds ma blonde. C'est immanquable. Il y a pas une fille au monde qui est *willing* de sortir avec le gars qui a tué son père. Mais si je le tue pas, le père de ma blonde, je passe pour un maudit sans-cœur. C'est mauditement compliqué mon affaire [...] Si je regarde ça comme il faut, mon affaire est pas si compliquée que ça. Je perds ma blonde *anyway*, que je tue le père de ma blonde ou que je le tue pas. Je serais bien fou de me priver de tuer le père de ma blonde...

C'est à la fin du monologue que le héros de Ducharme trouve sa devise, son slogan, son «anathème», comme il dit: «Qu'ils viennent les maudits si c'est pas des peureux!» Toujours précédé d'un dégaînement et suivi d'un rengaînement, ce défi, prononcé sur tous les tons, en piaffant ou en flageolant, sera un des leitmotive de la pièce, en contrepoint aux «p'tits becs» des courtisans.

Les personnages de Ducharme et ceux de Corneille sont parfaitement homothétiques. Il ne s'agit pas là d'un calque ou d'un pastiche, mais d'une parodie, c'est-à-dire d'une traduction «des formes esthétiques dans les formes fonctionnelles; des formes entre elles, non des contenus, car c'est la loi de traductibilité ou d'analogie qui réalise l'harmonie entre les figures séparées, non le chatoiement des apparences[19]».

Le page de l'Infante est un Noir, Blackie, «esclave, ouvreur de portes», qu'on pourrait voir travailler dans nos hôtels ou dans nos gares. Mais les Maures demeurent les Arabes, à peine plus mythiques chez Ducharme que chez Corneille. Les mignons du roi sont des homosexuels de vaudeville dont les «p'tits becs» ponctuent chaque baisser (baiser?) de rideau, au point que Don Alonse en a les lèvres «toutes maghanées». Le comte de Gormas, généralissime, parle «comme un petit gars de quatorze ans qui vient de lire *les Trois Mousquetaires*». Le «gars qui se dit roi» «marche avec des béquilles, lit avec des lunettes, mange avec des dentiers et se fait tromper à cent milles à l'heure par sa femme». Il met des années à prendre une décision, et se décide alors à ne rien faire.

Don Diègue aussi a besoin de lunettes pour lire *Playboy* et toucher son chèque de pension de vieillesse. Il vante et défend son fils parce que, comme le roi, il a besoin de lui. Il monologue sur sa décrépitude, son isolement, sa peur; mais devant Rodrigue, il parle exclusivement de sa grandeur passée, de ses ancêtres, de sa place dans la lignée. Sa bio-philosophie, sorte de nazisme familial, est que «le sang perd un peu de sa pureté en passant des artères du père aux artères du fils». Diminué de toute façon, condamné, le jeune homme a si bien «saisi l'astuce» qu'à partir de ce moment précis les intrigues du *Cid* et du *Cid maghané* commencent à diverger sérieusement.

Jusque-là le décalage se semblait qu'un décalage de ton, de langage: la scène aristocratique du soufflet devenant celle de la claque sur la gueule, à la taverne *Chez Ben;* la visite clandestine de Rodrigue à sa maîtresse l'amenant à se cacher sous la robe d'Elvire, à lui chatouiller les cuisses, à «avoir du *fun*» à trois, etc. À compter du tableau VIII scène 2 (acte III, scène 6 du *Cid* ), le Rodrigue ducharmien quitte toute attitude espagnolisante et pseudo-chevaleresque pour se livrer avec son père — avec la réaction — à un marchandage serré, éhonté. Il exige «un char de l'année» pour avoir lavé la réputation paternelle: «Je suis tanné de me rendre au motel Sunset à pied tous les soirs.» Après sa victoires sur les Arabes[20], il refusera les récompenses offertes par le roi: l'Infante, trop «fraîche»; le titre de général en chef, inutile; un duché, parce qu'il n'aime pas la campagne; et même le pardon: «Comment c'est fait? De quelle couleur que c'est? Combien ça pèse?» Puisque l'ordre des valeurs qu'on lui propose est hypocrite et injuste, Rodrigue se fait résolument matérialiste, pragmatique, cynique. Il ne songe qu'à embêter tout le monde et à s'amuser un peu avant de mourir. Il se soûle «à mort», littéralement, et se précipite, skis aux pieds, gants de boxe aux poings, devant l'épée (ou le revolver) de Don Sanche. Son cadavre «beurré de *catsup*» montre ce qu'était ce jeune homme pour la société: un objet de consommation.

Les suivantes ou secrétaires, issues de familles nombreuses, font leur «gros possible» avec beaucoup de santé, d'inconscience et d'optimisme. Au moment où l'Infante joue les intellectuelles de gauche, rêve de se démocratiser, de s'encanailler[21], Léonor, snob, défend la prééminence de ce qu'elle appelle «le social» (c'est-à-dire la *gloire*) sur le «psychologique» (l'amour): «L'important, c'est pas ce qui se passe dans la noirceur, c'est ce qui se passe aux yeux de tout ce qui existe...» Mais la midinette la plus aliénée, c'est l'Infante, «sentimentale comme une fille qui travaille dans les manufactures». Elle perd son amant, son amie, sa dignité, son *make-up*, et finalement toute identité. Puérile, oisive, elle ne vit pas, ne choisit pas, et souffre à peine (contrairement à Antoinette Buffon, son interprète); elle regarde, «braille», subit, s'excuse, refoule, hésite. Elle feuillette des magazines, passe son temps entre le salon de coiffure et le miroir. «Je te l'ai pas enlevé! Il s'est enlevé tout seul», lui lance Chimène, parlant de Rodrigue. «Tu le regardais comme on regarde un programme de télévision quand on est trop niaiseux pour trouver autre chose pour se désennuyer.» Chimène à été dix ans pensionnaire chez les Ursulines: elle a un peu l'esprit, la révolte, la liberté, la détermination d'une Claire Martin. Elle pardonne, mais n'oublie pas. À son tour elle tient les hommes «dans un gant de fer» et s'offre allègrement leur «joue droite». Après son père, son amant, son prétendant, son ex-futur beau-père, elle met finalement *knock-out* Don Arias, et danse sur ses trophées.

Dans l'article liminaire d'un numéro spécial de la *Revue d'esthétique*, «l'Art au Québec», Paul Chamberland cite Robert Charlebois comme exemple de passage nord-américain à la *néoculture*. On pourrait aussi bien citer Réjean Ducharme (qui a d'ailleurs écrit des chansons pour Charlebois, comme celui-ci a composé la musique de scène du *Cid maghané*[22]). «Les arts / Ont besoin qu'on leur torde le cou», écrit-il, et pratique-t-il, dans *la Fille de Christophe*

*Colomb*[23]. La *paléoculture*, élitique, conservatrice, fétichiste, est appropriation privée, musée, contemplation, jouissance solitaire; la *néoculture* — ni «sous-culture» ni «culture de masse» — est partage, consommation immédiate, communication généralisée, accomplissement de la communauté. La néoculture détruit l'œuvre-objet, simple relai, en la *réalisant* dans un espace-temps relatif, éphémère. «La néoculture ne peut se déployer qu'en extériorité par rapport à la paléoculture, jusqu'au jour où elle pourra faire son bien des débris de l'ancienne culture qu'elle aura contribué à détruire[24].»

Si l'objet éphémère, par exemple la chanson, est le «véritable objet esthétique fonctionnel», un processus inverse de l'obsolescence, la parodie, provoquera la traduction et la reprise intégrale des formes esthétiques antérieures dans l'espace-temps néoculture. «La parodie représente l'iconoclastie méthodique et généralisée, la destruction de tous les objets en leur réalisation humaine[25].» *Le Cid maghané* n'est pas le reflet d'un soi-disant *vrai Cid*; elle est un autre *Cid*, un renversement, une rupture, une métamorphose. Ducharme n'affiche sa complicité avec Corneille que pour la récuser. Il n'insiste sur le «miroir», la théâtralité, que pour nous renvoyer à notre propre expression, à notre réalisation personnelle et collective. Son pathos est antipathétique; son mensonge au second degré, transparence. Réjean Ducharme nous présente, derrière le Cid, à la place du seigneur, du héros, le lieu et l'heure de notre projection humaine. Un des personnages de sa pièce nous en donne l'exemple: Antoinette Buffon, comédienne affectée au rôle de l'Infante, oublie tout à coup son texte, et Corneille, paraît devant le rideau et, dans un monologue *improvisé*, nous livre l'envers du décor, la véritable doublure du personange, la peau et le cœur qui l'incarnent:

> Pourquoi m'as-tu quittée, Robert? Qu'est-ce que je t'ai fait? [...] Je pleure partout, excepté ailleurs qu'à Montréal, ou je reste de peur de ne pas être là si tu reviens. Vas-tu revenir, un jour? [etc.]

*Le Cid maghané*, on le voit est fort différent du *Cid mis en pièces* par Roger Planchon, ou de *Hamlet, prince du Québec* de Robert Gurik. «Je n'ai écrit qu'une pièce[26], étant donné que *le Cid*, tout maghané qu'il soit, n'est pas de moi mais d'un Castro dont j'oublie le petit nom et de Pierre Corneille», note Réjean Ducharme dans sa présentation. «Je l'ai récrite en mes propres mots. J'avais pour but de le rendre *plus comprenable et plus de par ici, moins sérieuse et plus laide*. Au fond, je n'en ai fait qu'une mise en scène[27].» D'une part rapatriement et traduction-adaptation, d'autre part refus de paternité et profanation: l'intention de Ducharme est double. Non seulement fait-il d'un poème une prose, d'une tragédie au dénouement heureux une farce qui finit très mal, mais il monte un spectacle qui renvoie le spectateur à lui-même. Ducharme est un excellent lecteur — et un «nouveau critique» — de Corneille, pour qui en définitive l'héroïsme est impossible, et l'homme un anti-héros[28]. Mais le *maghanage* du *Cid* est plus qu'une mise en scène et une interprétation. Ducharme ne gauchit, ne vulgarise, n'«enlaidit» *le Cid* que pour souligner une distance, se ménager un instrument. Le dramaturge se sert du *Cid* pour lire — et critiquer — la société québécoise, plus que de celle-ci, et du *joual*, pour relire Corneille.

### *Le Marquis qui perdit*

> *Parlons un peu du Canada.*
> *Déployons de mornes efforts.*
>
> Le Nez qui voque

Chateaugué et Mille Milles, à la bibliothèque Saint-Sulpice, lisaient *l'Histoire des Canadiens français* de Benjamin Sulte et *Les Patriotes* d'Ægidius Parent. Sans doute fouillaient-ils aussi la correspondance de M$^{me}$ Bégon, *l'Intendant Bigot* de Joseph Marmette ou le *Montcalm et Lévis* de l'abbé Casgrain. Peut-être même les études moins *théâtrales* d'un Guy Frégault, dont *la Guerre de la*

*Conquête*, par exemple, conclut à la supériorité de Vaudreuil — *le Grand Marquis* — sur Montcalm.

Les héros du *Nez qui voque* consultaient les vieilles cartes, découvraient, exploraient; ils refaisaient les anciennes batailles, descendaient le Mississipi avec Cavelier de La Salle («Rame, Cavelier, rame!»), accompagnaient Perrot à Michillimakinak («Marche, Perrot, marche!»). Dans *le Marquis qui perdit*, Rigaud raconte à sa façon les mésaventures des miliciens canadiens sous les ordres de Montcalm: «l'yeu z'a fait' ramer tout' la riviér' Richelieu... pendant qu'lé França'... resta assis... su' leu' bell's tit's foufoun's plein's d'instruction!» «Aussitôt que j'en aurai le temps, je partirai à la reconquête du Maine et du Labrador», annonçait Mille Milles[29]. Le dramaturge du *Marquis qui perdit* part à la reconquête de l'histore, à la conquête d'une Nouvelle-France *nouvelle* et canadienne — contre les Français, contre les vieux, contre les femmes.

Le narrateur du *Nez qui voque* englobait de sa haine l'automobilisme, la publicité, l'américanisation, le défaitisme (le sommeil, l'absence[30]) des Canadiens et l'abandon de la France, «empiré[31]» par le retour des Français. Son réquisitoire était passionné, ses sentiments ambigus: pro-québécois et en même temps rageurs, désespérés. Suivons, dans sa ponctuation et son rythme même, la montée et la descente d'un passage comme celui-ci, qui explique, me semble-t-il, le sujet et le ton du *Marquis qui perdit*:

> De quoi a l'air un pissenlit qui se donne des airs de dahlia? Ce pissenlit a l'air d'un Canadien français qui se donne des airs de héros de films d'avant-garde *made in* France. Restons en arrière, avec Crémazie, avec Marie-Victorin, avec Marie de l'Incarnation, avec Félix Leclerc, avec Jacques Cartier, avec d'Iberville et ses frères héroïques. Restons en arrière. Restons où nous sommes. N'avançons pas d'un seul pas. Restons fidèles. Souvenons-nous. Le temps passe: restons. Couchons-nous sur nos ruines sacrées et rions de la mort en attendant la mort. Rien n'est sérieux. Rien n'est sérieux.

Rien n'est sérieux. Tout est risible. Tout est ridicule. Il n'y a rien de grave[32].

Du comique au tragique, de la nostalgie au constat d'impuissance, du pamphlet à la métaphysique, ce texte véritablement dramatique comporte une double observation et une contradiction fondamentale: les Français nous aliènent; isolés, nous ne bougeons pas, nous mourons. Le «ridicule» jeté par *le Marquis qui perdit* sur les principaux acteurs de la défaite de 1759 — sur Montcalm, Lévis et Vaudreuil autant que sur Bigot et sa cour — est une autre façon de dire par antiphrase, comme pour conjurer le sort: «Il n'y a rien de grave».

À la pitié et au mélodrame complaisant Réjean Ducharme a préféré la dure catharsis de la parodie. Le procédé vient d'une admiration déçue; il est l'envers d'un amour. Ducharme n'en veut pas au marquis d'avoir été ce qu'il a été, mais seulement d'avoir *perdu*. De même qu'il aime et déteste à la fois le personnage savoureux de Rigaud. C'est finalement leur départ plutôt que leur retour (récent) que Ducharme ne pardonne pas aux Français et aux Canadiens qui leur ressemblent. «Pourquoi pelleter de la neige? Pourquoi ne pas être né dans un pays où il ne neige presque pas?», se plaint Pénissault, pissenlit-dahlia. «Ils ne voulaient pas venir peupler le Canada; il faisait beaucoup trop froid. Ils se gelaient la soie du pourpoint. Maintenant que le chauffage central est installé, ils sont moins gênés: ils y viennent, nous coloniser, nous déniaiser[33].» Ce jugement féroce et douloureux de Mille Milles témoigne d'une gêne, d'un conflit, d'un besoin autant que d'un refus. On peut le rapprocher de l'aveu de Montcalm, faisant écho à une phrase prononcée plus tôt par Vaudreuil («La France continue de m'envoyer ses reste...»):

La France vous envoie ses cerveaux obscurcis!

...........................................................................

Quand on voit son château en proie à l'incendie,
Pour les maux de l'étable on n'a pas de soucis.

Pénissault, indigène colonisée, ne trouve d'ailleurs pas le mot *étable* assez fort; elle lui préfère *porcherie*. Pour elle comme pour les dames Péan, Barantes et Beaubassin — celles-là «jeunes et belles», celles-ci «plus jeunes et plus belles» — l'air du Nouveau Monde «abîme» les parfums de Paris. On redoute une «spoliation» de la langue française et la destruction du «culte de la fourchette, de la bouteille et du lit». Parlant de Barantes:

> Son époux est Français: langage châtié,
> Connaissance des vins... Quoi dont [sic] de plus veut-elle? observe de son côté Montcalm[34].

L'âge moyen des héros mâles (?) du *Marquis qui perdit* est fixé par Ducharme à soixante-dix ans. Petits ou grands, ils sont tous gros, sauf Lévis, «vieux et mince; hystérique». Fétichiste du drapeau[35], pyromaniaque[36], Lévis-Ventadour, au lieu de voir ce qui se passe autour de lui, cite Buffon et *l'Encyclopédie*, perdu sans ses rêves, inefficace, cheval de cirque plutôt que chevalier: «ruant, sautant, dansant, rugissant, bavant, il fait des passes et des moulinets terribles avec les drapeaux. Canadien rude, Vaudreuil est sans cesse en train de grignoter des biscuits et de boire de thé. Lâche, jaloux et stupide, hypocrite avec les Indiens, «chiffe» et «chiffon», «plus portier qu'un bedeau», il se laisse mener par sa femme: «C'est gouverneur général et ce ne serait même pas capable d'être clerc de notaire!» Montcalm, l'autre marquis, son rival («Au moins, je n'ai pas vu Vaudreuil sauver Québec!»), se bourre de pilules, parade, récite ses hauts faits, détaille ses titres, son arbre généalogique, aussi bon publicitaire que timide guerrier. Don Diègue mégalomane, «vieilli sous le harnais», Montcalm brandit une épée de plus en plus ébréchée. Son «J'attaque et hop là boum!» correspond — mais le présent historique remplace le subjonctif optatif — au «Qu'ils viennent les maudits!» du *Cid maghané*. Bigot aurait à peine besoin d'être caricaturé: sa perruque pâle, son teint fardé, son ventre énorme, ses exactions illustrent tous les manuels.

Ducharme fait de ce vieux *patronneux* une sort d'anthro-
pophage en dentelles, une «grosse tante» de music-hall, un
cadavre embaumé: «il pue tellement qu'il faut qu'il soit sans
cesse parfumé (par lui-même ou par les autres)».

Quant à Rigaud, cadet de Vaudreuil, tuque rouge et
ceinture fléchée, habitant, colon, cultivateur, *soûlon*, «mou-
cheur avec les doigts», il répond à tous les qualificatifs
injurieux inventés par les femmes et les Français; il les
assume vertement, par défi. Il ressemble à la fois au Félix
Poutré et au Mithridate des *Grands Soleils*: «Fa' comme'
moé: veng' toé su'a boésson!» conseille-t-il à Montcalm.
Drôle et agile comme un singe, fier de ses calembours, fataliste et pragmatique, il se prépare à la survivance en tâtant du
bilinguisme et des livres sterling. C'est *le Vieux Soldat
canadien* de Crémazie qui refuserait de mourir dans les plis
du fleurdelysé de Carillon.

Entre les Français et les Canadiens, entre les femmes et
les hommes se dresse, agressive, autoritaire, pompeuse et
gutturale, la forte épouse du gouverneur, sa secrétaire, son
confesseur, son agent de relations extérieures. «Épine sans
rose», Marie-Louise n'est pas une femme, c'est une structure sociale — le matriarcat — et un uniforme — celui de
Marguerite Bourgeoys. Elle unit la règle de l'institutrice et
la matraque du policier: c'est l'escouade de la moralité dou-
blée de l'escouade «antiémeute». Son «Très bien. Tu peux
prendre ta récompense», lorsqu'elle tend sa joue sèche à
Vaudreuil, correspond, comme rite de sortie et caricature de
l'amour, aux «petit's becs» mécaniques du *Cid maghané*.

*Le Marquis qui perdit* est une espèce de *Satiricon*
colonial et provincial. Reflets lointains de cette autre Rome
qu'est Versailles, Québec et Montréal ont connu leurs
petites orgies avant leur prospérité, leur décadence avant
leur apogée. Voici M^{me} de Beaubassin, «onirique», nouveau
Pétrone, qui entoure Montcalm de ses feux:

> ...Je vois au firmament des vedettes l'étoile de César
> pâlir. César, Rome! L'Antiquité tout essoufflée de bals
> et étouffée d'orgies. Je nous y vois, noyés dans le

velours d'un sofa rond. La lumière tamisée des torches forme des bagues autour des colonnes corinthiennes. Des péplums, des chlamydes et des hennins volent autour de nos oreilles: tout le monde se déshabille et c'est normal. Que je me sens coquine! Il y a une autre Rome. C'est Paris. Y serons-nous bientôt ensemble? À nous, mœurs dissolues du château de Versailles!»

Les femmes du *Marquis qui perdit* ont leur billet de retour en mains et s'informent si l'on trouve des «toilettes privées» sur le bateau. Comme M^gr Pontbriand («Perdez, vivant héros!»), elles offrent des chapelets pour hâter la défaite. Intrigantes, frivoles, toutes plus ou moins gourgandines, marchandises passées entre plusieurs mains, sur lesquelles Bigot et ses comparses escomptent un rabais, ce sont elles qui finalement l'emportent, qui achètent, ficèlent et rouent de coups leurs amants. Cette basse-cour, cet essaim frou-froutant et strident de guêpes empoisonnantes, provoque les tirades misogymes de Lévis et de Montcalm:

Le genre énergumène est, plus que tu ne crois,
Répandu, populaire, affirmé, féminin...

Mais ce *genre* est aussi celui des hommes. Administrateurs, généraux, tous ont des coquetteries de (demi-) mondaines, des vanités de stars, de starlettes. Le «Scipion de la Monogahéla et Alcibiade d'Oswego» dispute à «l'aigle de Chouagen et de William-Henry», «Josué de nouveau Jéricho», l'encre des historiens futurs et passés.

Le marquis et le paysan qui perdirent — le premier ne perdit qu'une bataille, une guerre, sa vie; le second perdit son pays, sa liberté, l'avenir de ses enfants — sont mis en position symétrique par Ducharme. La soie et l'étoffe rugueuse, l'élégance et l'«incivilité»; le flot d'éloquence et la parole empêchée, bâtarde; l'épopée en vers et le folklore populaire, l'histoire et la réalité. La poésie et la prose, également parodiées. «Que sa rime est riche!», admire Pénissault de Montcalm. Or cette «écriture terne et vieillotte, tissée comme une étoffe du pays à la trame du vers et au fil de la rime[37]» est aussi bien celle du *Marquis qui perdit* que de *la Fille de Christophe Colomb*. «Use de l'alexandrin: l'ironie tue!», explique Marie-Louise au gouverneur, qui s'y essaie, et dont la lourde ironie est un suicide. Vaudreuil concédera: «Je ne suis pas poète, moi, je suis Canadien!» Son frère Rigaud, plus *canayen*, est encore moins poète. Il use du franglais et du *joual*, de la mimique et du geste, dernières défenses contre l'envahissement du froid et du silence.

Montcalm, Vaudreuil et Lévis n'existent pas, faudrait-il conclure de l'analyse du *Marquis qui perdit*. Ce sont — effectivement rongés par les vers, les «vers à soie», osera dire Ducharme — des parchemins, des noms de comtés, des mots («Je meurs content»), des gestes pitoyables et dérisoires. La mythologie collective, qui se souvient des fondateurs et des martyrs, des aventuriers et des politiques, a voulu oublier ces liquidateurs malheureux. «Je t'apprendrai à te méfier des phrases, de ces idées d'hommes dont tu ne vois pas le visage», disait Mille Milles à Chateaugué. Et, parmi les plus «exaltantes» et les plus «stupides», il citait celle-ci, applicable à Lévis, à l'autodafé de l'île Sainte-Hélène: «Au lieu de les rendre, le capitaine brûla ses drapeaux; mais il avait tout rendu mis à part ces drapeaux[38].»

Le trait du *Marquis qui perdit* tient à la fois de la bande dessinée et de la charge politique. Il veut être antihistorique, antilittéraire et antitragique plutôt qu'antithéâtral. Le chanoine Groulx récrit par Uderzo et Goscinny, a-t-on dit. Ducharme est plus lucide, plus incisif et plus frais. Mais il manque ici visiblement d'entrain: le comique est ou gommé, uniforme, ou trop appuyé («Je perds mon calme»), figé. Comment, en effet, *maghaner* des personnages déjà si pâles, si mal en point? «On agonise?» *Le Marquis qui perdit* est un bon spectacle de marionnettes: le maquillage est accusé, les costumes soignés, les gestes nets, les contrastes multiples, les ficelles solides. «On sonne. Allez ouvrir.» Les rôles muets du domestique et de la servante — canadiens — qui arpentent interminablement le plateau, entre deux portes, deux hampes, deux régimes, sont significatifs. Ces ombres industrieuses présentent l'envers du décor, l'espace réel, la permanence, la patience et l'obscurité d'une longue marche.

\* \* \*

> *Vous savez, moi, j'entre dans*
> *la peau de mon personnage!*
>
> **Tu devrais y rester!**
>
> LA FILLE DE CHRISTOPHE COLOMB

> *...Puisqu'il s'agit précisément de jouer*
> *faux! Puisqu'il s'agit d'une équivoque, du*
> *nez qui voque, de l'énorme, de la tragique,*
> *de la ridicule farce qu'est la vie!*
>
> ÉTIENNE LALOU

Réjean Ducharme, qui manipule les mots comme des objets solides qu'on peut sonder, défaire, lancer, reconstruire, manipule ses personnages comme des mots. L'empereur Commode est un mot, un meuble; Inès Pérée et Inat Tendu sont des adjectifs; le Cid est un produit littéraire, une matière transformable: «Le Cid de poche est mort! Vive le Cid *King's Size!*», s'écrie Don Sanche, victorieux de Rodrigue. Les hommes sont devenus des formes durcies, inertes; l'homme est devenu cliché (humanisme, christianisme, communisme, nationalisme), comme ces apothtegmes, ces formules-monnaies que Ducharme dénonce et libère pour les enlever aux journaux, au papier, au métal, et les rendre à la vie. Mais les rendre à la vie, au réel, c'est d'abord les rendre à l'imaginaire, les *faire* imaginaires. Le Montcalm de Ducharme, en ce sens, est plus *vrai* que celui de l'historio-graphie, limité et daté — tué — par les documents d'archives.

«Qu'avaient-ils tous à monter sur leurs cothurnes? Rien

313

ne m'agace plus que le tragique. Je ne trouve rien de plus faux, de plus ridicule, de plus inutile, de plus médiocre que le tragique», déclarait Mille Milles[39]. Par définition, le tragique est insupportable. Il faut le combattre, comme les mots, sur son propre terrain: *maghaner* dans le *Cid* même la postérité du *Cid*, vaincre par le ridicule le sentiment d'infériorité et d'échec né de la Conquête, cet «art de la défaite» que stigmatisait Hubert Aquin à propos de la Révolte de 1837. Contrairement aux Patriotes, Ducharme connaît et utilise les techniques de la guérilla. «Les mots s'embusquent, ils bondissent, ils frappent et se retirent en un éclair. C'est la tactique de la guerre apache appliquée à la littérature», suivant l'expression de Le Clézio. Ces «injures, feux de Bengale, taches d'encre, confetti, grimaces», ces «gestes vocaux», «gestes pour rien, pour narguer l'ennemi», irritent les adultes, «parce qu'ils n'aboutissent sur rien[40]». Sur rien? Ils dessinent en tout cas, comme *la Cantatrice chauve* ou *Fin de partie*, «le contour d'une absence». Ils aboutissent par le harcèlement, à la capitulation des *siégeants*. Ils imposent leur présence, dérangent, déplacent: il est moins facile de repérer — et de récupérer — la guérilla que l'avant-garde[41].

Comme les bouffons de Shakespeare ou les anti-héros de Beckett, les personnages de Ducharme sont des personnages au second degré, des acteurs, des clowns. Sans fiche d'état civil, ils ne sont que ce qu'ils disent, que ce qu'ils jouent. Ils se renvoient la balle à la façon des jongleurs, ont des feintes et des attaques de dompteurs, des mouvements d'orateurs, de danseurs, de dessins animés. Ils prennent tous les déguisements, multiplient leur visage. Ils font leurs numéros comme au cirque ou au music-hall: Inat est un *hippy*, un roi, un *cowboy*; sœur Saint-New-York de Russie s'habille comme Petula Clark; Marie-Louise de Vaudreuil, en religieuse. Intarissable, tels Vladimir et Estragon, ils trouvent toujours quelque chose pour «se donner l'impression d'exister». S'ils «entrent dans la peau de leur personnage», c'est pour en sortir, pour crever cette peau:

Antoinette Buffon se découvre, se met à nu, dans le rôle de l'Infante. Comme dans *En attendant Godot*, quoique avec moins de rigueur et de dépouillement, ce qui est donné en spectacle, chez Ducharme, «c'est le jeu pur, le pur mouvement d'une action parodique qui se propage et dure, génératrice de comique, sans autre nécessité apparente que le plaisir de durer. En tous les points où la mécanique grince, où elle a du *jeu*, le jeu précisément s'installe[42]». Le jeu, c'est-à-dire la gratuité, la liberté, la pureté, qui n'est pas seulement un thème mais une forme chez Ducharme.

Le théâtre de Ducharme n'est pas un théâtre *littéraire*, c'est un théâtre de la victoire sur les mots, un théâtre de la cruauté et de l'innocence, un théâtre complètement *théâtral*, et qui scandaleusement ne s'en cache pas.

L.M.

### Références

1.  «*L'Avalée des avalés, le Nez qui voque, l'Océantume* ne sont pas des livres d'enfants. Ce sont les confessions de celui qui a connu le monde des autres hommes, qui a été gravement blessé par lui» (J.-M. G. Le Clézio, «la Tactique de la guerre apache appliquée à la littérature». *Le Monde*, supplément, 4 janvier 1969).
2.  Georges Anex, «Âpre Canada. Réjean Ducharme: *le Nez qui voque*». *Le Journal de Genève*, 19-20 août 1967. «*Nous assistons vraiment, comme à un spectacle*, au discours intarissable, à la confession spontanée, complaisante et désenchantée de son héros» (*idib.*; c'est moi qui souligne).
3.  Réjean Ducharme, *le Nez qui voque*. Paris, Gallimard, 1961, p. 73, 75.
4.  Monique Bosco, «la Moisson de mots de Réjean Ducharme», *Europe*, n° 478-479, février-mars 1969, p. 75.
5.  Claude Roy, «Nègres blancs d'Amérique». *Le Nouvel Observateur*, 1er décembre 1969.
6.  Les pièces de Réjean Ducharme sont inédites à l'exception du deuxième acte d'*Inès Pérée et Inat Tendu*, publié intégralement dans *Châtelaine*, mars 1968, p. 22-23, 56-58, 60-63. Le metteur en scène d'*Inès Pérée et Inat Tendu* et du *Cid*

*maghané*, M. Yvan Canuel, m'a prêté sa copie des deux pièces (pour *le Cid*, il s'agit de la première version, celle principalement utilisée lors de la création); le T.N.M. a fait de même pour *le Marquis qui perdit*. Je les remercie, ainsi que Réjean Ducharme, qui m'avait référé à eux.

7. «Ô liberté, je n'ai pas eu assez de la nuit pour tout regarder et tout écouter ce qui m'est revenu avec toi [...] Je me sens si vertigineusement libre que tout et chaque homme, toi comprise, ont le visage de la liberté», proclame Inat (II,1).

8. «Il ne peut pas appeler sa mère: de mère, il a eu le bon goût de se passer.» (I,11)

9. «Je suis douée de ma propre langue française! Et j'en suis fière», déclare Inès (I,4). Et plus loin, à Inat, occasionnellement puriste et censeur, qui la reprend d'avoir dit: «les mains sont les tiroirs de l'âme»: «Espèce de correcteur d'épreuves en chaleurs [...] Une fois pour toutes, laisse-moi parler la langue française que j'ai!» (I,2)

10. «Vous êtes chanceux que ce soit moi; tout autre n'aurait vu dans votre comportement que cynisme social.» (I,2)

11. «Maintenant, je sais que l'univers est la maison d'un autre» disait *l'Avalée des avalés*. Paris, Gallimard, 1966, p. 154. «Les autres travaillent pour les autres. Les autres travaillent pour vivre. Nous, nous vivons: nous passons notre temps à ne rien faire. Nous, nous allons droit au but: nous vivons.» (*Le Nez qui voque*, p. 133). Contre les solutions trop faciles: sexe, communisme, catholicisme, cf. *ibid.* p. 50. «Ne les crois pas quand ils disent: Paix. Ce sont ceux qui ont vaincu et qui ont investi les palais qui parlent ainsi. La terre n'appartient à personne: elle se donne à tous ceux qui sont assez grands pour l'étreindre. À tous des fusils! À tous des flèches et des lance-roquettes! Ceux qui disent: Paix et justice, ce sont ceux-là mêmes qui t'interdiront la terre...» *L'Océantume*. Paris, Gallimard, 1968, p. 93-94.

12. «D'après lui, si vous avez faim et soif, c'est signe qu'une table a été chargée à craquer pour vous, dans une maison qu'il suffit de trouver, sur un continent ou dans l'eau.» (I,2)

13. Qu'on retrouvera, sous les plumes d'une oie, dans *la Fille de Christophe Colomb*. Paris, Gallimard, 1969, p. 159.

14. III,6. Inès: «Je me sens comme une étoile qui a donné toute sa lumière. Rien ne me fait plus rien». (III,12)

15. Jean-Claude Gemain, *«Inès Pérée et Inat Tendu*: l'envers du

*Cid maghané». Le Petit Journal*, semaine du 18 août 1968, p. 71.

16. «Où que nos pieds soient posés, nous ne sommes pas chez nous, nous sommes chez les autres, chez un être inconnu et hostile, sur une propriété privée ou sur la propriété de quelque gouvernement.» (II,2) À cet endroit, la version publiée par *Châtelaine* ajoute à titre d'exemples toute une série de défenses: «Défendu aux piétons!» «Défense de flâner!», etc. (*Châtelaine*, mars 1968, p. 57)

17. C'est moi qui souligne.

18. Yvan Canuel, interviewé par Luc Perreault, «Ducharme fait sentir les choses mais ne les dit pas». *La Presse*, 29 juin 1968, p. 26. L'origine anecdotique du *Cid Maghané* serait une scène de rue dont fut témoin Réjean Ducharme: une fille se fait siffler; celui qui l'accompagne réagit violemment, moins par amour que par vanité. L'incident éclaire une phrase comme celle-ci: «Si je m'étais dit: Je ne tue pas le comte, ça va faire trop de peine à ma blonde, mes chums après dans les tavernes m'auraient dit: Va boire ta bière ailleurs!»

19. Paul Chamberland, «l'Art au Québec», *Revue d'esthétique*, vol. XXII, n° 3, juillet-septembre, 1969, p. 226.

20. Le récit du combat «Nous partîmes cinq cents...» est légère-ment déplacé et devient une course et une victoire de l'auto contre la montre: «Je suis parti de Burgos il était trois heures. Sais-tu quelle heure il était quand je suis arrivé au premier stop de Madrid? Trois heures et dix! Trois heures et dix tapant!» (XI,1)

21. *«Des fois, je souhaite que le royaume tombe, que le régime culbute, que le trône soit renversé, qu'un Lénine se dresse parmi ces imbéciles* [...] Pourquoi que les étudiants me font pas des clins d'œil comme aux autres filles? Pourquoi que les débardeurs m'appellent pas *bébé?*» (II)

22. Inutilisée, me dit Yvan Canuel, à cause de la mauvaise qualité technique de l'enregistrement. Cette musique consistait en variations sur le thème d'*Ô Canada*.

23. *La Fille de Christophe Colomb*, p. 43. Colombe a acheté un Picasso et, à Moscou, «l'a mis en pièces». (*ibid.*, p. 66) «Les vers qu'on fait, on les brise à mesure.» (*ibid.*, p. 95)

24. Paul Chamberland, *art. cité*, p. 226.

25. *Ibid.*, p. 235.

26. *Inès Pérée et Inat Tendu.*

27. Réjean Ducharme, programme du *Cid maghané*, Théâtre de la Sablière, Sainte-Agathe-des-Monts, juillet 1968. (C'est moi qui souligne.)

28. Cf. Serge Doubrovsky, *Corneille et la dialectique du héros*. Paris, Gallimard, «Bibliothèque des idées», 1963.

29. *Le Nez qui voque*, p. 19.

30. «Canada, immense palais de froid, ô Canada, vide château de soleil, ô toi qui dors dans tes forêts comme l'ours dort dans sa fourrure, t'es-tu seulement réveillé quand ils t'ont dit que tu étais vaincu, quand tu es passé sous la domination anglaise?» (*Ibid.*, p. 121)

31. J'emprunte le mot à une Canadienne du *Marquis qui perdit*, Pénissault: «...ce que fait la France ici s'appelle empirer et non construire un empire».

32. *Le Nez qui voque*, p. 28-29.

33. *Le Nez qui voque*, p. 123. À la page suivante: «...les Canadiens français ont versé beaucoup plus de sang sur la France que les Français en ont versé sur le Canada.» Claude Roy voit dans *la Fille de Christophe Colomb* une œuvre «dont la clef socio-psychanalytique serait la situation du Canadien français, fils naturel de Colomb l'Amérique et de Colombe la France». «Nègres blancs d'Amérique». *Le Nouvel Observateur*, 1er décembre 1969.

34. «...Je ne veux pas être Français; c'est trop fatigant, il faut être trop intelligent, il faut être trop poli et trop connaisseur de dates de vins, il faut trop parler pour rien, il faut s'estimer trop meilleur que les autres» disait Mille Milles. (*Le Nez qui voque*, p. 123)

35. «Du fond de mes âges, un sujet de composition française me monte à la tête: «Votre drapeau». Les drapeaux ne m'ont jamais dit grand-chose. Aujourd'hui je sens le sang des soldats battre dans les drapeaux. À cette époque, j'étais moins poire qu'aujourd'hui, je ne voyais rien battre dans les drapeaux.» (*Le Nez qui voque*, p. 224-225) Lévis est demeuré au stade de Mille Milles écolier.

36. «Que je hais ces Français manqués, ces espèces de pyromaniaques qui ont honte d'être nés sur ces rives, qui préféreraient y être débarqués, qui regrettent de ne pas avoir plutôt échoué.» (*ibid.*, p. 123)

37. Jean-Cléo Godin, «Une idole aux pieds d'argile». *Le Devoir*, 11 octobre 1969.

38. *Le Nez qui voque*, p. 229.

39. *Le Nez qui voque*, p. 241. *La Fille de Christophe Colomb* lui fait écho: «Le théâtre m'écœure encore plus que le trombone». (p. 154) «Regarde comme je parle! Quelle extrême onction!» (ibid., p. 155)

40. J.-M. G. Le Clézio, «la Tactique de la guerre apache appliquée à la littérature». *Le Monde*, supplément, 4 janvier 1969. Le Clézio parle ici des romans, mais ses remarques s'appliquent aussi bien, sinon mieux, au théâtre de Ducharme.

41. «Les snobs canadiens-français ne disent pas théâtre, mais théatre. Ce sont des hosties de comiques. Il y a un «théâtre» au coin de la rue, là où l'asphalte s'est usé et laisse reparaître les briques, un «théâtre» d'avant-garde. Comme tous les êtres humains fuient, ceux qui sont à l'avant-garde sont ceux qui fuient le plus vite.» (*Le Nez qui voque*, p. 66)

42. Geneviève Serreau, *Histoire du «nouveau théâtre»*. Paris, Gallimard, «Idées», 1966, p. 90. «Comme le Molloy de Beckett rêvant d'écrire deux mille mots sur sa bicyclette, Mille Milles s'écrie: «Une femme, c'est comme un écureuil [...] Je pourrais continuer ainsi pendant deux cents pages». Georges Anex, «Âpre Canada, Réjean Ducharme: *Le Nez qui voque*». *Le Journal de Genève*, 19-20 août 1967.

# Conclusion
## La mort du texte?

Il m'est arrivé plusieurs fois, depuis quelque temps, d'entendre à peu près la réflexion suivante: «le beau temps du théâtre amateur est fini à Montréal». Ceux qui le disent sont ceux qui ont été, pendant une dizaine d'années, les habitués — et ils étaient nombreux — de la Boulangerie, où jouaient les Apprentis-Sorciers, du théâtre des Saltimbanques ou de l'Égrégore. Cela se passait à peu près entre 1955 et 1965. Il est vrai que ces petits théâtres ont connu alors une vogue exceptionnelle et bien méritée, car les spectacles qu'on y présentait valaient souvent mieux, et par le répertoire et par l'interprétation, que ceux présentés sur les grandes scènes montréalaises. Or, que jouait-on, sur ces scènes vouées aux «nouvelles tendances» d'alors? Beckett, Ionesco, Genet, Synge, Brecht, Ugo Betti, Dürrenmatt... Brillante époque, sans doute, mais où le moins qu'on puisse dire est que les dramaturges québécois n'étaient pas à l'honneur! Le phénomène ne manque quand même pas d'étonner, si l'on songe qu'on fait peu de cas, de 1956 à 1958, des *Grands Départs*, du *Roi ivre* ou du *Gibet* de Languirand, alors qu'en même temps, ou peu après, on acclame Beckett et Genet. Timidement, les dramaturges québécois prendront l'affiche. Entre deux auteurs étrangers, Pierre Perrault sera joué par les Apprentis-Sorciers, Jacques Ferron par le Théâtre-Club, et l'Égrégore, deux ans après sa fondation, montera en 1961 une première pièce d'un auteur québécois: *Qui est Dupressin*, de Gilles Derome. Mais on a un peu l'impression que cela se fait encore incognito, que l'avant-garde du théâtre québécois n'existe pas encore. Or, depuis deux ou trois ans, si les théâtres de poche ne semblent ni aussi dynamique ni aussi nombreux, ceux qui subsistent donnent généralement des créations québécoises, et les jeunes auteurs se font de plus en plus nombreux. Robert Gurik, bien sûr, dont le nom est peut-être associé plus que tout autre à cette nouvelle vague; mais aussi Claude Levac, Jean Morin, Marc F. Gélinas, Roger Dumas, Denys Saint-Denis, et ces animateurs-créateurs que sont Jean-Claude Germain, Raymond Cloutier et autres.

Cette évolution récente me suggère un parallèle, entre cette époque et celle qui va, disons, de 1935 à 1950, alors que les premières troupes permanentes se formaient et que le théâtre, au Québec, reprenait vie. C'est par Ghéon ou Claudel, Anouilh ou Giraudoux, Pirandello ou Marcel Achard, que les Compagnons de Saint-Laurent, le M.R.T. français et la Comédie de Montréal, par exemple, font renaître le théâtre. En même temps, mais comme un phénomène isolé, apparaît le *Fridolin* de Gélinas. Puis Dubé, et tous les autres, jusqu'à ce que se forme un répertoire qui, sans être encore considérable, constitue ce que nous pouvons raisonnablement appeler un théâtre québécois. Ne jouons pas aux prophètes... mais le parallélisme entre ces deux périodes ne laisse pas d'être troublant: si le théâtre amateur et d'avant-garde semble aujourd'hui moins dynamique, c'est que se prépare peut-être, par des expériences plus ou moins heureuses, mais fréquentes et proches du milieu québécois, un nouvel âge du théâtre québécois.

* * *

Bien malin qui saurait prédire de quoi ce «nouvel âge» sera fait: tout au plus peut-on tenter une appréciation des nouvelles tendances qui se dessinent. L'une de celles-ci, il me semble, va très nettement à l'encontre de la structure dramatique traditionnelle, où l'intensité dramatique repose sur une intrigue unique, cohérente, progressive et soutenue.

Phénomène comparable à celui que l'on a pu constater en peinture où l'on a vu se développer une véritable technique et un art du collage. Celui-ci peut être diversement apprécié, plus ou moins réussi: il y a néanmoins là un courant nouveau et important de la peinture contemporaine. Ainsi en est-il dans le monde du théâtre. Un ami à qui je demande son appréciation d'un spectacle qu'il vient de voir me répond: «Ce n'est certainement pas une pièce, mais c'est du bon théâtre». Ce jugement aurait été incompréhensible, parce qu'une contradiction dans les termes, il n'y a pas si longtemps et en fonction du théâtre traditionnel. Or l'on dissocie volontiers, désormais, les deux termes de cette expression consacrée — pièce de théâtre — parce que l'on s'apprête à distinguer plusieurs formes d'expression dramatique, la «pièce» monolitique continuant de représenter l'une de ces formes. Mais il y a désormais une forme plus libre, qui tend à faire du théâtre un spectacle plus complet où la danse, le chant, la musique ou l'utilisation de moyens audio-visuels s'ajoutent au dialogue et au jeu conventionnel du comédien.

*T'es pas tannée Jeanne d'Arc*, spectacle présenté par le Grand cirque ordinaire, est à mon avis un excellent exemple de cette forme d'expression dramatique. L'unité de ce spectacle repose à la fois sur un thème d'inspiration — celui de Jeanne d'Arc — et sur une technique ancienne, celle du «grand cirque ordinaire», c'est-à-dire une structure souple et fantaisiste. Double principe d'unité, ou plutôt, selon les termes mêmes de l'animateur du groupe, Raymond Cloutier, une double *médiation*[1]. Jeanne d'Arc est une figure historique qui sert d'intermédiaire, permettant, par un certain parallélisme entre les circonstances historiques qui ont amené son procès et sa condamnation, et la situation québécoise contemporaine, «de faire le constat de certaines choses», ou plutôt de provoquer une prise de position face à la situation sociopolitique du Québec. Le cirque, par ailleurs, représente un moyen d'accrocher le spectateur: il permet aux comédiens de faire de leur spectacle une grande fête populaire où la musique, la danse, le chant, les interpellations triviales et les bonnes blagues trouvent place, à côté d'épisodes plus sérieux, souvent même proche du tragique. Comme au cirque où le clown fait ses culbutes et pitreries pour dérider l'auditoire entre le numéro du funambule et le saut périlleux, la convention du cirque permet aux comédiens de faire alterner les temps forts et les temps faibles, les épisodes de tension tragique et l'éclatement d'une joie bouffonne. Certaines scènes sont fantaisistes, et conçues comme un récitatif; d'autres, et tout particulièrement la scène intitulée «la famille» qui ouvre la deuxième partie, sont réalistes et se rapprochent de l'intrigue traditionnelle; enfin, la scène évoquant le procès historique de Jeanne d'Arc utilise tout simplement le récit authentique du procès[2]. Il n'y a donc aucune unité de ton, d'intrigue ou de langage dans les éléments divers du spectacle, et c'est pourquoi je parle de collage. Mais ce collage est rendu possible et cohérent grâce à la double «médiation» de Jeanne d'Arc, dont on fait une figure exemplaire, en lui donnant une signification contemporaine, et du cirque qui prête au spectacle sa convention dramatique.

Ce spectacle se situe évidemment, aussi, dans le courant des œuvres engagées. Théâtre «national» plutôt que «nationaliste», politique au sens très large du terme: celui qui, sans prêcher, sans proposer clairement une option politique, cherche à provoquer une prise de conscience populaire par la manière même dont il reflète une situation contemporaine. La difficulté — et cette remarque vaut autant pour *T'es pas tannée Jeanne d'Arc* que pour d'autres pièces — est de concilier l'actualité et le souci de faire œuvre durable. Tel est le problème que soulève, de manière générale, le théâtre engagé — et l'on sait que c'est une forte tendance du théâtre actuel. Dénoncer l'impérialisme américain, le capitalisme, le fédéralisme, la société de consommation, prôner l'indépendance du Québec, le retour aux valeurs fondamentales de l'homme ou la société socialiste: avec plus ou moins de force et de clarté, ce sont des thèmes que l'on retrouve souvent.

Entre les diverses orientations nouvelles qui se dessinent, celle-ci me semble la plus difficile à apprécier. Il serait trop facile de la condamner en bloc, sous prétexte que l'homme va au théâtre pour se divertir, et non pour entendre une homélie ou un discours politique — critique que formulent souvent, par exemple, les abonnés du TNM qui n'acceptent pas ce théâtre engagé. Mais qu'il soit plus ou moins violemment engagé ne fait en théorie aucune différence, car cela n'a jamais été et ne doit pas devenir un critère d'appréciation dramatique. C'est lorsqu'il est mal fait, ou mal présenté, que le théâtre ouvre la voie à de tels malentendus. Au Québec, il se peut que l'engagement soit devenu pour certains un parti pris excessif, au détriment de la nature même du théâtre. À la fin d'une représentation de *l'Arme au poing ou Larme à l'œil*, de Dominique de Pasquale, par exemple, on a pu voir un spectateur se lever et crier à peu près ceci: «Vous vous contentez d'assister à un spectacle où l'on vous demande de passer à l'action, mais vous en restez là: sortez dans la rue et agissez, passez aux actes». Ce spectateur démontrait qu'il avait fort bien saisi le *message* de cette pièce. Il faut sérieusement s'interroger, cependant, sur ce type de relation entre le comédien et le spectateur. Il n'y a plus théâtre, à mon avis, dès lors qu'on veut *imposer* une ligne de conduite au spectateur, qu'on ne lui laisse plus cette liberté critique sans quoi il n'y a pas de réelle participation, puisque le seul choix possible est entre le refus absolu et l'adhésion, laquelle suppose une action qui se ferait ailleurs, et autrement.

En somme, il faut toujours y revenir, il s'agit de savoir si le théâtre doit renoncer à la pérennité au profit de l'incitation à l'action immédiate, s'il doit se définir comme un objet de *consommation*, à jeter après usage, ou comme une œuvre d'art qui se suffit à elle-même. La question est grave, car elle met en cause la nature même du théâtre. Cherchant à expliquer pourquoi les civilisations hébraïque et arabe ignorent le théâtre, alors que «la civilisation grecque trouvait dans l'art dramatique son expression la plus haute» et que, à sa suite, tout l'occident chrétien a fait sa large place au dramaturge, Naïm Kattan trouve par exemple que les premières refusent la médiation, alors que «l'homme occidental, issu de la tradition hellénique, a besoin d'intermédiaire, de voie conductrice[3]». Voilà précisément où s'insère le théâtre, puisqu'il «jette un pont entre l'émotion et la réalité vécue[4]». Dès lors, par conséquent, que l'homme réussit à établir un rapport direct, collectif ou individuel, avec le réel, on peut se demander si le théâttre conserve sa raison d'être, s'il ne fait pas tout simplement double emploi avec une activité sociale, politique, religieuse ou autre — mais de toute manière *directe*. Ou alors, et il importe de le constater et d'y réfléchir, le théâtre se redéfinit comme une action directe, sans médiation.

Les deux tendances se rencontrent, dans le théâtre actuel. Certains tenants de l'engagement total du dramaturge, comme du comédien et du spectateur, conçoivent le phénomène théâtral dans le prolongement direct de l'action sociopolitique[5]. Une telle prise de position entraîne une profonde transformation du théâtre, car elle abolit la médiation: il cesse ainsi d'être ce qu'il a toujours été, un *jeu*.

Par contre, il est évident qu'un courant actuel tout aussi fort cherche à réinventer la médiation. Le mot se trouve tel quel dans le texte déjà cité de Raymond Cloutier. Mais la tendance est également très nette au TNM, chez Françoise Loranger ou certains jeunes dramaturges. Le phénomène, en soi, est ancien: chaque fois que la tradition s'est figée et que, précisément, le théâtre tendait à se couper totalement du réel, il s'est trouvé un Hugo, un Copeau, un Dullin, un Brecht, pour rétablir le pont entre «l'émotion et la réalité vécue». Il se peut que dans quelques années, avec le recul du temps, l'on puisse dire la même chose de certains dramaturges et metteurs en scène qui, aujourd'hui, cherchent à renouveler la traditon encore jeune du théâtre québécois, mais dont l'inspiration, la dramaturgie, ne permettent déjà plus, dans certain cas, de retrouver une médiation efficace. Dans cette tradition renouvelée, le théâtre demeurerait ce qu'il a toujours été: un *jeu* où l'homme joue sa vie, en établissant une complicité entre «les lambeaux épars [de ses] rêves brumeux» et ses «conduites quotidiennes», les «devoirs» et «engagements» qui font la «texture» de sa vie[6].

L'on se demande cependant si une part importante de ce théâtre de demain ne sera pas faite de créations collectives, les comédiens assurant eux-mêmes la création. «L'auteur dramatique québécois, se demande Jean-Claude Germain, est-il un spécimen humain en voie d'extinction?[7]» Le rôle du dramaturge, tout comme celui du théâtre, est souvent contesté. Au nom de quoi? La chose n'est pas claire. Il semble évident que le comédien tend à se définir comme un créateur, et non simplement comme un exécutant. «Quand ils ont quelque chose à dire, affirme Germain, les comédiens parlent[8].» Et pourquoi pas? Ils connaissent souvent mieux que le dramaturge le langage qu'il faut employer pour passer la rampe, pour accrocher le spectateur; et on ne voit pas pourquoi une véritable équipe de comédiens n'arriverait pas à concevoir un spectacle cohérent et valable. Le dernier spectacle du GCO en fournit la preuve. L'animateur du groupe a simplement proposé à ses camarades un canevas, à partir de quoi, ensemble, chacun y allant de sa contribution, l'on a élaboré et mis au point le spectacle entier[9].

Mais si le principe de la création collective me paraît irréprochable, il se trouve qu'en pratique elle est liée à l'improvisation, et cela soulève des difficultés plus graves. Ou bien, en effet, l'improvisation modifie légèrement le texte, sans que l'essentiel du spectacle soit touché, et il n'y a là aucune innovation. Ou bien la part d'improvisation est si grande que d'une représentation à l'autre la pièce risque de se transformer profondément, et alors la question est tout autre, car le théâtre se définirait non plus comme une œuvre achevée et durable, mais comme un spectacle aussi éphémère, par définition, que le *happening*. C'est à mon avis une position discutable. Jean-Claude Germain la justifie en disant que «le théâtre existe dans le relatif et les réponses à ses problèmes ne peuvent être que relatives[10]», mais l'argument me paraît faible. Sans vouloir jouer sur les mots, il me semble que c'est là ériger en absolu la *relativité* indéniable de la représentation théâtrale, et passer d'un excès dans l'autre: après des siècles d'attention trop exclusive au *texte*, on fait porter tout le poids du théâtre sur ce qu'il a de plus fragile et d'impondérable.

Plus riche et plus prometteuse me paraît une autre tendance nouvelle du théâtre, celle qu'un critique parisien appelait la vogue du «théâtre sur le théâtre[11]». Il s'agit tantôt d'une réflexion sur les conventions habituelles du théâtre, tantôt d'une véritable parodie, tantôt d'une sorte d'alternance entre le respect des conventions et une improvisation qui interrompt le mouvement. Déjà Languirand utilisait, il y a quelques années, le mode parodique, et il est évident que le *Cid maghané* ou le *Marquis qui perdit*, de Ducharme, se situe dans ce courant. Rappelons encore *Double jeu*, de Françoise Loranger: les comédiens y jouent un double rôle puisque, selon une première convention ils sont des étudiants appelés à jouer un psychodrame, mais aussi, lorsqu'ils quittent la scène pour circuler dans la salle, ils reprennent leur identité de comédiens[12]. Ce dédoublement constant du personnage joué par le comédien, et qui a toutes les apparences de l'improvisation, rappelle la technique du cinéaste Godard, par exemple dans une scène de *Pierrot le fou* où le comédien se retourne soudain pour une réplique. À sa compagne qui lui demande alors à qui il parle, il répond le plus simplement du monde: au spectateur. Et c'est bien ce qui se passe: le comédien établit un contact et se met de connivence avec le spectateur. Il s'agit encore d'une convention, mais qui renouvelle la convention traditionnelle du jeu refermé sur lui-même, entre le lever et la tombée du rideau. Le comédien se rapproche ainsi du spectateur, servant lui-même d'intermédiaire entre le public et le rôle qu'il interprète. Simple rajeunissement, peut-être, d'une technique dramatique connue[13], mais qui me paraît ouvrir la voie à un nouveau type de *structure dramatique*. Non plus une structure simple, fondée sur une seule intrigue cohérente, mais une superposition de deux intrigues, l'une en contrepoint de l'autre, la véritable tension dramatique reposant sur les échanges de signification entre l'une et l'autre.

* * *

Expériences diverses, tentatives plus ou moins réussies, plus ou moins valables: le théâtre est à l'heure de la recherche[14], et il faut s'en réjouir. Le théâtre québécois se définit désormais comme une réalité mouvante, vivante, ajustant constamment ses antennes, cherchant, comme l'affirmait Françoise Loranger, moins à devancer la société qu'à trouver un point d'accord avec son «inconscient collectif[15]». Plus que jamais, peut-être, il présente à cette société la médiation qui la touche, la provoque et la transforme: c'est qu'il se tourne résolument vers le présent et vers l'avenir. Comme les poètes, les dramaturges ont compris que le langage n'est pas simple instrument de communication, mais qu'il se fait agresseur de la conscience, qu'il crée ou détruit, bouscule et libère. De cette manière, le théâtre participe, comme le roman et la poésie, à la quête d'identité et d'épanouissement de la société.

On aurait tort, cependant, de croire qu'en rejetant les structures traditionnelles et en inventant des formes nouvelles, l'*ancien* — qui, souvent, n'est vieux que de cinq ou dix ans — se trouve voué au néant: dans ce domaine, les évolutions et révolutions ne suppriment pas les valeurs du passé. Nouveau ou ancien, poétique ou engagé, voire même bourgeois — je songe aux dernières pièces de Dubé — tout le théâtre participe à l'éveil culturel que connaît le Québec. Ce n'est du reste pas un hasard si les fresques historiques et les adaptations d'œuvres étrangères[16] se sont multipliées ces dernières années: en même temps qu'il se tourne vers le présent et l'avenir, le théâtre cherche à assimiler, à faire siennes les valeurs permanentes et actuelles d'un passé historique et culturel. «La seule fécondité du passé, écrivait Ernest Gagnon, est dans le présent qu'elle éclaire et pousse vers l'avenir[17].» Peut-être est-ce cette heureuse rencontre du passé et de l'avenir qui justifie un certain optimisme. Nos dramaturges, affirmait récemment Jean-Louis Roux, «ont jeté les bases d'une dramaturgie qui obtiendra son droit de cité à côté des autres dramaturgies nationales du monde entier[18]». Si nous n'en étions pas convaincus, nous n'aurions pas écrit ce livre. Et si le théâtre québécois continue d'affirmer sa personnalité propre, sa vision du monde, sa sensibilité — et s'il s'affirme d'abord pour et par rapport à son milieu — pourquoi, en effet, ne rayonnerait-il pas à l'étranger?

J.-C.G.

## *Références*

1. Voir le programme de *T' es pas tannée Jeanne d'Arc? Théâtre populaire du Québec*, vol. I, n° 2, novembre-décembre 1969, p. 1.
2. Version de Berthold Brecht du *Procès de Jeanne d'Arc.*
3. *Le Réel et le théâtral*. Montréal, HMH, «Constantes», 1970, p. 13 et 17.
4. *Ibid.*, p. 17.
5. Le film réalisé en 1969 par Jacques Gagné, «Situation du théâtre au Québec», montre clairement les diverses tendances et options des hommes de théâtre dans notre milieu; et il est certain qu'un nombre croissant de jeunes comédiens et dramaturges conçoivent le théâtre comme une activité politique.
6. Fernand Dumont, *le Lieu de l'homme*, p. 38.
7. «C'est pas Mozart, c'est le Shakespeare québécois qu'on assassine». *L'Illettré*, vol. I, n° 1, janvier 1970, pp. 2-4.
8. Cité par Martial Dassylva, «les États Généraux annuels du théâtre d'amateurs». *La Presse,* 28 juin 1969, p. 28.
9. Outre *T' es pas tannée Jeanne d'Arc?* on peut signaler au moins une autre réalisation collective: le spectacle intitulé

*Diguidi Diguidi ha! ha! ha!*, «texte écrit par Jean-Claude Germain à partir d'improvisations de Jean-Luc Bastien, Nicole Leblanc et Gilles Renaud», et publié dans un supplément de *l'Illettré*.

10. «C'est pas Mozart, c'est le Shakespeare québécois qu'on assassine», p. 2. Soyons juste: la position de Germain est quand même plus nuancée que ne le suggère cette citation hors contexte. Il écrit par exemple: «Les auteurs dramatiques, ça ne naît pas tout seul, ça se fait. Mais pour les faire, il faut les vouloir, les désirer et aussi en sentir le besoin. Dans le contexte actuel du théâtre, l'auteur dramatique est impuissant». (p. 4)

11. Cf. Bertrand Poirot-Delpech, «l'Art sur l'art». *Le Monde*, 16 janvier 1970.

12. On retrouve encore ce «double jeu» dans *Diguidi Diguidi ha! ha! ha!* et dans une pièce de Roger Dumas intitulée, précisément, *les Comédiens*. (*Théâtre vivant*, n° 7)

13. La technique rappelle, bien sûr, celle du *play within a play* qu'utilisait déjà Shakespeare.

14. Claude Levac, l'un des représentants de cette génération, définit d'ailleurs sa démarche comme une recherche: «Pour moi, dit-il, l'art du spectacle est avant tout un processus de recherche, exactement comme la chimie pour le chimiste. Je me conçois, en tant qu'auteur dramatique, comme engagé dans une recherche sur le théâtre, sur l'expression, et cela seul compte pour moi.» Cité par Pierre Desrosiers, «La Nouvelle Dramaturgie québécoise». *Culture vivante*, n° 5, 1967, p. 74.

15. Interview accordée à l'auteur, août 1969.

16. *Le Cid maghané* et *le Marquis qui perdit* de Réjean Ducharme, l'adaptation qu'a faite Éloi de Grandmont de *Pygmalion*, et Jean-Louis Roux de *Hamlet* (sans oublier, pour cette dernière pièce, celle de Robert Gurik), autant que les pièces à sujet historique de Jacques Ferron, me semblent représenter un effort significatif d'*appropriation* du passé ou, pour reprendre les termes d'Ernest Gagnon, un effort de fécondation du présent par le passé.

17. *Visage de l'intelligence*, *l'Homme d'ici*. HMH, «Constantes», 1963, p. 161-162.

18. «Le Théâtre québécois», *Europe*, «*Littérature du Québec*», vol. 47, n° 478-479, février-mars 1969, p. 227.

# Éléments de bibliographie

## I — Quelques ouvrages et articles généraux sur le théâtre québécois

LA BARRE DU JOUR, vol. 1, n° 3-5 («Théâtre-Québec»), juillet-décembre 1965. Textes de plusieurs auteurs et critiques dramatiques sur la condition du dramaturge et la situation du théâtre ici. Inédits. Chronologie des pièces québécoises jouées à Radio-Canada (CBF et CBFT) depuis 1950.

BEAULNE, Guy, *Le Théâtre, conscience d'un peuple*. Québec, ministère des Affaires culturelles, 1967.

BÉLIARD, Bernard, «Image d'un public de théâtre». *Culture vivante*, n° 9, 1968, pp. 22-26.

BELLERIVE, Georges, *Nos auteurs dramatiques*. Montréal, 1933.

BÉRAUD, Jean, *350 ans de théâtre au Canada français*. Montréal, Cercle du livre de France, 1958. Histoire des représentations dramatiques, à partir surtout des programmes et des coupures de journaux (sans références très précises). Aucune table chronologique, aucun index. Ouvrage touffu et anecdotique où on peut glaner certains renseignements.

DASSYLVA, Martial, *Un théâtre en effervescence*, critiques et chroniques 1965-1972. Montréal, éditions La Presse, 1975, 283 p.

DESROSIERS, Pierre, «La nouvelle dramaturgie québécoise». *Culture vivante*, n° 5, 1967, p. 71-77.

GÉLINAS, Marc F., «Orientations de la dramaturgie nouvelle». *Culture vivante*, n° 9, 1968, p. 11-17.

GERMAIN, Jean-Claude, «C'est pas Mozart, c'est le Shakespeare québécois qu'on assassine». *L'Illettré* vol. 1, n° 1, janvier 1970, pp. 2-4.

DE GRANDPRÉ, *Dix ans de vie littéraire au Canada français*. Montréal, Beauchemin, 1966, p. 199-215.

—*Histoire de la littérature française du Québec*, tome IV. Montréal, Beauchemin, 1969. Chapitre IV, «Le théâtre, de 1945 à nos jours», par Georges-Henri d'Auteuil, p. 181 ss.

HAMELIN, Jean, *le Renouveau du théâtre au Canada français*. Montréal, éd. du Jour, «Les idées du jour», 1961.

— *Le Théâtre au Canada français*. Québec, ministère des Affaires culturelles, 1964. Histoire des troupes depuis les Compagnons de Saint-Laurent. Quelques pages sur Gélinas, Toupin, Dubé, Languirand, Ferron.

HOFFMAN, Pierre, *Théâtre canadien d'expression française et réalisation télévisée*. Thèse de M. A. Université de Montréal, 1970.

HOULÉ, Léopold, *l'Histoire du théâtre au Canada*, Pour un retour aux classiques. Montréal, Fides, 1945.

KEMPF, Yerri, *les Trois coups à Montréal*, chroniques dramatiques 1959-1964. Montréal, Librairie Déom, 1965. Tirées de *Cité Libre*. Peu de créations canadiennes.

— «Petit mode d'emploi». *Théâtre vivant*, n° 1, novembre 1966, p. 3-8.

PIAZZA, François, «Présence du théâtre québécois». *Théâtre vivant*, n° 3, juin 1967, p. 3-8.

ROUX, Jean-Louis, «Le théâtre québécois». *Europe* n° 478-479 («Littérature du Québec»), février-mars 1969, p. 222-228.

TEMKINE, Raymonde, «L'activité théâtrale au Québec». *Europe*, n° 478-479, («Littérature du Québec»), février-mars 1969, p. 228-238.

THÉÂTRE-QUÉBEC, vol. 1, n° 1, Centre d'essai des auteurs dramatiques, 1969. Enquête auprès de douze dramaturges, scénario du film de Jacques Gagné. «Situation du théâtre au Québec», etc.

TOUPIN, Paul, *l'Écrivain et son théâtre*. Montréal, Cercle du livre de France, 1964.

## II — Auteurs étudiés

### 1. MARCEL DUBÉ

#### a. Œuvres dramatiques:

*Zone. Écrits du Canada français II*, 1955, p. 199-339; Montréal, Leméac, «Théâtre canadien», 1968.

*Le Temps des lilas*. Québec, Institut littéraire du Québec, 1958; Montréal, Leméac, «Théâtre canadien», 1969.

*Florence. Écrits du Canada français IV*, 1958; Montréal, Leméac, «Théâtre canadien», 1970.

*Octobre. Écrits du Canada français XVII*, 1964, p. 9-38. *Un simple soldat*. Montréal, éd. de l'Homme, 1967; version nouvelle, Leméac, «Théâtre canadien», 1967.

*Virginie. Écrits du Canada français XXIV*, 1968, p. 9-87.

*Les Beaux Dimanches*. Montréal, Leméac, «Théâtre canadien», 1968.

*Bilan*. Montréal, Leméac, «Théâtre canadien», 1969.

*Pauvre amour*. Montréal, Leméac, «Théâtre canadien», 1969.

*Au retour des oies blanches*. Montréal, Leméac, «Théâtre canadien», 1969.

*Hold-up!* (en collaboration avec Louis-Georges Carrier). Montréal, Leméac, «Répertoire québécois», 1969.

*Le Coup de l'étrier* et *Avant de t'en aller*. Montréal, Leméac, «Théâtre canadien», 1970.

*Un matin comme les autres*. Montréal, Leméac, «Théâtre canadien», 1970.

b. *Études et documents:*

Nous n'indiquons ici que certains titres plus importants ou significatifs concernant les œuvres étudiées.

AMYOT, Michel, *Le Drame de l'impuissance dans le théâtre de Marcel Dubé*. Mémoire de maîtrise, Université de Montréal, 1963.

*LES CAHIERS DE LA NCT* (Nouvelle Compagnie théâtrale), vol. 3, n° 3, février 1969.

DUBÉ, Marcel, *Textes et documents*. Montréal, Leméac, «Théâtre canadien D-1», 1968. Contient une fiche biographique, la chronologie des œuvres et les principaux textes théoriques du dramaturge, ainsi que les lieux et dates de création des œuvres.

*EN SCÈNE* (NCT), «Florence de Marcel Dubé», vol. 5, n° 3, mars 1987.

HAMBLET, Edwin C., *Marcel Dubé and French-Canadian Drama*. New-York, Exposition Press, 1970.

LAROCHE, Maximilien, *Marcel Dubé*. Montréal, Fides, «Écrivains canadiens d'aujourd'hui», 1970.

RAYMOND, Louis-Marcel, «Une révélation: *Zone*, de Marcel Dubé». *Le Devoir*, 26 janvier 1953, p. 6.

VANASSE, Jean-Paul, «Marcel Dubé ou les chemins sans issue». *Liberté 59*, vol. 1, n° 6, nov.-déc. 1959, p. 356-359.

## 2. *RÉJEAN DUCHARME*

a. *Œuvres dramatiques*:

*Inès Pérée et Inat Tendu*. Montréal, Leméac/Parti pris, 1976, 127 p.

*Ha! ha!* Montréal, éditions Lacombe, 1982, 108 p.

b. *Études et documents*

BÉLAIR, Michel, «Est-ce bien le marquis qui perdit?» *Le Devoir*, 20 janvier 1970.

DASSYLVA, Martial, «Le Cid maghané». *La Presse*, 2 juillet 1968.

DASSYLVA, Martial, «L'amour des calembours lourds...» *La Presse*, 5 août 1968.

DASSYLVA, Martial, «Quand Réjean Ducharme *maghane* notre histoire». *La Presse*, 17 janvier 1970.

GERMAIN, Jean-Claude, «Inès Pérée et Inat Tendu: l'envers du *Cid maghané*». *Le Petit Journal*, 18 août 1968.

HOMIER-ROY, René, «C'est drôle, maghaner le Cid». *Le Petit Journal*, 14 juillet 1968.

PERREAULT, Luc, «Ducharme fait sentir les choses mais ne les dit pas — Yvan Canuel» (interview). *La Presse*, 29 juin 1968.

## 3. *JACQUES FERRON*

### a. *Œuvres dramatiques:*

*L'Ogre*, pièce en quatre actes. Montréal, Cahiers de la file indienne, 1949.

*La Barbe de François Hertel*, sotie (rééditée à la suite de *Cotnoir*, Montréal, éd. du Jour, 1970), suivie du *Licou*, comédie en un acte (rééditée à part, Montréal, éd. d'Orphée. 1958), Montréal, éd. d'Orphée, 1951.

*Les Rats* (extraits). *Amérique française*, vol. 12, n° 5, novembre-décembre 1954.

*Le Dodu ou le prix du bonheur*, un acte. Montréal, éd. d'Orphée, 1956.

*Tante Élise ou le prix de l'amour*, un acte. Montréal, éd. d'Orphée, 1956.

*Le Cheval de Don Juan*, pièce en trois actes. Montréal, éd. d'Orphée, 1957.

*Les Grands Soleils*, pièce en trois actes. Montréal, éd. d'Orphée, 1958.

*Cazou ou le prix de la virginité*, un acte. Montréal, éd. d'Orphée, 1963.

*La Tête du roi*, pièce en quatre actes. Montréal, Cahiers de l'A.G.E.U.M., 1963.

*La Sortie* (suppléments à *Tante Élise*). *Écrits du Canada français XIX*, 1965.

*Lella Mariem* (acte premier). *Le Devoir*, 31 mars 1966.

*Théâtre I*, Montréal, Librairie Déom, 1968.

*Les Grands Soleils*, nouvelle version, cérémonial en quatre actes, crée par le T.N.M. à Montréal en 1968; *Tante Élise; Le Don Juan chrétien*, nouvelle version du *Cheval de Don Juan*, comédie en deux actes, précédé chacun d'une parade par-devant le rideau. Comprend également une revue de presse.

*Le Cœur d'une mère. Écrits du Canada français XXV*, 1969.

b. *Études et documents*:

BEAULIEU, Victor-Lévy (sous la direction de). «Supplément Jacques Ferron», *l'Illettré*, vol. 1, n° 2, février 1970.

BEAULNE, Guy, «La Tête du roi». *Livres et auteurs canadiens 1963*, p. 41-43.

CANTIN, Pierre, *Jacques Ferron polygraphe*, essai de bibliographie suivi d'une chronologie. Montréal, Bellarmin, 1984, 548 p.

FERRON, Jacques, «Le permis de dramaturge». *La Barre du jour*, vol. 1, n° 3-4-5 («Théâtre-Québec»), p. 65-70.

DE GRANDPRÉ, Pierre, *Dix ans de vie littéraire au Canada français*. Montréal, Beauchemin, 1966, p. 209-213.

LAVOIE, Michelle, «Jacques Ferron: de l'amour du pays à la définition de la patrie». *Voix et images du pays*, Cahiers du Sainte-Marie, n° 4, 1967, p. 87-101.

LAVOIE, Michelle, «Jacques Ferron ou le prestige du verbe». *Études françaises*, vol. 5, n° 2, mai 1969, p. 185-192.

MARCEL, Jean, *Ferron malgré lui*. Montréal, éd. du Jour, «Littérature du jour», 1970. Quelques lignes, *passim*, sur le théâtre.

MARTEL, Réginald, «L'ami impitoyable des Québécois». *La Presse*, 21 décembre 1968.

PAQUETTE, Jean-Marcel, «Jacques Ferron ou le drame de la théâtralité». *Archives des lettres canadiennes*, t. V, *Le théâtre canadien-français,* Montréal, Fides, 1976, p. 581-196.

PONTAUT, Alain, «Jacques Ferron: Chénier a eu tort; il n'avait pas lu Guevara» (interview). *La Presse,* 3 février 1968.

VANASSE, André, «Le théâtre de Jacques Ferron: à la recherche d'une identité». *Livres et auteurs québécois 1969,* p. 219-230.

## 4. GRATIEN GÉLINAS

### a. Œuvres dramatiques:

*Les Fridolinades.* Montréal, Quinze, 1980-1981, 3 vol.

*Tit-Coq.* Montréal, Beauchemin, 1950; éd. de l'Homme, 1968. Créée au Monument National, Montréal, en 1948.

*Bousille et les justes.* Montréal, éd. de l'Homme, 1967. Créée à la Comédie-Canadienne, Montréal, en 1959.

*Hier, les enfants dansaient.* Montréal, Leméac, «Théâtre canadien», 1968. Créée à la Comédie-Canadienne, Montréal, en 1966.

### b. Études et documents:

BARBEAU, Victor, «Gratien Gélinas», *la Face et l'envers.* Montréal, Académie canadienne-française, 1966, p. 69.

BÉRAUD, Jean, *«Bousille et les justes,* du naturalisme au comique tournant au grand tragique». *La Presse,* 18 août 1959.

DUHAMEL, Roger, «Naissance d'un théâtre canadien». *Montréal-Matin,* 25 mai 1948.

GAGNON, Ernest, «Tit-Coq». *Relations,* vol. 8, n° 95, novembre 1948, p. 336.

LAPIERRE, Eugène, *«Tit-Coq* de Gratien Gélinas». *Le Devoir,* 25 mai 1948.

MARCOTTE, Gilles, «Tit-Coq en littérature». *Le Devoir,* 13 mai 1950.

PELLETIER, Gérard, «Culture 'peuple'». *Le Devoir,* 12 février 1949.

Toupin, Paul, «Fridolinons 1945». *Amérique française*, mars 1945, p. 61.

Usmiani, Renate, *Gratien Gélinas*. Halifax, Gage Educational Publishing, 1977, 88 p.

## 5. ÉLOI DE GRANDMONT

a. *Œuvres dramatiques:*

*Théâtre 1*, préface de Jean-Louis Roux. Montréal, éd. Maisonneuve, 1968.

*Un Fils à tuer*, drame en trois actes, créé en 1949 au Gesù; Montréal, éd. de Malte, 1950; *le Temps des Fêtes*, drame en un acte, paru d'abord dans *la Nouvelle Revue canadienne*, vol. 2, nº 2, juin-juillet 1952, avant d'être repris, à la suite de *la Fontaine de Paris*. Montréal, éd. de Malte, 1955, édition illustrée par Normand Hudon.

b. *Études et documents:*

Côté, Roland, «Éloi de Grandmont, un jeune auteur dramatique qui promet». *Le Canada*, 6 octobre 1949.

Hamel, Charles, «Retour au classicisme: *Un Fils à tuer*». *Le Canada*, 17 septembre 1949.

Marcotte, Gilles, «*Un Fils à tuer*, d'Éloi de Grandmont». *Le Devoir*, 28 octobre 1950.

Vincent, Jean, «Un fils à tuer». *Le Devoir*, 6 octobre 1949.

## 6. ANNE HÉBERT

a. *Œuvres dramatiques:*

*Le Temps sauvage, la Mercière assassinée, les Invités au procès*, théâtre. Montréal, HMH, «l'Arbre», G-2, 1967.

*Les Invités au procès*, poème dramatique et radiophonique, diffusé en 1952. *La Mercière assassinée*, téléthéâtre en quatre épisodes, première version créée à CBFT («Quatuor») en juillet et août 1958, parue dans *Écrits du Canada français IV*, 1958; deuxième version créée à

CBFT en 1959. *Le Temps sauvage*, pièce en quatre actes, première version parue dans *Écrits du Canada français XVI*, 1963; créée par le T.N.M. au Palais Montcalm, Québec, en 1966.

b. *Études et documents*:

BASILE, Jean, «Le Temps sauvage d'Anne Hébert». *Le Devoir*, 12 octobre 1966.

BEAULNE, Guy, «Le Temps sauvage». *Livres et auteurs canadiens 1963*, p. 44-45.

BLAIN, Maurice, «Anne Hébert ou le risque de vivre», *Présence de la critique*. Montréal, HMH, 1966, p. 155-163.

CHICOINE, René, «La Mercière assassinée». *Le Devoir*, 22 et 29 juillet, 5 et 12 août 1958.

DASSYLVA, Martial, «Les écueils du théâtre poétique». *La Presse*, 11 octobre 1966.

ÉTHIER-BLAIS, Jean, «Cette sensibilité maladive...» *Le Devoir*, 20 juillet 1963.

HAMELIN, Jean, «La Mercière assassinée». *Le Petit Journal*, 20 juillet et 3 août 1958.

LASNIER, Michelle, «Anne Hébert la magicienne». *Châtelaine*, vol. 4, n° 4, avril 1963, p. 24-74, 76.

LOCKQUELL, Clément, «Le Temps sauvage». *Le Soleil*, 20 juillet 1963.

MARCOTTE, Gilles, «Anne Hébert et *Le Temps sauvage*». *La Presse*, 6 juillet 1963.

ROCHON, Claude, «*Le Temps sauvage* ou la souffrance criée». *Incidences*.

PAGÉ, Pierre, *Anne Hébert*. Montréal, Fides, «Écrivains canadiens d'aujourd'hui», 1965, p. 61-84.

VACHON, Georges-André, «*Écrits du Canada français XVI*». *Relations*, décembre 1963.

## 7. *JACQUES LANGUIRAND*

### a. *Œuvres dramatiques*:

*Les Grands Départs*. Montréal, Cercle du livre de France, 1958, Renouveau pédagogique, avec présentation et annotation par Renald Bérubé, 1970. Créée à la télévision de Radio-Canada en 1957.

*Le Gibet*. Montréal, Cercle du livre de France, 1960. Créée à la Comédie-Canadienne, Montréal, en 1958.

*Les Insolites* et *les Violons de l'automne*. Montréal, Cercle du livre de France, 1962. *Les Insolites* a été créée au Théâtre du Gesù, Montréal, en 1956; *les Violons de l'automne,* au Théâtre-Club, Montréal, en 1961.

*Diogène*, fantaisie en un acte. *La Barre du jour*, vol. 1, n° 3-5, juillet-décembre 1965. Créée à Percé en 1958.

*Les Cloisons. Écrits du Canada français XXII*, 1966, p. 69-98.

*Klondyke*. Montréal, Cercle du livre de France, 1970. Créée au T.N.M., Montréal, en 1965.

### b. *Études et documents*:

BÉRUBÉ, Renald, «*Les Grands Départs* de Jacques Languirand ou la mise à l'épreuve de la parole». *Voix et images du pays II* (Cahiers du Sainte-Marie), 1969, p. 63-75.

HAMELIN, Jean, «Jacques Languirand et le culte de l'insolite». *Le Devoir*, 3 novembre 1962, p. 12

HÉNAULT, Gilles, «Une danse macabre au son des *Violons de l'automne*». *Le Devoir*, 7 mai 1960, p. 9.

LANGUIRAND, Jacques, «Le théâtre m'...». *Le Devoir*, 31 mars 1966, p. 23.

PIERRE, Michel, «Je devais écrire *les Grands Départs*, dit Jacques Languirand». *Le Devoir*, 26 octobre 1957.

ROY-HEWITSON, Lucille, «Jacques Languirand: de la nostalgie à l'impuissance». *Études françaises*, vol. 5, n° 2, mai 1969, p. 207-216.

## 8. FRANÇOISE LORANGER

### a. Œuvres dramatiques:

*Une maison... un jour*. Montréal, Cercle du livre de France, 1965; Renouveau pédagogique, présentation et annotation par Jean Cléo Godin, 1970. Créée au Rideau-Vert, Montréal, en 1965.

*Georges... oh! Georges*. Écrits du Canada français XX, 1965. Créée à la télévision de Radio-Canada en 1958.

*Encore cinq minutes* et *Un cri qui vient de loin*. Montréal, Cercle du livre de France, 1967. *Encore cinq minutes* a été créée au Rideau-Vert, Montréal, en 1967; *Un cri qui vient de loin* à la télévision de Radio-Canada, en 1965.

*Double jeu*. Montréal, Leméac, «Théâtre canadien», 1969. Créée à la Comédie-Canadienne, Montréal, en 1969.

*Le Chemin du Roy* (en collaboration avec Claude Levac). Montréal, Leméac, «Théâtre canadien», 1969. Créée au Théâtre du Gesù, Montréal, en 1968.

### b. Études et documents:

BERNARD, Julien, «*Une maison... un jour*». *Livres et auteurs canadiens* 1965, p. 66-67.

DASSYLVA, Martial, «Encore 5 minutes pour vivre». *La Presse*, 18 janvier 1967, p. 36.

LORANGER, Françoise, «Isolée». *Le Devoir*, 30 octobre 1965.

TARRAB, Gilbert, «*Double jeu* de Françoise Loranger». *Livres et auteurs québécois*, 1969, p. 65-68.

TARRAB, Gilbert, «*Le Chemin du Roy* de Claude Levac et Françoise Loranger». *Livres et auteurs québécois 1969*, p. 70-71.

## 9. YVES THÉRIAULT

### a. Œuvres dramatiques:

*Le Marcheur*, drame en trois actes. Créé au Gesù en 1950; Montréal, Leméac, «Théâtre canadien», 1968.

*Le Samaritain*, radio-théâtre, diffusé en 1952. *Écrits du Canada français IV*, 1958.

*Fredange*, suivi de *Les Terres neuves*. Montréal, Leméac, «Théâtre canadien», 1970.

b. *Études et documents*:

Aux chroniques théâtrales de 1950, citées par Renald Bérubé dans sa présentation du *Marcheur* (p. 14-15, 31-34), nous n'ajouterons que:

Leroux, Normand, «*Le Marcheur*, d'Yves Thériault». *Livres et auteurs canadiens 1958*, p. 75.

Pierre, Michel, «Un auteur, un réalisateur». *Le Devoir*, 19 janvier 1956. À propos de la télédiffusion du *Marcheur*.

Thériault, Yves, «Pourquoi j'ai écrit *Agaguk*». *Conférences*, saison artistique 1958-59 (Club musical et littéraire de Montréal), vol. C-4, p. 46-63. Cette conférence, où il est assez peu question d'*Agaguk*, parle de la genèse d'un écrivain et des conditions d'exercice de son métier.

— *Textes et documents*. Montréal, Leméac, «Documents», 1969. Chronologie et présentation par Renald Bérubé. Voir en particulier le «Yves Thériault par lui-même» et les «Réflexions sur l'écriture radiophonique» (p. 33-47, 79-90).

## 10. *MICHEL TREMBLAY* [1]

a. *Œuvres dramatiques*:

*Le Train*, pièce en un acte. Montréal, Société Radio-Canada, Concours des Jeunes Auteurs, 1964.

*Les Belles-Sœurs*. Montréal, Holt, Rinehart et Winston, «Théâtre vivant, 6», 1968 (deux éditions). La deuxième version, légèrement augmentée, est celle utilisée lors de la création, par le Rideau-Vert, Montréal, 1968.

---

1. Voir, sur l'œuvre de Tremblay, le chapitre de *Théâtre québécois II*.

*En pièces détachées* et *la Duchesse de Langeais*. Montréal, Leméac, «Répertoire québécois», 1970. *En pièces détachées*, nouvelle version de *Cinq*, six actes créés au Patriote, par le Mouvement contemporain, en 1966, a été créée au Théâtre de Quat' Sous en 1969; *la Duchesse de Langeais*, pièce (monologue) en deux actes, a été créée à Val d'Or en 1969.

*Lysistrata* (d'après Aristophane). Montréal, Leméac, «Théâtre canadien», 1969. Créée au Centre national des Arts, Ottawa, 1969.

*L'Effet des rayons gamma sur les vieux garçons* (traduction-adaptation de *The Effect of Gamma Rays on Man-in-the-Moon Marigolds,* de Paul Zindel, créée à New York en 1970). Montréal, Leméac, «Théâtre. Traduction et adaptation», 1970. Créée au Théâtre de Quat' Sous en 1970.

b. *Études et documents*:

BASILE, Jean, «Une entreprise familiale de démolition». *Le Devoir*, 30 août 1968.

DASSYLVA, Martial, «Le nouveau réalisme (?) des *Belles-Sœurs* et le joual». *La Presse*, 14 septembre 1968.

GERMAIN, Jean-Claude, «*Les Belles-Sœurs*: une condamnation sans appel». *Le Petit Journal*, 8 septembre 1968.

GINGRAS, Claude, «Michel Tremblay: 'Mon Dieu que je les aime ces gens-là!'» (interview). *La Presse*, 16 août 1969.

GUAY, Jacques et TREMBLAY, Michel, «À guichet fermé». *Le Magazine MacLean*, vol. IX, n° 2, février 1969, p. 30.

LARUE-LANGLOIS, Jacques, «Michel Tremblay. Il montre ce qu'il voit». *Perspectives*, 20 décembre 1969.

MAJOR, André, «Un exorcisme par le *joual*». *Le Devoir*, 21 septembre 1968.

TURCOTTE, André, «*Les Belles-Sœurs* en révolte».*Voix et images du pays III*, Montréal, Presses de l'Université du Québec, 1970, p. 183-199.

# Index analytique

# Index des noms

O'Casey, Sean: 230
O'Neil, Eugène: 42 n.15
O'Neil, Jean: 111 n.1

Pagé, Pierre: 179
Pascal, Blaise: 19, 292
Pasquale, Dominique de: 325
Pelletier, Gérard: 49, 122 n.9
Perrault, Charles: 176, 297
Perrault, Pierre: 40, 211 n.22, 321
Petitclair, Pierre: 24, 36
Pierre, Michel: 271 n.23
Pirandello, Luigi: 322
Pitoëff, G. et L.: 66
Planchon, Roger: 306
Poirot-Delpech, Bertrand: 331 n.11
Pontaut, Alain: 243 n.22 et 28

Quesnel, Louis-Joseph: 24, 31, 34-35

Rabelais, François: 216, 230, 292
Racine, Jean: 19, 23, 29, 70, 72, 82 n.10, 292
Ramuz, Ferdinand: 98
Rémillard, Jean-Robert: 78, 211 n.22
Renaud, André: 241 n.5
Renaud, Jacques: 282
Retz, Cardinal de: 217
Richard, Jean-Pierre: 236
Richer, Julia: 105
Riel, Louis: 227, 238
Rimbaud, Arthur: 66, 68, 292
Ringuet: 39, 110, 216
Robert, Guy: 212 n.30
Robidoux, Réjean: 241 n.5
Roche, André: 104
Roux, Jean-Louis: 40 n.2, 66, 172, 330
Roy, Claude: 292, 318 n.33

# Jean-Cléo Godin
# Chronologie

1936        Naissance à Petit-Rocher (Nouveau-Bruns-
            wick), le 13 août.
1949-1955   Il fait ses études classiques au collège Sainte-
            Marie.
1959        Il obtient un baccalauréat ès arts du Boston
            College (Boston).
1964        Il obtient une licence ès lettres de l'Université
            de Montréal.
1966        Il obtient un doctorat d'université (Aix-
            Marseille) avec une thèse sur Henri Bosco. Il
            est nommé professeur au département d'étu-
            des françaises de l'Université de Montréal.
1969        Il reçoit le Prix du Québec pour son étude in-
            titulée *Henri Bosco: une poétique du mystère*.
1973-1974   Il est boursier du Conseil des arts du Canada.
1974-1977   Il est directeur du département d'études fran-
            çaises de l'Université de Montréal.
1977        Il est directeur du Centre de documentation
            des études québécoises de la même université.
1978        Il est président fondateur de la Société d'his-
            toire du théâtre du Québec.
1983        Il est membre de la Fédération internationale
            de la recherche théâtrale.
1987        Il est membre de l'Association québécoise des
            critiques de théâtre.

| 1988 | Il effectue une mission d'exploration sur le théâtre en Afrique francophone. |

Jean-Cléo Godin a collaboré a plusieurs ouvrages collectifs dont le *Dictionnaire universel des littératures* (PUF), le *Dictionnaire des œuvres littéraires du Québec*, le *Dictionnaire des littératures de langue française* (Bordas), au *Oxford Companion to Canadian Drama*... Il a publié plusieurs études dans nombre de périodiques, dont *Études françaises*, *Jeu*, *Yale French Review*, *Livres et Auteurs québécois*, *Québec français*...

*(Chronologie établie par Aurélien Boivin)*

# Œuvres de
# Jean-Cléo Godin

*Henri Bosco: une poétique du mystère.* Montréal, Presses de
l'Université de Montréal, 1968, 402 p.
*Le Théâtre québécois. Introduction à dix dramaturges con-
temporains.* Montréal, Hurtubise HMH, 1970, 254 p.
En collaboration avec Laurent Mailhot.
*Théâtre québécois II. Nouveaux auteurs, autres spectacles.*
Montréal, Hurtubise HMH, 1980, 247 p. En collabora-
tion avec Laurent Mailhot.

# Laurent Mailhot
## Chronologie

| | |
|---|---|
| 1931 | Naissance à Saint-Alexis-de-Montcalm le 22 septembre. |
| 1951 | Il obtient un baccalauréat ès arts du Séminaire de Joliette. |
| 1956 | Il obtient une maîtrise ès arts (lettres) de l'Université de Montréal avec une thèse intitulée «l'Influence d'Homère, d'Aristote et de Virgile sur la poétique de Racine, illustrée dans *Phèdre*». |
| 1957-1958 | Il enseigne au collège Sainte-Marie. |
| 1958-1960 | Il enseigne au collège Jean-de-Brébeuf. |
| 1961-1962 | Il fait sa scolarité de doctorat à l'Université de Montréal. |
| 1962-1963 | Il est professeur au Séminaire de Nicolet. |
| 1963 | Il est professeur au département d'études françaises à l'Université de Montréal. |
| 1966 | Il est candidat du RIN dans Joliette. |
| 1970 | Il est directeur de la collection «Lignes québécoises», aux Presses de l'Université de Montréal. |
| 1972 | Il obtient un doctorat d'université (Grenoble) avec une thèse sur Albert Camus. |
| 1973 | Il est professeur invité à l'Université de Toronto . |
| 1978-1987 | Il est directeur de la revue *Études françaises*. |
| 1979 | Il est membre du comité de rédaction de la revue d'*Histoire littéraire du Québec et du Canada français*. |

| 1981 | Il reçoit le prix France-Québec pour *la Poésie québécoise des origines à nos jours*, anthologie préparée en collaboration avec Pierre Nepveu. |
| 1987-1988 | Il est boursier de la fondation Killam pour rédiger une histoire littéraire du Québec à laquelle il travaille depuis quelques années. |
| 1987 | Il reçoit le prix André-Laurendeau de l'Association canadienne-française pour l'avancement des sciences (ACFAS). Il reçoit un certificat de mérite de l'Association des études canadiennes. Il est reçu à la Société royale du Canada. |

Membre de la Société d'histoire du théâtre du Québec et de l'Union des écrivains québécois, Laurent Mailhot a écrit une quinzaine de préfaces, d'introductions et de présentations d'œuvres et études québécoises. Il a collaboré à plusieurs ouvrages collectifs, dont le *Dictionnaire des littératures de langue française* (Bordas), à titre de conseiller pour la littérature québécoise, au *Dictionnaire des œuvres littéraires du Québec*, au *Oxford Companion to Canadian Literature*, à la *New Canadian Encyclopedia*... Il a en outre collaboré à une foule de périodiques, dont *Études françaises*, *Voix et Images du pays*, *Livres et Auteurs canadiens (québécois)*, *la Barre du jour*, *la Nouvelle Barre du jour*, *Québec français*, *Canadian Literature*, *Revue des sciences humaines*, *Stanford French Review*, *Yale French Review*, *University of Toronto Quarterly*, *la Revue d'histoire littéraire du Québec et du Canada français*, *Questions de culture*..

*(Chronologie établie par Aurélien Boivin).*

# Œuvres de
# Laurent Mailhot

*Le Théâtre québécois. Introduction à dix dramaturges contemporains.* Montréal, Hurtubise HMH, 1970, 254 p. En collaboration avec Jean-Cléo Godin.

*Albert Camus ou l'Imagination du désert.* Montréal, Presses de l'Université de Montréal, 1973, 465 p.

*La Littérature québécoise.* Paris, Presses universitaires de France, 1974, 127 p. (Coll. «Que sais-je?», n° 1579).

*Le Réel, le Réalisme et la Littérature québécoise.* Montréal, Librairie de l'Université de Montréal, 1974, 185 p. Ronéotypé. En collaboration avec André Brochu et Albert Le Grand.

*Anthologie d'Arthur Buies.* Montréal, Hurtubise HMH, 1978, 250 p. (Cahiers du Québec, Collection Textes et Documents littéraires, n° 37).

*Théâtre québécois II. Nouveaux auteurs, autres spectacles.* Montréal, Hurtubise HMH, 1980, 247 p. En collaboration avec Jean-Cléo Godin.

*Le Québec en textes, 1940-1980.* Montréal, Boréal Express, 1980, 574 p. En collaboration avec Gérard Boismenu et Jacques Rouillard.

*La Poésie québécoise des origines à nos jours,* anthologie. Québec, Presses de l'Université du Québec et, Montréal, l'Hexagone, 1980, 714 p. En collaboration avec Pierre Nepveu.

*Guide culturel du Québec.* Montréal, Boréal Express, 1982, 533 p. En collaboration avec Lise Gauvin.

*Monologues québécois 1890-1980.* Montréal, Leméac, 1980, 420 p. En collaboration avec Doris-Michel Montpetit.

*Essais québécois, 1837-1983,* anthologie. Montréal, Hurtubise HMH, 1984, 658 p. (Cahiers du Québec, collection Textes et Documents littéraires). Avec la collaboration de Benoit Melançon.

*Le Conseil des Arts du Canada, 1957-1982*, Montréal, Leméac, 1982, 400 p. En collaboration avec Benoit Melançon.

# Table des matières

Typographie et mise en pages sur ordinateur: MacGRAPH.

Achevé d'imprimer en décembre 1988 sur les presses de
l'Imprimerie Gagné, à Louiseville.